大夏书系·教育讲演录

黄玉峰 著

我只想站得直一点

——黄玉峰教育演讲录

上海市著名商标
华东师范大学出版社
全国百佳图书出版单位

序

与玉峰相识记不得在哪一年了，他说第一次听我的课时，他还在松江，那么，已经是三十多年前的事了。而我对他印象较深的是他赠给我的一本《读书做人》，这是他为任教的班级创办的“班刊”，很厚的一大本，设计极雅致。这虽然是快二十年的事了，但他在发刊词中写下的那句豪语——“我们决心做当今语文教学的叛徒”，当时给予我的强烈震撼，却至今仍清晰。后来，大概是1999年吧，《中国青年报》“冰点新闻”以整版篇幅介绍玉峰的语文教学，标题中就径直称他为“语文教学的叛徒”。在通常语境中，“叛徒”是贬义词，专指有变节行为的人，这里是贬词褒用，含有特立独行、不随流俗、敢于反抗等正面意义。现在玉峰以这部书的电子稿见示，并嘱赘小序，拜读以后，觉得很有必要就“叛徒”的问题再作些申说。

说玉峰是“语文教学的叛徒”，我十分赞同，又十分不赞同。

此话怎讲?

先说十分赞同。

大概是十七八年前，当时的凤凰台电视节目主持人杨澜采访玉峰时，问他这几十年来最得意的事情是什么？他回答：第一，我这一辈子能做个教师；第二，我这一辈子没有被评到过先进。以评不到先进为最得意之事，其叛逆的个性由此可见一斑。

在应试教育愈演愈烈的当下，绝大多数老师教学中已离不开《一课一练》之类的教辅书和形形色色的模拟试卷，教学完全变成了单调、乏味、折磨人的应试操练；可玉峰的班级除了参加统一的期中考试和期末考试外，平时没有任何测试，他的学生也从来不做模拟试卷。当无数的中小学生被驱赶进茫茫“题海”载沉载浮、苦苦挣扎的时候，他的学生在读他推荐的四书五经、唐诗宋词及其他古今中外经典名著。假期来临，一般的学生忙于请家教、进补习班，他的学生不请家教、不进补习班，却在他的带领下踏上了“学古人风度，察今人民情”的“文化学旅”：他们访沈园，谒天一阁，瞻仰三味书屋、王国维故居，循着古圣先贤的文字和足迹，追寻着、吮吸着中华文化的玉液琼浆。当一般学生忙于操练应试作文的时候，他的学生在班刊《读书做人》上发表了《试论李商隐诗风形成的原因及其影响》《周作人人文主义思想讨论》《狂与逸——李白人格浅谈》《从〈复活〉看批判现实主义》这样的“学术论文”，以及大量的散文、随笔、诗词……

对待语文课本里的文章，玉峰并非一律奉若经典、顶礼膜拜。有些课文，如为了政治需要而选入的文章，他只让学生自己读懂即可，基本不教，即使对“中国文化革命主将”鲁迅的某些文章也概不例外，但却在课本之外补充了中外古今大量的文章，字数超过100万；每周还居然拿出一节课，让学生到图书馆任意浏览；正课之外，又安排固定的时间指导学生练习书法、学习国画和篆刻——这些在一般老师看来“不务正业”的举措，玉峰却干得郑重其事、全力以赴……

总之，他处处与当前的语文教学对着干，处处别出心裁，处处反其道而行之，这样“胆大妄为”的老师，不是“语文教学的叛徒”是什么！

再说十分不赞同。

我拜读了玉峰的这本教育讲演集后，脑子里首先蹦出的一个问题是：究竟是玉峰背叛了语文教学，还是当前的语文教学背叛了语文教学规律？

答案显然是后者。

当前的语文教学生了病，而且病得不轻，离健康的、真正的语文教学愈来愈远了。

因此，准确地说，应该是当前的语文教学叛变、背离了真正的语文教学。而玉峰，这位所谓的“叛徒”，恰恰是坚守语文教学“正道”的“忠臣”；他的尤其可贵之处在于：身处“举世滔滔皆应试”的狂潮中，竟能岿然不动，悲壮地守卫着他统领下的这一方语文教学的小小阵地；他所有看似“叛逆”的行为，其着眼点都在于促进人的成长和发展，而这正是当下被人们渐渐忘记的语文教学的根本宗旨，也是教育的根本宗旨。

玉峰说：“教育是什么？教育就是要让人变得更好，让世界变得更好！”

他追问：“我们的教育却给人带来痛苦，我们的教育是不是出了问题？”

正是他，敏锐地洞察到了语文教学乃至整个教育“出了问题”，因此他在语文教学上所有看似“离经叛道”的举措，就是为了使教育和语文教学回归本原，从而实现“让人变得更好”的根本宗旨。他出过一本专著，书名叫作《教学生活得像个人》，这个书名就是他对自己的教育理念和语文教学追求的生动、凝练的概括。

于是，我们看到了一种匪夷所思的现象：当应试式的语文教学渐渐成了一种“常态”的时候，玉峰的“回归”和“守正”反倒成了“反常”，语文教学的“忠臣”和守卫者反倒成了“叛徒”！这种现象，何以解释？正好可以引用黎巴嫩诗人纪伯伦的一句诗：我们已经走得太远，以致忘记了当初为何出发。

拜读了这本讲演集后，脑子里蹦出的另一个问题是：在举世滔滔的应试狂潮中，玉峰敢于坚守自己的教育信念，这种超乎常人的勇气是从哪里来的？

有个说法叫“艺高人胆大”，如果把它改为“学高人胆大”，正好可以用来回答我的问题。

玉峰毫无疑问是位“学者型教师”，这只要看一下他历年出版的著作便可约略窥见其广泛的研究兴趣。

下面是他的著作的要目——

早在二十年前就参编《说话的技巧》。主编“阿爸教”系列：《阿爸教做人》《阿爸教读书》《阿爸教作文》《阿爸教现代科技》。

古典诗词与诗人研究：《说李白》《说杜甫》《说苏轼》《古代诗歌三百首鉴赏》《东方情商》《诗情画意》《六朝山水诗选》。

"历代书信名篇的智慧"丛书:《绵里藏针》《隐显在我》《动之以情》。

谈诗说画系列:《洞察世事》《坐游山水》《细味人生》《抱负胸襟》《笑看风云》。

教育随笔集:《教学生活得像个人》《人是怎么不见的》《新语文写作》。

散文集:《黄生养雀记》……

其实,对付高考,他也有一手,出版过:《高考美文》《高考稳文》《高考奇文》《怎样写好高考作文》《高中语文怎样学》《初中语文怎样学》《重评高考满分作文》。

听他说,尚有《说鲁迅》《说屈原》因为某些原因未能出版,至今躺在他的电脑里。

此外,还编写书法教材十二册。最近又出了《上课的学问》,主编《语文太重要》《启蒙辑要》。

玉峰做学问不但涉猎广,而且钻研深,其独立思考的精神尤其令我由衷钦佩。比如他对李白、对杜甫、对鲁迅的某些论断,能够不为成说所囿,不被他们炫目的光环吓倒,大胆提出自己独立的见解,而且持之有故、言之成理,其读书之细心、眼光之犀利,令人不得不五体投地。

正是学术研究上充盈的"底气",造就了玉峰语文教学上敢于特立独行的勇气。为什么他能够挣脱应试教育的镣铐,大胆地引领他的学生?因为他自己就是这样一步步走过来的;他往学生面前一站,他的气质、风度、谈吐、举止就是学生近在眼前的榜样。他的学生语文素养快速提高的事实,也证明了他当"语文教学的叛徒"当得对,当得好,当得有理!

我想,如果我们的教育界再多一些玉峰这样的"叛徒",那么中国的教育就又多了一分希望。

但愿这不仅仅是一个"如果"。

谨为序。

钱梦龙

目录 contents

上编 ◎ “人”是怎么不见的

中编 ◎ 人间自是有情痴——我的艺术生活

下编 ◎ 人生有味是清欢——我的专题研究

后　记

上编

“人”是怎么不见的

“人”是怎么不见的 *

——反思中国教育

各位老师、同学：

晚上好！

首先感谢复旦大学高等研究院院长邓正来教授给我一个机会，能让我在这神圣的讲台上，谈自己对基础教育的一些看法。感谢王德峰教授、骆玉明教授在百忙中为我的讲演做点评。感谢诸位抽出宝贵的时间来听我的发言。谢谢大家！

先自我介绍一下。我是复旦附中一名普通的教师。自从1967年踏上教育殿堂，算上因为漏写一个字——把“热烈庆祝中国共产党成立四十五周年”中的“产”字漏了，写成了“热烈庆祝中国共党成立四十五周年”——因而被打成现行反革命，坐了一年又十个月的牢，到今天，我已整整教了四十二年的书了。四十二年中，我十九年在松江的学校，二十三年在复旦附中，现在六十四岁了，还站在讲台上，可以说，我是教了一辈子的书。

在四十多年的教学生涯中，我对中学教学有较深的理解。1990年初，我

* 2009年4月在复旦大学社会科学高等研究院的演讲。

发表了一篇题为《还我琅琅书声》的文章，文中写了一首打油诗，说："学生不读书，教师在演戏。悠悠十二载，腹中空如洗。"当时我根据自己的体会对中学教学进行了反思，并且在自己有限的范围内，进行了一些改良，造成了一点社会反响。上海《新民晚报》用一整版篇幅发表了专题报道，题为《柳荫勤读出人才》，紧接着《中国青年报》"冰点新闻"以整版篇幅称我为"中国语文教学的叛徒"。杨澜采访我时，问我，这几十年来你最得意的事情是什么？我说最得意的是：第一，我这一辈子能做个教师；第二，我这一辈子还没有被评到过先进。我的简历大致如此。

当邓院长要我给大学生讲讲基础教育问题后，我就追问自己，给大学生讲的理由是什么？也就是为什么要做这个讲座？然后再是讲什么，怎么讲？我终于想出了三条理由：

（1）各位从基础教育来，留下了应试教育的烙印。了解一下自己到底是受的什么教育，以便反思自我，真正明白通识教育的重要意义。

（2）各位都是精英，将来在社会上要负起责任，要对社会上的各种问题发表看法。教育问题是绕不过的。今天听一听一位中学教师的声音，也许有利于你们的思考。

（3）陶渊明说"悟已往之不谏，知来者之可追"，你们不久都要为人父、为人母。我的讲座，也许有一点参考价值。

接着的问题就是讲什么了。

一、教育出问题了吗

今天我讲的题目叫《"人"是怎么不见的》。这个题目是我突然想到的。

有一天，我在升旗仪式时，站在台上看着下面黑压压的一片，听着"起来不愿做奴隶的人们……中华民族到了最危险的时候"，我突然想，我们的孩子们，是已经站起来了，还是还在做奴隶？我们的教师，是不是站起来了，还是还在跪着教书？我们是不是成了真正意义上的"人"？

现在几乎没有哪一个校长说不要"以人为本"，没有哪一个教师说不要"以人为本"，也没哪有一个家长说不要把孩子培养成人，但是，实际又是如何呢？

2008年10月4日，山西朔州二中一位年仅23岁的年轻教师郝旭东倒在了血泊中。杀他的是一名16岁的高一男生，他为什么要动刀？事先他花65元买了3把刀带到了学校，还写下了三百余字“死亡笔记”，其中有这样的话：

> 我就是个坏学生。……我恨老师，更恨学校、恨国家、恨社会……我要发泄，我要复仇，我要杀老师。……我的人生毁在老师手上。……我已经对生活失去了信心，我活着像一个死人，世界是黑暗的，我只是一个毫不起眼的“细胞”。不光是老师，父母也不尊重我，同学也是，他们歧视我……我也不会去尊重他们，我的心灵渐渐扭曲。我采用了这种最极（端）的方法。我不会后悔，自从这个想法一出，我就知道了我选择了一条不归路，一条通向死亡的道路。我希望我用这种方式可以唤醒人们对学生的态度，认识社会，认识国家，认识到老师的混蛋，让教育事业可以改变。

看到这段话的时候，我真是惊呆了！为什么一个16岁的花季少年，对老师、对学校有那么大的仇恨！

然而这样的事太多太多。为了读书，儿子杀母亲、母亲打死儿子的事屡屡发生；因为反感读书，未成年的孩子自杀的事更是数不胜数。造成这种结果的原因当然是多种多样的。我们不能全部归咎于教育，然而教育的缺失肯定是原因之一。我只想追问，我们的教育怎么了？教育的最终目的，是让人自由生长，是让人性升华，是要让人生快乐，而我们的教育却给人带来痛苦，我们的教育是不是出了问题？

二、捆绑教育的五根绳索

教育是出了问题。有五根绳索捆绑着我们的孩子。

第一条绳索是“功利主义驱动”

第一条绳索，首先是教育目标出了问题，教育成了功利主义的工具。一切由功利主义在驱动。

教育的终极目的到底是什么？教育的终极目的是使人有健全的人格、健康的心态，有一颗善良的充满爱的心。当然，还要有健康的身体，也就是要活得快乐，活得幸福，活得更有质量。巴金曾对文学下过定义，他说，什么是文学，文学就是让人变得更好，让世界变得更好。我们不妨套用巴老的话说，教育就是要让人变得更好，让世界变得更好！而功利主义最大的危害，正是在于它牺牲健全的人格、健康的心态、对社会的责任与对他人的爱，专在技能上、智力上进行强化训练。

教育不能搞功利主义这个道理，其实古今中外有很多哲人都说得很清楚。

一位学者说：大自然造人的时候只造了一半，还有一半要靠教育。人的本能中有着一种求知求善的需求，由教育来完成；教育是为了人更完善。孔夫子说："古之学者为己，今之学者为人。"也就是说真正的学习是为了提升自身的修养，成为一个完善的人，他还说："行有余力，则以学文。"做人是首要的，有余力才去学文。康德说："什么是教育的目的，人就是教育的目的。"爱因斯坦说："首先要成为一个人，其次成为艺术家，最后才成为钢琴家。""用专业知识教育人是不够的。通过专业教育，他可以成为一种有用的机器，但是不能成为一个和谐发展的人。……否则，他——连同他的专业知识——就更像一只受过很好训练的狗，而不像一个和谐发展的人。"爱因斯坦在这里并不是说不要专业知识，而是说不能以此为终极目的。联合国教科文组织国际教育发展委员会在 1972 年对教育作的定义是："培养自由的人和创造思维，最大限度地挖掘每一个人的潜力，这就是最后的目的。"法国教育家卢梭在 250 年前，就明确地说："大自然希望儿童在成人以前就要像儿童的样子。如果我们打乱了这个次序，我们就会造成一些早熟的果实，它们长得既不丰满也不甜美，而且很快就会腐烂：我们将造成一些年纪轻轻的博士和老态龙钟的儿童。"

关于这个问题，我觉得有一个人说得特别好。这个人并不是以教育家著称的。他写了一篇文章叫《"位育"之道》，文章引了《中庸》里的几句话："致中和，天地位焉，万物育焉。"他的意思是：教育就是要使每个人找到自己的位置，并在那儿得到充分的发展，即所谓"安其所，遂其生"。也就是说，教育终极目标是为个体的发展，是"人"的充分发展，不是为了让人成为"工具"。如果每个人都得到充分发展，国家自然也会发展。说这话的人叫潘光旦，他是梁启超的学生、费孝通的老师，诸位大概知道这个人，他是个社会学家，但大多数人不知道他在教育方面有着深刻的思想。其实《中庸》的第一句话就是谈教育的："天命之谓性，率性之谓道，修道之谓教。"我想，没有比这话讲得更透彻了。

以上这些论述都有一个共同点，都是强调在人的教育上，必须符合"天道"，让它符合天性的成长。为此，要有一颗平常心。

鲁迅在《我们现在怎样做父亲》一文中对教育的目的也作了比较明确和精彩的论述，他说：我们要"用全副精力，专为他们自由，养成他们有耐劳作的体力，纯洁高尚的道德，广博自由能容纳新潮流的精神，也就是能在世界新潮流中游泳，不被淹没的力量"。鲁迅的话，讲得很明确，但大家注意到没有，他的话与前面几位有点不同，当时救亡是中国的第一目标，所以他强调了"在世界新潮流中游泳，不被淹没"这一点，突出了竞争的元素，加进了考虑民族利益、国家利益的因素。这是不该指责的。但这毕竟是从功利出发的，与真正的"人的教育"还有距离。

但是，1949 年以后，我们的国家实际上走的是一条功利主义的道路。首先是国家功利主义的路线。政治挂帅，强调的是"教育为无产阶级政治服务，教育与劳动生产相结合"，培养的是"德智体全面发展的社会主义的劳动者"。它的着眼点不是在于培养"人"，而是在于受教育者能不能够成为为国家服务的"一种有用的机器""一种服务于政治的劳动工具——劳动者"，不是在关心人的成长，而实际上是在压制人的和谐发展、健康成长，要求做一颗革命机器上的螺丝钉。后来，政治挂帅不行了，又来了分数挂帅，一切为了应试，一切为了分数，所谓"在分数面前人人平等"。人成了分数的奴隶，进了高校后又成了"考证书"的奴隶。

关于国家功利主义，我在这里不想展开，大家有目共睹，只要有一点思想就不会熟视无睹。我要讲一讲现在已经成了我们的普遍心态的后一种。

前两年，主流媒体一直在宣传"赢在起跑线上"。有一个六岁的孩子，写了两本书，一本叫《某某的年华》，一本叫《某某流浪记》，他的爸爸，也写了一本书，叫《某某是这样成长的》。当时几十家电视台，包括中央电视台的某个节目也在宣传这个神话。上海电视台《有话大家说》的主持人谷永立来找我做节目，我把三本书看了一下，真是吓了一大跳。这哪里是神童，这完全在培养扭曲的人！在做节目时，我读了几段他的日记：

今天做节目有很多是中国名人，许多人跟我合影，想占我的便宜。

我问他怎么想的。他说：是啊，我将来是要出名的大人物，所以他们现在来拍我的马屁。我又读了一段日记：

米老鼠给妈说好听的话，妈就相信了。我对妈说：你不应该相信他的，要不他要搞我们的。妈说：那我以后就不相信他了。我说：但你要前面相信，后面不信，这样人家就不会恨你了。

以后，我吃饭都是人家送上门来请我吃，谁都想巴结我。

他还在日记里这样写道：

本来我的校服还蛮干净的，没想到拿到洗衣房里去洗，越洗越脏。我看那些洗衣服的人是不想干活了，也不想要工资了。

整本日记不满两万个字，但充满了嫉妒、仇恨、霸气。我们暂不讲文字的粗劣，也不讲三本书里有一大半是重复或抄来抄去的，不知是他爸爸抄他的还是他抄他爸爸的。就文字上表现出来的妒忌、仇恨、自私、骄横的思想情绪而言，就是那么的可怕！这哪里是教育，完全是毒害一个孩子！当时他的爸爸看我在引导孩子把真实的心理表现出来，便大声骂我，说你懂什么教育，欺负孩子。更可怕的是，全国各地妇联还请他作报告，全国媒体不断地炒作。后来我在《文汇报》上发了一篇文章《起跑线上不要急于定输赢》。

为了摆脱贫困，他父亲这样做是可以理解的，问题是社会竟如此地为他炒作，因为这正好迎合了社会上功利主义的胃口。

总之，对国家来说，是要做革命机器上的一个螺丝钉；对个人和家庭来说，是为了找一个好工作。急功近利，唯利是图，就是不考虑怎么成“人”，不考虑人的完善，不考虑人的成长规律，不考虑求真、求善、求美。结果，把“人”丢了，“人”不见了。

功利主义是自上而下的。教师服从校长，校长服从教育局长，教育局长服从他的顶头上司，一切都与他们的利益（政治的、经济的）名誉、地位有关。

就这样，在国家功利主义和个人功利主义下，我们的孩子每天都被压得透不过气来，从小就在巨大的精神压力下，为分数而起早贪黑、奋斗不止；每天仍然有多少孩子厌学逃学，用各种形式，甚至用杀害教师的手段来进行反抗。

第二条绳索是“专制主义坐镇”

国家功利主义和个人功利主义，是通过应试教育来实现的。不知道大家知不知道如今应试教育的出考卷和批考卷是怎么回事儿？诸位都是应试教育的过来人，是应试教育下的胜利者，虽深受其苦，也大得其“益”。不过也许你们不知道自己是怎么进来的。我想一半是靠聪明和拼命，一半是靠运气。我说这话，各位不要生气，我是有根据的。

我参加过高考命题，也担任过多年的高考作文阅卷组组长。我们中心组的五个高考阅卷组负责人要把卷子做一遍，结果往往是两人错了，三人对了，三人错了，两人对了，几乎没有一道题大家的答案完全相同。有一次我们的答案竟奇迹般地完全一样，但打开命题人的标准答案一看，怎么样？全错了。你想想，如果说连我们的答案都不对，那么，怎么要求学生呢？

举个例子，某年上海高考卷出了这样一道题：

> 请阅读下面这首诗，回答问题：
>
> **送　春**
>
> 朱　弁
>
> 风烟节物眼中稀，三月人犹恋褚衣。
> 结就客愁云片段，唤回乡梦雨霏微。
> 小桃山下花初见，弱柳沙头絮未飞。
> 把酒送春无别语，羡君才到便成归。
>
> 请回答：这首诗通过______和______（用诗中的句子）写出了春天的______？

标准答案竟是：通过“花初见”和“絮未飞”写出了春天的“短暂”。

试问：花刚刚开，柳絮还未飞，你怎么就知道春天的短暂？好比，孩子刚刚出生，你怎么知道他是短命的？

其实这首诗并非写春天的短暂，而是在写作者的思乡之情：春天刚到就结束了，我被捕十六年还没回家！所以后面写道：把酒送春无别语，羡君才到便成归。这是羡春，是思乡！不是在写春天之短暂！可是标准答案就是如此，它是霸王条款，无理可说。古诗如此，现代文的阅读更不必说了。

不仅阅读题，连作文也有统一的标准、统一的答案。有一年考试，题目是对冰心的一首小诗写评论：

墙角的花，你孤芳自赏时，天地便小了。

出题的人一定要同学们批判孤芳自赏的花。

有的同学赞美孤芳自赏，说这种洁身自好的精神总比同流合污好，却一律打不及格，说是没有读懂原诗。照理“诗无达诂”，只要言之有理都可以，为什么不能这样理解呢？何况，冰心自己怎么说你也不知道。

总之，专制主义就是通过高考这个指挥棒，训练你迎合出题人的意见，揣摩出题人的意图，只要你听我的，怎么做都可以。

美国当代教育家库姆斯警告说，教育不该被迫在聪明的精神病患者与具有良好适应能力的笨蛋之间作出选择。

真是不幸言中，我们的教育正是如此。什么是“聪明的精神病患者”？马加爵、卢刚、刘海洋他们就是精神病患者，再加有些轻生的博士生、硕士生。何谓“具有良好适应能力的笨蛋”？就是那些唯命是从、长袖善舞的人。我们的高考就是这样几乎把一个个有灵性的人培养成了能“适应环境的笨蛋和庸才”。

从培养奴性的人的角度讲，我们的教育是成功的。在专制主义的长期压制下，我们的孩子们确实已经失去了独立思考的能力。在那无休止的题海中，他们的学习乐趣被剥夺，生活乐趣被剥夺，独立的人格没有了，不会思想了，只会人云亦云，总之——人不见了。举几个例子：

沙朗·斯通事件。汶川地震时，沙朗·斯通说了一句大自然的报应的话，我们的网友就大骂起来。后来当她看到这么惨的画面时，已经承认了错误，结果网友还是骂不停。韩寒出来说了几句话，说别人在遭灾时，我们公然讥讽别人，于是网友又大骂韩寒。那些话之下流，实在是为中国人羞愧。

长期以来，我们用斗争的理论去教育孩子，用爱憎分明去武装他们的头脑。教材中有多少对敌人要像秋风扫落叶那样残酷无情的文章，有多少要与敌人划清界限的标准答案。教育孩子要横眉冷对千夫指！教育孩子革命不是请客吃饭！“人若犯我，我必犯人。”我怎么知道是别人犯了我呢？不把事实的真相告诉他们，却要他们完全照标准答案答题。

更可怕的是，我们几乎完全失去了思考能力，不会将心比心，完全失去了同情心，失去宽容精神。

马加爵，大家都熟悉。可你们是否知道马加爵现在在哪里？他的阴魂还在游荡。他至今还没有入土为安。法院要他的父母来领他的骨灰，你们知道他父母说了句什么话？他们说，我们不要他的骨灰，我们就当没生这个人！连自己死了的儿女都不能宽容，这是何等可怕的情景！

我们再追溯到 1991 年 11 月 1 日，在美国爱荷华大学也发生了一个杀死同学的事件，杀人者叫卢刚，是北京大学留美高材生，他与他的同学在同一个导师手下读博，都希望留校任教。结果导师留下另外一位叫山林华的同学。卢刚恶向胆边生，买了枪在例行的研讨会上先把导师打死了，把曾经不同意他得奖的老师也打死了，接着又杀害了同学山林华，还分别到系主任办公室、校长办公室枪杀了系主任和副校长，又朝校长办公室内的学生秘书开了一枪，最后把自己也打死了。这件事震惊了美国。爱荷华是一个偏僻的地方，是个世外桃源。人们平和、善良、纯朴，据说百年来没有听见路上有吵架声，现在竟发生了这样的事件！但更令人震惊的是，被害的副校长家属通过媒体发表了一封致卢刚家人的信，信的大致内容是：这几天我们沉浸在失去亲人的痛苦中，安是一个多好的人啊！但我们知道这世界上最悲痛的是你们，卢刚的家人，你们把孩子送到这里却发生了这样的事！如果有需要，我们会尽力帮助你们。

我们再来看看“赵承熙事件”。韩国学生杀死了 32 个同学老师以后，在悼念死者的仪式上，放着的不是 32 个灵位，而是 33 个！在赵承熙的灵柩前，人们写着这样的字：赵，我们对不起你，你得到的爱太少了。

请大家比较一下，差距何止千万里！“恻隐之心，人皆有之。”我们硬是失去了作为一个人所应有的同情心。

陈寅恪先生在给王国维纪念碑写的碑文中说："先生之著述，或有时而不章；先生之学说，或有时而可商。惟此独立之精神，自由之思想，历千万祀，与天壤而同久，共三光而永光。"人不同于动物的是人有思想，思想没有了，也不成其为人了。

所以我们说，应试教育的本质是一种专制主义，最终是要毒化、奴化青年一代。因为专制主义的本质是"不把人当人"，而是把人当成机器或机器中的零件，当成工具，当成特权者为达到目的培养的为他们效力的后备军。

这就是"人"不见了的第二个原因：限制人的自由发展，限制人的个性发展，不让学习者有独立的思考。这就是教育的专制主义。这样的教育本质上是一种毒化、奴化、蠢化、工具化的教育。在这样的教育下，当然也就没有学习的快乐可言。在这样的教育下，孩子们失去学习的兴趣是必然的。

其实早在十七世纪，捷克著名教育家夸美纽斯在他的《大教学论》里就指出过：学校成了青少年智力的屠宰场，每一个青少年恨不得从教室里即刻逃跑，留下来的人则在教室里度过了令人沮丧的岁月却所获不多。请听听先哲的警告，这难道不是在说我们吗？

第三条绳索是"训练主义猖獗"

何为"训练主义"？即为了一个功利的目标，制定出一整套周密的训练体系。学校成了车间中的流水线，每一位不同学科的教师几乎在干同一件事——锻铸、雕凿符合"标准"的零件。美其名曰：灵魂工程师。刚才我们讲了"人"怎么不见了的最根本的原因，就是我们所设定的教学目标根本上不是为培养"人"，而是为了制造螺丝钉。既然你是为了制造螺丝钉，是为了让他们听话，把你拧在哪里你就在哪里，那么一切所谓的学习都将是被动的。既然要想做一颗螺丝钉，就必须接受灵魂工程师的塑造。如果你要做一颗大的螺丝钉，一颗重要的螺丝钉，那还要通过考核，接受更非人的训练，更要孩子们学会迎合、学会揣摩。

要听话，要根据统一标准，不能有自己的思想，不能有独立的思想、叛逆的思想，只要能够按照上面的规定动作做就行了。于是，训练主义自然也应运而生。诚然，现代社会分工细密、专业繁多，但不应成为机械训练的理由，不应成为培养非“人”的理由。

训练主义的本质是要速成，就像流水线那样。可是，人的精神成长，不是一朝一夕就能达到的。以语文为例，语文学习的规律是“培根”“积累”。韩愈说:“无望其速成，无诱于势利。养其根而俟其实，加其膏而希其光。根之茂者其实遂，膏之沃者其光晔。”而如今，我们却违背了教育最基本的规律、人的成长最基本的规律。超越学生的学习阶段，急于灌输各种思想，《学记》中提到教学不能“陵节而施，躐等而上”，而今天为造机器、工具、螺丝钉就必须来个“教育大跃进”。

今天，我们的小学生从一二年级开始就在搞分析，追求一种理解、一种声音、一个标准答案。有一次我听一位浙江的特级教师上《邱少云》，课上这位老师着重分析了文章中三次出现的“纹丝不动”。通过不断提问、比较，说明这个词用得怎么好。分析得头头是道，用了整整二十分钟时间。但我要问：这样的分析有什么作用？就是这样大量的分析、启发，所谓热热闹闹的课堂，占去了小学生的大好时光。小学阶段是记忆力最强的时期，是最应该积累的时期。不去接触需要的东西，不去记一些一辈子受用的东西，而搞假大空的分析，这就是基础教育的现状。初中、高中也是如此。

本来，我们语文教学的任务是要建构学生的语文系统，这个系统分三个子系统:（1）汉字的认字和写字系统（古人所谓“通经必先识字”，“多识于鸟兽草木之名”）;（2）汉语的听说读写系统;（3）母语文化生成系统。这个大系统的基础的东西是传承前人的文化成果。在这里，读、记、背是绕不开的。只有通过大量的积累，语言、思想、感情才会起潜移默化的作用。但现在作为人文学科的主要内容，我们的语文是异化了。语文课成了数学课，母语课成了外语课。语文课教的不是语文，而是非语文。上课不读书，下课不看书，为了应付考试，几乎是天天在分析、天天在做习题、讲语法、讲“用法”，言者谆谆，听者藐藐，一知半解，似懂非懂，唯独缺少真正的读书与学习，更没有探求真理的兴趣与愿望。时过境迁，一点东西也没有留下。所以我说“悠悠十二载，腹中空如洗”。只会按上面的调子分析，自己不会思考，没有阅读的习惯，这就是训练主义造成的后果。

外语学习也是这样，考的是学母语人都做不出的那套东西。无怪学了十几年，还是个哑巴英语。何况外语是不是需要这么多人学？现在，几乎是所有的孩子都要把大部分精力花在学英语上。再比如数学。有没有必要在小学里学这么难的数学？何况我们的数学是在做大量的数学习题，而不是去体验数学思想。苏步青先生的孙女是我的学生，我去家访，他对我说，数学的难度要降下来，特别是小学要加强语文课。他认为有些数学问题，小学生要搞很多年才搞清楚，但到了中学一下子就懂了，而最佳的学习母语、学习传统文化的时光却错过了。

复旦大学曦园有一个亭子，朱东润先生写了“书声琅琅”四个篆字，教导同学们要学会读书。现在的学生上学不在读书，要么在听老师同学分析，要么就在做习题，而且语文课一周只有四五节，只有两个半小时。我再也没听过从学校里传出那么动听的琅琅书声。读书人不读书，成了习题人！天天在做做不完的练习，小学生做到十点半，中学生做到十一二点甚至更晚。

连作文也是搞训练。上海高考作文题2006年“我想握着你的手”、2007年“必须跨过这道坎”、2008年“他们”。这些题目都可以用一个模式来套，都可以写关心弱势群体——2006年写“我想握住民工的手”，2007年写“必须跨过与民工差距这道坎”，2008年写“他们是一群民工的子弟”。而事实上，写这样文章的人，也确实得了高分，还在报上宣传。这样的题目只要事先准备几篇，还有什么不能应付的？还需要读书干什么？

对于应试作文的套路，不但上海卷如此，全国卷和其他省市也如此：江苏的王栋生老师收集了用同样一句话作开头的套文，这句话是“屈原向我们走来……”——

2004年江苏省的高考作文题是“山的沉稳，水的灵动”，考生写道：屈原向我们走来……他的爱国之情，像山一样沉稳……他的文思，像水一样灵动……

2005年江苏省的高考作文题是“凤头、猪肚、豹尾与人生的关系”，考生写道：屈原向我们走来……帝高阳之苗裔，他的出生，正是这样一种凤头……当他举身跳入赴汨罗江时，他画出了人生的豹尾……

2006年江苏省的高考作文题是“人与路”，考生写道：屈原向我们走来……他走的是一条什么样的路呢？……

2007 年江苏省的高考作文题是“怀想天空”，考生写道：屈原向我们走来……他仰望着楚国的天空……

2008 年江苏省的高考作文题是“好奇心”，考生写道：屈原向我们走来……那是为什么？我感到好奇……

这样的作文题，怎么能引导同学们独立思考，怎么能促进同学们刻苦读书，完全是可以投机取巧的。

我们再看一看先进国家的高考作文题，比如法国 2008 年的考题：

文学类考生选择题（三选一）

1）若有所悟是否就是对于思想桎梏的解脱？

2）艺术品是否与其他物品一样属于现实？

3）解释亚里士多德在《尼各马科论伦理》中有关“责任”的论述。

科学类考生选择题（三选一）

1）欲望是否可以在现实中得到满足？

2）脑力劳动与体力劳动的比较有什么意义？

3）解释休谟在《道德原则研究》中有关“正义”的论述。

经济社会类考生选择题（三选一）

1）人们是否可以摆脱成见？

2）我们可以从劳动中获取什么？

3）解释尼采在《人性的，太人性的》中有关“德行”的论述。

美国芝加哥大学的作文题：

想象你是某两个著名人物的后代，谁是你的父母呢？他们将什么样的素质传给了你？

新加坡高考作文题

科学提倡怀疑精神，宗教信仰镇压怀疑精神，你对此认可多少？

对比一下，我们真要愧杀！这样的题目，没有读过许多书，没有独立的见解，是无论如何写不出的。当然，这里有国情关系，学生、教师所处大背景不同。老实说，拿法国的这些题目来让我们高中教师写，未必有人能写出多少东西来。我自己，就无话可说。由于长期的布置习题、批改作业、讲解习题，老师们也成了机器。

训练主义害了多少人！我们的教育创造了一个像马戏团里训练动物野兽的环境，通过统一的高考标准，通过这样的教育，把每个人都训练成为没有思想、没有个性、没有独立人格的工具。这样还谈什么创造能力、实践能力？还谈什么自由的思想、独立的精神？在这种违背人成长规律的教育下，“人”就这样不见了。杜威说：教学犹如买卖，只有教师积极地卖，没有学生主动地买，买卖没做成，也不会有真正的教学与教育。

这是不是训练主义结出的恶果、毒果！

训练主义使我们不会思考、不敢思考，只能有一个答案。

我曾对李白、杜甫作了一点不同的分析，有人说我恶搞，因为这和考试的统一答案不一样。

我们这些子孙，是远远不及我们的祖宗的。我们的祖宗分析李白、杜甫都是两面的。我们却一味只能说好话，只能按照标准答案说。比如我说李白是个爱打群架的不良少年，是有根据的，看李白自己写的诗：

> 脱身白刃里，杀人红尘中。
>
> 酒后竞风采，三杯弄宝刀。杀人如剪草，剧孟同游遨。
>
> 笑尽一杯酒，杀人都市中。
>
> 十步杀一人，千里不留行。事了拂衣去，深藏身与名。
>
> 感君恩重许君命，太山一掷轻鸿毛。

连杜甫也怪他“飞扬跋扈为谁雄”。

我说杜甫性褊狭，是根据新旧唐书的评论，也是根据读了他自己的诗文才说话的。

我说他的好酒不亚于李白，因为他自己说：

> 性豪业嗜酒，嫉恶怀刚肠。

饮酣视八极，俗物都茫茫。

得钱即相觅，沽酒不复疑。

莫思身外无穷事，且尽生前有限杯。

浅把涓涓酒，深凭送此生。

他求人时，同样摆出可怜相。他求杨国忠的亲信鲜于仲通："有儒愁饿死，早晚报平津。"其中的"平津"，便指杨国忠。

杜甫自己说：

朝扣富儿门，暮随肥马尘。

残杯与冷炙，到处潜悲辛。

他不愿做辛苦的官：

不作河西尉，凄凉为折腰。

老夫怕趋走，率府且逍遥。

军阀的八九岁的孩子生日，他写诗说他们是孔子、佛陀。

他不容易与同事处理好关系：

晚将末契托年少，当面输心背面笑。

寄谢悠悠世上儿，不争好恶莫相疑。

正是因为有这样的性格，才会有这样的作品。

北宋欧阳修《梅圣俞诗集序》云："然则非诗之能穷人，殆穷者而后工也。"清钱谦益《〈冯定远诗〉序》亦云："诗穷而后工。诗之必穷，而穷之必工，其理然也。"

很多人可以莫名其妙地批评科举制度，大骂八股文，其实连八股文都没看过。

对鲁迅的批评，更是想也不敢想。我说中学课本里，应该少一些鲁迅，便遭来反击。本来不同的观点可以争论，现在只能一种声音。鲁迅到底是怎样一个人，很值得研究。至少我觉得不是我们现在理解的那样伟大。周有光在《周有光百岁口述》里只用了一句话，比现在书摊上的成千上万本专著，比刊物上的成千上万篇论文，不知要好多少倍，他说："鲁迅是毛泽东捧起来的。"

在这里我要声明，我并非说自己的观点一定对，我是希望大家摆事实、讲道理，加以讨论。可是，我们缺乏探讨问题的气度。表面上说要和谐，实际上是反和谐。孔子说："君子和而不同，小人同而不和。"要和，就要允许不同。不同的东西在一起，叫"和"；完全相同，一致通过，叫"同"。马克思说：我们既然允许玫瑰花和紫罗兰发出不同的芳香，我们为什么不允许思想有不同的声音呢？

我们的思想方法，往往喜欢走极端，最缺乏一种中庸的思想方式。

所谓"允执两端，求中致和"。《论语》子罕篇中有这样一段话："吾有知乎哉？无知也。有鄙夫问于我，空空如也；我叩其两端而竭焉。"孔子总是在具体事情上讨论问题的。本来，我总以为，开放这么多年了，总该进步了，头脑不会那么僵化了。但当我听说华东政法大学的两位学生告发老师上课时的言论时，我傻掉了。我想，如果有人还要挑起斗老师、斗父母、烧外国大使馆的运动，照样会搞得轰轰烈烈！因为我们的学生是训练过的！而且是训练有素的！

第四条绳索是"科学主义横行"

在中国教育界，几乎年年有新的举措、新的理论，而且往往很多打着科学的旗号来折腾。一会儿一期课改，一会儿二期课改，不知道什么时候又要来三期课改了。而每一次所谓课改，又会提出一批口号，出现一批"专家"。

十八世纪有位叫拉·梅特里的法国哲学家，写过一本小册子《人是机器》，他在里面说："事实上，所有别的注释家们直到现在只是把真理愈搞愈糊涂而已。""人们只是由于滥用名词，才自以为说了许多不同的东西，实际上他只是在说一些不同的词或不同的声音，并没有给这些词或声音任何真实的观念或区别。"

以我之见，其实这二十多年来几乎所有专家们的理论也并没有为教育理论增加什么新东西，就语文教育而言，反而把问题越搞越糊涂，离真理更远。什么成功教育，什么尝试教育，什么优化教育，什么红色教育绿色教育，什么什么教育……教育论文铺天盖地，而且都把它说成是符合科学的、先进的教学理论。有多少篇是有用的！他们不过在制造一批一批文化垃圾、教育垃圾罢了。朝令夕改，美其名曰与时俱进。老教育家吕型伟说，这叫教育的“多动症”。

在我看来，与其说教育是一门科学，不如说它是一门艺术。因为它的对象是活生生的人！它是启迪人的灵性的工作。那些一刀切的所谓科学理念，往往坏了教育。我们还是返璞归真的好。

下面我想特别提出来讲几个当今基础教育界流行的“科学”的观点。结合语文学习特点来剖析一下。

（1）关于“授之以渔”与“授之以鱼”的问题。

有人说，教育要授之以渔，不要授之以鱼。这话听起来很有道理，重要的是要学到抓鱼的方法，方法会了，以后自己抓鱼吃。但是我要问，抓鱼的方法怎么学到，是老师可以凭空传授的灵丹妙药吗？比如，如何读书有很多方法，每位有成就的人都是好读书、会读书的人，但你问他读书方法，他能讲得出吗？他能传授给你吗？好比打网球，你不去打，教练仅仅教你打的技巧，你学得会吗？古人云“操千曲而后晓声，观千剑而后识器”“积学以储宝，酌理以富才”，你自己不去读书，你怎么学会读书？其实，大多数老师自己也不见得都有“打鱼”的本领和方法，他不过在教学生“做习题”的技巧而已。

（2）关于减负问题。

现在媒体上把减负叫得震天响。教育部门有规定，对增加学生负担的老师，采取一票否决制，不能评级。教育是复杂的事业，最忌笼统地提口号、搞一刀切。

对减负我们不能机械地看，关键在于是否让学生学有收获、学有兴趣，有收获、有兴趣自然就觉得轻松愉快。像现在这样，为了考卷上的几分之差，不断反复地进行低层次的操练，必然会感到烦躁，感到压力大。

对减负我们也不能笼统地看，不是说所有的负担都要减，人总是要有负担的。读书是苦中找乐的过程。该有的负担不能减少！而不该有的、无效的负担则不但要减少，而且要取消，例如大量的教辅、无穷无尽的习题等等。

以语文学科为例。我认为学生从小学到初中再到高中，阅读的量要增加。有些课文看一两遍就够了，不必没完没了地分析、讨论、探究、做作业。但现在的问题是：常常无中生有，要求学生把课文里没有的东西讲出来，还硬要编写古怪的习题，还美其名曰提高分析能力。同学们为了做习题便去买大量的教辅材料，看了答案，又发现与自己做的完全不同，于是更失去了兴趣和信心。如此恶性循环，那才真正叫加重负担！于是我们看到了这样一种奇怪的现象：一方面教师为了不撞枪口而表面上不得不减少课时；一方面又为了提高所谓的成绩拼命在加班加点，并且号召学生们去补课、找家教。因为他知道如果真的因为减负而让成绩下去了，校长那儿也是一票否决制。这种政策号召大家说假话，做两面人。口头上讲减负，实际上搞加码，这是大家都心知肚明的。公然讲假话，讲一套，做一套，而且习以为常，见怪不怪。

总之，减负的目的是增效，是为了孩子更健康地发展，不是为了把时间省出来做习题，在另一个场合强化应试教育。

（3）关于死记硬背问题。

看你记什么，背什么。打人文底子，是饶不过要背要记的。死记硬背是可以内化为人文素养的。设想一下，一个能背出一千首诗歌、两百篇古文，读过几十部小说的人，语文素质怎会不高？

语文学习的规律是死去活来、先死后活，犹太人称之为“生吞之功”。现在是打着反对“死记硬背”旗帜，搞“支离破碎”“碎尸万段”，没完没了地分析，考莫名其妙的题目。不是让学生读原著，而是让他们背你的答案。其实那些教辅材料的答案，只是编材料的人的意见而已。这种习题，非但无益，反而有害。它阻碍了孩子们独立思考能力的培养，使学生对学习更反感。这种低级的、误人子弟的东西，不是“减”的问题，而是应该完全抛弃。

为了提高人文素养，学生一定要积累背诵一些中国古代的诗文。积累是会有负担的，但这个负担对于学生来说很有必要。我教学四十余年，深知拼命做习题与提高语文水平无关；而大量的阅读、背诵，大量的积累，反而使语文水平自然而然地提高了。韩愈云：“无望其速成，无诱于势利。”表面上是增加负担，其实恰恰是提高语文水平最有效、最便捷的途径。关键是要讲效率，凡有效率的做法才是可取的。

我们知道学习可分为接受学习、机械学习、意义学习、被动学习、主动学习、创造性学习，这六种学习都有用。教师讲解学生听是接受学习，是世界上至今为止最基本、最有效、最简便省时的学习，它是不可取消的。在六种学习中关键是主动学习、意义学习，如果学习是有意义的，那么不管教师讲还是自学，都会有效，否则都无用。

（4）关于师生互动的问题。

现在，上课一定要强调师生互动，而且搬出很多理论，规定上课的几个环节，强调学生必须要有多少问题，有的课简直上成了“满堂问”。规定一定要用多媒体，这又是一种形式主义。关键是心动，是有所得。只要有所得，一讲到底也不妨，一句不讲也不妨。反之，课堂再热闹，也是枉然。如今上课叫“作课”，犹如过去唱戏，“作秀”“作科”“作介”。

（5）关于知识和意见问题。

现在，流行把意见当知识考。个人的看法即使非常正确，也不是知识，而是意见。现在的考试，大量的选择题都是出题者的意见，也就是说，他认为这个是对的，他认为这是资产阶级软弱性，他认为这是小资产阶级虚荣心，他认为反映了什么什么，一定要别人按他的答，否则就错了、就扣分。如今的考卷为什么连本专业的大学教授也答不对？就是因为他们的意见不同。那么，为什么要让学生的看法和你完全一样呢？我毫不夸张地说，如果让学生出题目来考高考命题人，他们也会被“烤焦烤烂”！

（6）关于传承与创新问题。

对中小学生来说，主要是接受性教育。过分强调创新，并不利于他们的成长，现在连小学生也在奢谈创新，搞什么研究性学习、实践性学习，那是拔苗助长。

英国哲学家怀特海在《教育的目的》一书中写道：“在中学阶段，学生应该伏案学习；在大学里，他该站起来，四面瞭望。”这就是说，在小学、中学阶段主要是传承性学习，到大学才是创造性学习。这是一种教育的智慧。他强调，大学应该重视培养学生的智慧。他告诫人们，“凡是不重视智慧训练的民族是注定要失败的。”我们强调不要在中小学过分提倡创新，并不是说不要保护孩子们的灵性。恰恰相反，科学主义是打着科学的旗号，扼杀孩子们的灵性。他们提出，对于学生的思想要正确引导，说写文章一定要有思想性。

有个小学生写了这样一篇作文：

星期天，我到公园去玩，公园里有很多树很多花，树是绿的，花是各种各样颜色的。老奶奶老爷爷们有的在打拳，有的在下棋，有的在跳舞，有的哥哥姐姐在抱着讲话，听不见他们在说什么。我买了一根棒冰，是赤豆的。后来我小了一泡便，就回家了。

这是多么天趣盎然的文章。可是被老师说成没思想性。还有一篇：

星期天，我们去中山陵了。中山陵上有三个孙中山，后面一个是站着的，再到里面，看见一个是躺着的。三个孙中山的脸都不一样，不知道为什么？我玩了一会儿，觉得没劲，后来小了一泡便，就回家了。

你看，多么有灵气！多么有童真童趣！可是老师说，要写有意义的事，要有思想性，不能看到什么写什么、想到什么写什么。因为科学主义告诉我们的教师，要引导学生写健康的东西，什么能写什么不能写，应该开头写什么，中间写什么，最后写什么。就这样，可怜我们孩子的思想幼苗被掐断了。难怪一个小朋友写了一篇文章，叫《做个孩子不容易！》。我见了如获至宝，马上登在《童心童言》上，并且编到《教师人文读本》里。

科学化管理代替了人性化的管理。听课、评课，无穷无尽的指标，就是不见“人”！

科学主义横行的结果是，把自己所信奉的一套，都冠以科学的美名，他们把人的力量无限放大，以为自己无所不能，不按天意办事，毫无敬畏感。他们像王安石那样，鼓吹“三不足”，“天变不足畏，祖宗不足法，人言不足恤”，动不动就把别人的东西扣上各种帽子，什么反对科学，什么反对改革，什么封建迷信、唯心主义，是反党反社会主义反革命，甚至说是魔教邪教等等，各种各样的帽子满天飞。

教育，应该启迪孩子们有敬畏感，要敬畏自然、敬畏规律。科学主义却说：“彻底的唯物主义是无所畏惧的！”正如毛泽东说的：“我是老和尚打伞——无法无天。”比如对于宗教、对于有神论，中学教育都把它说成是封建迷信，是骗人的毒害人们灵魂的精神鸦片。其实，马克思也不是这个意思，马克思有一段精彩的论断，说宗教“是无情世界的心境，这是列宁评价唯心主义的话系错引，正像它是无精神活力的制度的精神一样。宗教是人民的鸦片”。宗教并不是一个坏东西，可是我们横加干涉而且要加以批判。在教育问题上，我以为还是具体一点，多研究具体的问题，少讲一点空洞的理论，少讲一点伪科学，也就是少讲点科学主义。

第五条绳索是“技术主义助阵”

提倡科学主义的结果必然是一切教学活动的技术化、模式化，变成可批量操作的行为，凡事一刀切，什么都要量化。上课有模式程式：复习旧课几分钟，讲解几分钟，提问几次，用多媒体要占多少比例。老师批改作业几次，上面是不是见红，红的有多少？评职称要看论文数量，字数多少，是哪一级刊物发表的，是不是有书号？只要在核心刊物上发表的，只要是有书号的，哪怕文章再烂，也能评上（更不说评判的人是不是有资格来评判）。还有，行为规范要量化，黑板不干净扣几分，早操时讲话扣几分，并且要按时检查。弄得学校像警察局，教师和学生像小偷、像犯人。

技术主义与科学主义实际上是同一个东西，一是形而下的机械操练，一是形而上的理论指导，目的是同一个：试图找到“举一反三”的好办法，将教学纳入“科学的轨道”“专制主义”的陷阱。

1889 年美国教育心理学家之父詹姆斯说过：“一些教育心理学家和专家都想把科学实验室里的东西拿到课堂里来试验。”他认为这不行，因为教室不是实验室，教室里面对的是人，所以要将科学原理转为教学经验“需要居间的力量”。所谓居间的力量，就是要有人能将理论融会贯通地用到实践中去，这个人既有理论又有实践能力。他批评当时的美国教育界有一种“科学化的冲动”，他说：“科学的冲动只会给教学带来混乱。”想一想就可以明白，科学的原理要验证，实验的数据首先要求实验的条件保持不变，结果可以反复出现。而教室里的学生是一个个活的生命体，每一分钟每一个个体都是不同的，都在变化之中，你如何来设定科研的条件？如何来应对课堂里每一分钟的教育？

再从实践看，语文课（其他课也一样）规定每一分钟该干什么，并加以控制，这里有没有将学生的情况计算进去，如何计算？上课不是演戏，不可能有固定的程式，单用固定的模式上课，再精彩的课也会引起学生的厌烦。科学主义、技术主义也许能用于搞课题、写论文，但不适用于真正的课堂教学。教学要符合规律，力求科学有效。课堂教学最大的特点是师生可以交流，可以共同探讨问题，更需要艺术。所谓“善歌者使人继其声，善教者使人继其志”，需要教师能做到“游刃有余，左右逢源”。总之，课堂里情况千变万化，课堂里学生各式各样，所讲授的内容每天不同，怎么可以用僵化的技术主义去画地为牢呢？

法国有位哲学家说：“你可以期待太阳从东方升起，而风却随心所欲地从四面八方吹来。”我要说，你可以大致设定一个教学目标和计划，但明天你课堂里的学生会随心所欲地提出各类问题，而这些问题你无论如何也不会全部预计到。你怎么能科学有效？你只能依靠教学中的智慧与艺术，依靠你的学识来处理这样问题，这就需要我们花更大的力气。

就这样，在这五条绳索的捆绑下，明明是很有才华的学生，却一个个成了俯首帖耳、灰头土脸的样子；朝气蓬勃的少年郎成了畏畏缩缩、谨小慎微、唯答案是从的学习的奴隶，成了习题的奴隶，成了老师的奴隶、考试的奴隶、教辅书的奴隶，甚至成了出版商的奴隶。总之，这五条绳索捆绑住了我们的学生——

功利主义：浮躁浅薄，急功近利。

专制主义：扼杀个性，奴化教育。

训练主义：制造工具，剥夺灵性。

科学主义：貌似科学，堂皇迫害。

技术主义：专讲技巧，机械评价。

就这样，独立的人格不见了，独立的思想不见了，自由的精神不见了，“人”不见了。更为可怕的是，在这样环境中成长的学生养成了一种双重人格：他们知道“该”说什么和“该”做什么。例如，当教师们、校长们大呼“素质教育”的时候，他们知道实际上校长们要的是分数；当学校教育他们为人要忠诚、讲诚信时，他们知道为人需乖巧、要找关系。杜威说，我们在学校里课堂上进行“关于道德的教育”，而整个社会、整个成人阶层对他们进行的才是真正的道德教育，前者在后者面前一分不值。

三、教学主体的缺失

然而，是谁来具体操作这五条绳索，也就是说，是谁来拉动这五条绳索的？是教师？那位杀死郝旭东老师的高一新生，最恨的是教师，在“死亡笔记”里最想杀的也是教师，因为，教师是教育行为的具体执行人、贯彻者，是应试教育的帮凶。

教育本质上是教师的活动，没有教授就没有大学，没有教师就没有中小学，教师是一切教学活动的执行者、实践人。学校里，校长出国一周一月、一年半载，学校教学工作照样运行，但缺了教师，一天也不行！

作为知识分子，教师应该是具有独立精神的人。然而，现在教师的现状如何？普遍的情况是失去了独立性，缺少教学的理想和应有的责任感，成了应试教育的忠实执行者、“传声筒”，同时也成了这种教育体制的替罪羊，甚至成了帮凶。

然而，如上所说，教师并不是不知道要培养“人”，也不是不知道教育要“以人为本”。但是说起来也万分无奈，那把达摩克利斯剑悬在头上，上面有教育局、有校长、有年级组长盯着，边上有家长盯着，前面有高考指挥棒，下面有一心在高考中夺得好成绩的学生。升学率不高，校长要找你，家长要找你，学生要找你，你自己心里也不安，你的一举一动不得不受牵制，只好加班加点以应付高考为首要任务。否则，你一个小小的教师，能做些什么呢？

再说，就私人的利益而言，你的职称与你的工作成绩息息相关，你的成绩就是学生的考试成绩、升学率。你何必与这巨大的力量对着干呢？即使装装样子也好。

而且，说实在话，好多校长、教师在多年的应试教育的环境中生活，对此已经驾轻就熟、见怪不怪。他们已经习惯于成为一个对对答案的机器，已经没有高屋建瓴的能力，他本身已是整个机器的一部分，还自以为是“名校长”“名师”。我敢说，如果不搞应试教育，如果让我们的学生充分、自由地生长，这些老师是不是还能胜任，是不是还能站稳课堂，是大有可疑的。

教师的修养，至少包括“道德修养”与“文化修养”。而今天的许多教师，包括中青年教师甚至老教师，往往正是中国应试教育的产物（应试教育并不是现在才有，早就有五条绳索，现在不过是愈演愈烈罢了）。如今，他们要培养和他们一样的学生了！他们只有技术，缺乏艺术；只有知识，缺乏见识；只有学历，缺乏能力；只有苦力，缺乏魅力；只有表格，缺乏风格；只有规格，缺乏人格；只愿做题目，不愿做学问；只会纠缠于字面，不能深入于意旨；只会要求学生作文，自己却常常不如学生；只关注学生成绩，不注重塑造人格；只顾眼前利益，很少远大理想；读书不多，修养不够，问其琴棋书画、诗词歌赋、梅兰竹菊，皆茫然不解，兴趣几无……这就是我们大多数教师的现状！

不过，我们也不能苛责他们（其中包括我本人），他们就学于应试教育，从教于应试教育，绩效考核，战战兢兢，起早摸黑，受苦受累，岂是心愿？加之，教师经济条件不好，要买房，要买车，不得已挣外快、搞家教，明知家教大半骗人，反正有需求，我也有付出，总比当官的贪污要好，于是心安理得。更有甚者，有的老师与出版商书商合作，卖书给学生，不问教辅书质量好坏，只问有无利可图及利益大小。

可怜我们的家长、学生，只知道“老师是为我们好”，只要是老师推荐的、布置的，自然不惜金钱买来。那些教辅大多是粗制滥造、错误百出的垃圾。每到高考一结束，撕书烧书的事，在校园里到处都是。

就这样，应试教育在我们教师的手中，不但得到贯彻，而且得到强化。

然而，真的就完全无能为力了吗？是的，是很难，因为这不仅仅是教育本身的问题，它的背后是体制。但既然身而为教师，总不能眼看我们的孩子在这水深火热中受煎熬！我们每个教师，总要尽可能地“肩住了黑暗的闸门，放他们到宽阔光明的地方去”，尽可能地减少他们的痛苦。而且事实上，教师也不是完全不能有所作为的。

我有两句话——

第一句：以素质教育对应试，则应试胜；以应试教育对应试，则应试败。

第二句：大环境不好，我们可以创造良好的小环境。

毕竟教室门一关，你是起主导作用的，直接影响学生的是你。我曾听有些大学老师对研究生说，选学校不是主要的，选导师才是最主要的。我觉得这话很有道理。大学如此，中小学也是这样。

如果你能从根本上提高学生的素质，学生学得热火朝天，有兴趣，站得高，那么，应付高考，即使不比别人高多少，也绝不会落在别人后面。我们的文科实验班，最近得到好消息，四十五个人中有十六个已直升复旦、上海交大，还有好几个已被英美名校录取。

教改教改，教改的关键还在教师，没有教师，不但没有教改，也没有教育。所以我总觉得教师的作用是很大的。而起作用的关键是六个字：亲其师，信其道。现在，在应试教育的大背景下，毕竟有很多教师已经在应试教育中挣扎，希望对现状有所改变。而且，已经有很多教师做了大量的尝试，并取得了出色的成绩。比如，我最佩服的一位中学教师，南京师范大学附属中学的王栋生老师就是。我也是在拼命挣扎的教师中的一个。

四、我的挣扎

下面我简单谈谈近十余年里我做的一些改良。

美国教育家华特说，语文的外延和生活的外延相等。我坚持了这个大语文的原则，返璞归真，用传统的语文教学方法，不断开拓语文学习的天地。

首先是向课堂上要效率。遇到的第一个问题就是教材。现在的课本薄薄的只有二十几篇，其中古文五六篇，诗歌四五篇。说实在，即使把这些文章全吃透也少得可怜，何况其中还有很多为照顾政治、为了政治需要而选入的文章，以及鲁迅的为一点小事而与人争吵的文章，这些文章实在是不能作为范文的。相反，很多经典的东西，没有进我们的课堂。为此，我首先是进行处理，该简的简，该删的删，而增加大量的原典名家名篇，包括一些好的时文。

其次在教法上，我坚持重语感、重积累、重语文实践、重感悟的开放式语文学习，把课堂还给学生，绝不搞形式主义。现在的检查花样繁多，上课成了表演，最好是讲完最后一句话正好下课铃响。其实，教学是没有一定的模式的，所谓“教无定法”“教亦多术”。教师可以根据不同的对象、不同的课文，有的可以一讲到底，有的可以让学生自己看，有的可以讨论，都无不可，而主要的还是要学生自己看、自己读、自己体会。教师是起一个组织者、引领者、示范者、共同的学习者（陪练）的作用。

举些例子——

《药》：读一遍，全了解了。

《世间最美的坟墓》：一句一句读，一句一句讲。因为每一句话都有潜台词！

《沁园春·雪》：引进各种说法，比如胡适说是薛蟠体。“粪土当年万户侯”一句，可互文毛泽东 1965 年写的另一首词《念奴娇·鸟儿问答》中的一段，“还有吃的，土豆烧熟了，再加牛肉。不须放屁，试看天地翻覆”。

《项链》：讨论人物、精神、进取、诚信、忍耐。

《包身工》：调查当年的包身工。

《边城》：预习全文。

《鸿门宴》：读史记。

我着重抓精读和泛读两个方面。

精读，这是最原始、最传统、最有效的语文方法，读、背、抄、默、复述，在这一过程中，走近课文，走近先哲，使其言如出吾口，使其意如出吾心，从而积累素材、变化气质。

泛读，这是打开眼界、打开心胸不可或缺的。我们开设阅读课，开列必读书目，读名著，读经典，把“羊”放到水草丰茂的地方，让他们主动吸取，在广泛的阅读中与学者、与大巨匠进行心灵的交流、精神的对话，在广泛的阅读中，享受无穷的乐趣，形成强烈的读书兴趣，养成爱读书的习惯。

在精读和泛读的基础上，我们进行同学间、师生间的宣讲、讨论、交流，让学生上讲台，让学生互相驳难，而教师也成了他们中的一员。

为了把读书的成果积淀下来，我还指导学生先写读书笔记，进而自然而然地写研究性的文章，在写论文的过程中，锻炼独立思考能力，开启“自作主张”的精神，强化学习语文的兴趣，培养收集材料、整理材料、提炼观点、阐述观点的能力。我的班级还曾搞过论文答辩活动，请了北大、清华、复旦、上海交大等高校及其他中学的十多位大学教授、中学教师对优秀的论文进行答辩。

过去教育部制定过教育大纲，现在名称改成“课程标准”，这当然是一个纲领性文件，是应该遵循的。但这是对一般的学校学生的要求，每个学校都有它的特殊性，完全应结合自己的特点有所变通。有人批评这叫“超纲”，我以为如果能“超纲”也没有什么不好，只要对学生的发展有利。

比如，我要求学生学写古诗、学写格律诗，学生在读了大量诗篇、读了“声律启蒙”之后，就学着写起来。每个人都写，写了一首又一首，写得非常起劲，体会到了创作的乐趣。虽然，诗写得并不一定合格律，但是在写诗过程中，还是享受到了成功的乐趣。

利用一切机会把语文学习延伸出去。这样做，当然要占去很多时间，所以我们尽量利用间隙，比如进行早读。我恢复了早读的传统。读出声来，大声读，是学习语文的一个最原始的方法，也是启蒙教育中最好的方法。现在每堂课只有 40 分钟，每周 4 堂语文课，除去两周一次的作文，除去名目多样的考试测试验，真正上课时间所剩无几了。我们每天坚持 20 ～ 25 分钟的早读，一学期从诗经到古诗十九首，读熟了很多诗文，积累了大量语言和思想资源。

另外，我们搞很多语文活动，比如听讲座、逛书店、观话剧、看展览、练书法、学国画、学篆刻、演小品、办刊物、学采访、去学旅、编文集，生活有多丰富，我们的语文学习就有多丰富，特别值得提的是：

（1）引进时代活水，把学者、教授、专家请来作讲座。复旦、上海交大、上海社科院、华东师大……大学的知名教授我几乎都请过。也请学有专长的人来讲，比如请编辑家金文明讲《石破天惊逗秋雨》《守护语林》。平均两三周一次，让同学们接触到当代最前沿的东西。

（2）编辑班报、班刊《读书信息》《读书做人》，进行读书交流。让同学们轮流当主编、编委，锻炼他们的实践能力。

（3）文化集训。“读万卷书，行万里路”，每学期结束，我们总要搞一两次文化集训，集中一两天、四五天、七八天乃至更多的时间，听讲座、学书画、外出旅游。文化旅游到实地去触摸文化、触摸历史，获得历史的现场感。在外出途中，同学们关系更融洽、思维更敏捷，写出了大量的诗歌、散文。有一两天时间，我们就走近的，比如我们读了《项脊轩志》，就到安定、到归有光读书教书的地方去；读《再别康桥》，我们就到徐志摩的故乡——海宁硖石，还请陆小曼的学生来开讲座。只有半天时间，我们就在市内，比如到华山路蔡元培故居参观访问。远的到浙东、浙西，到山东、河南。每次外出都事先做好充分准备，由同学分头准备好各种材料。

我们一路走，一路看，一路写，同学们浸润在中国的文化中。比如这次我带的高一新生，不到半年已两次外出，去了宁波、绍兴，到天一阁、到大禹陵，带着他们读碑文、看楹联。起先由我点标点、解释，到回来这天，要同学们自己来读，大家一起看，他们居然能把一篇没有标点的碑文大致读下来，而且基本读懂，没有错误。

学旅回来后，同学们写了大量的散文诗歌，还有写古文、古诗的。我只要求他们每人至少写一首，他们大多每人写了几首。有些诗歌确实写得很不错，我们不妨例举一些：

兰亭怀古

黄思元

留声笔墨到今朝，煦日幽情忆二骄。谁洒才华追魏晋（或“晋代”）？清风书屋写逍遥。

无　题

柯锐琪

日前去绍兴马臻墓，见墓地荒凉不堪，几无游客，今又游北京恭王府，拥挤非凡，于是有感，并作此诗。

北风鼎沸亲王宅，南雨凄凉太守坟。游客竟忘青史上，为民造福是何人？

兰亭行

佚　名

紫烟何袅袅，翠竹倚兰亭。
相伴品书韵，古今有几人。
水浅出顽石，山险立嶙峋。
光脚戏冰雪，不欺岁寒心。

学旅组诗

陈之问

钟声杳杳有禅思，袅袅佛前冰雪姿。

崖下琉璃潭水冷，绰约人影寸心知。
霜染蒹葭风过斜，水中青荇隐鱼虾。
空林误入不何处？小径幽幽有酒家。
大鹅碑侧赶鹅忙，镜水堪摘碧落光。
此景似曾梦中见，添来少女笑声扬。
流觞曲水绕柔情，竹映诗心格外清。
月牙沏入玻璃盏，以茶代酒敬兰亭。

于越怀古

倪佩芸

义胆忠肝出远谋，良弓鸟尽一朝休。
龙山万古精魂祭，不及陶朱荡小舟。

兰亭随想

周诗雯

轻舟缓缓载青衿，似镜清波映素心。
我愿长居兰渚畔，高山流水作知音。

拜大禹陵

张雅舒

浚河造福忆生平，伟业煌煌谒禹陵。
良苦用心千载在，今人莫忘感恩情。

无　题

向　为

群贤曲水流觞地，冷冷清潭映竹丛。
诗兴不知何处去，今人转爱孔方兄。

忆冬日柯岩一景

梁启栋

翠篁恋院落，绿水绕人家。
待到春来日，看尽长安花。

绍兴游组诗三首之一

王森奇

先生书屋飘三味，集序兰亭墨尚香。
沈园游罢东湖去，好山好水一盆装。

勾践台怀古

李应凯

夫差争霸如鹰鸷，勾践吞声能忍受。
试问参天古树林，当年曾见兴亡否？

无　题

崔　燊

谁言奇石本无意，我觉流觞皆有心。
千载多情兰渚水，潺潺迎客到如今。

游兰亭

沈剑柔

梦游兰亭千百回，今朝有幸识真颜。
暗香小径入幽苑，浓影轩亭树巨岩。
佳丽情浓醉古道，鹅儿戏水步人前。
如山学业暂丢却，偷得人生三日闲。

以上只是简单的回顾。四十二年来，在我身边发生的事，实在是数不胜数。总之，我想说的是，在这样的教育制度下，教师也不应该完全无所作为。相反，“板荡识忠臣”，从另一个角度看，越是难，越能有所作为。

结束语

中国教育的痼疾非一日之寒，也非一处之病。有人把所有的教育问题都推到当今的体制上，我不这么看。体制固然有问题，但不是唯一的问题，教育走到今天，有历史原因，有社会原因，社会有责任，甚至我们每个人都有责任，光是批判是没用的。应试教育的存在有一定的合理性，有它存在的土壤。当今老百姓人这么多，还这么穷。僧多粥少，资源有限，生活资源、工作资源都有限，还要为饭碗操心，为工作奔波。人多而穷，只能争，只能抢。怎么抢？定出一个游戏规则，就叫应试教育。要争，必然没有平常心，在饭碗还不牢的时候，要人自由自在地成长，要有平常心，不现实。连基本物质条件都不能满足，怎么让人们去追求精神享受？更谈不上提高人的素质。

邓小平说，我们最大的失误是教育的失误。教育是计划经济的最后一个堡垒，是重灾区。

我已经说了，以我们的力量是不可能改变教育体制的，而且教育存在的问题也并非都出在体制，假设现在教育投入加大一倍，假设给教师工资都增加一倍，假如教育体制全面回归到 1949 年以前，问题是不是就解决了呢？我看还是不可能一下子解决。教育是人做的，积重难返，就像民族的素质一样，由来已久，不可能在短时期内改变。

1980 年，中国大学生提出的一句非常令人感动的口号：振兴中华，从我做起！今不妨借用之，我们只能要求自己，有一点理想，有一点责任感，有一点担当精神，从我做起，在这个小环境中做一些改变：振兴教育，从教师做起。

令人欣喜的是，如今已经有许多教师，正在发愤努力，刻苦学习，为了中国的教育大胆探索，奋然前行。

诸位都是高材生，是精英。我 1960 年曾报考复旦，名落孙山。你们都是优秀的人才，如果你们能进入到基础教育，如果你们能担当起来，一步一步、一代一代地改，我想也许我们的教育还是有希望的。上海能出很多有国际视野的企业家，也应该能出真正的世界级的教育家；上海有很多先锋派艺术家，也应该有很多特立独行的知识分子；上海在各个领域都需要有很多真正的实干家，教育领域更需要实干家。教育事业是一项神圣的事业！如果在座的同学，将来毕业后能投身基础教育事业，干出一番事业来，那么，百姓幸甚！民族幸甚！世界幸甚！

丹青难写是精神 *

——给中小学青年教师的建议

近来网络上热传一个美国的宣传片，影片这样描述今天的教师面临的挑战：

> 2010 年最迫切需要的十种工作在 2004 年时根本不存在。今天的《纽约时报》一周所包含的信息量，比 18 世纪一个人一生能接触到的信息量还要多。我们必须教导现在的学生，毕业后投入目前还不存在的工作，使用根本还没有发明的科技，解决我们从未想象过的问题。那么，我们教育的未来在哪里?

这段话震撼了美国的中学教师。我们更应该感到震撼，世界每天都在改变，教育越来越需要能够“超越”和“飞翔”的人才，可是我们的教师却背负着太重的包袱。

就在五年前，我曾经提出是五条绳索捆绑住了我们的孩子，那五条绳索分别是：功利主义、专制主义、科学主义、训练主义和技术主义。五年后，这些

* 在上海写作学会峰会上的演讲，地点：复旦大学美研中心。

绳索并没有松绑的迹象。教师同样地受累于各种捆绑，青年教师最不缺乏工作热情，却也最容易在现实中碰壁。

很多人都是经历挫折之后才开始思索。其实，教育的问题，无非是那么几点，每一位教师曾经都思考过，只不过有些人在长期的教学工作中忘记了、麻木了，甚至从受害者反过来成为加害者。当然也有人不甘心就此随波逐流，还想追求自己的教育梦。我便试图从教育的理想、教师的专业发展、课堂教学、日常教研、师生关系和业余爱好等几个方面谈谈我的一些粗浅的想法和做法，与青年朋友共勉。

我觉得教师必须有教育理想。教师这个职业，应该是最幸福的职业。我从教快半个世纪了，直至今日，还在第一线：上课，讲座，出题，批作文，接待家长，与学生一起进行文化行走。这是因为我深深地体会到教师责任的重大和教育工作的乐趣，作为一个教师，我感到幸福。

青年教师面对工作上的千头万绪，往往觉得无力应对，于是艳羡于老教师的驾轻就熟，急于得到最实用的具体指导来提高自己的能力。他们常常忘记了青年人原本就拥有一样最重要最珍贵的东西，那就是教育理想。理想是一个人前进的动力。有些人在寻寻觅觅中不知不觉丢了动力，忘记了自己的初衷。能力总有养成的机会，但没了动力，将会失魂落魄、不知所措了。

这里所讲的教师的理想，并不是什么高不可攀的东西，更不是紧跟上面表决心的应景口号。这里讲的理想，只不过是自己内心希望孩子成为怎样的人，以及为达此目的我们该做些什么。大教育家的理想都是有强烈个人色彩的，孔子说的“忠恕”“克己复礼”，夸美纽斯说的“为来世生活做好准备”，柏拉图追求的“善的理念”，他们的教育理想都来自他们对人生的独特理解。

教育理想并不只是教师的特权。每个人在踏上工作岗位之前，都曾有漫长的十几年做学生的日子，经历过好几所学校，遇到过许多的老师。少年时代的经历是最刻骨铭心、难以磨灭的，不管是令人终身怀念的美好回忆，还是不堪回首的记忆，都会让人深深感叹教师的力量之大。教育直接作用于人之精神，是最敏感的事业。每个人成长之后，都会不自觉地回头反思自己所受的教育是如何塑造自己的，因此更会加倍地关心眼下自己的孩子在接受着什么样的教育。所以，每个人都会有自己对教育的理想和憧憬。这就是为什么教育会与医疗、住房这样的民生问题并列于风口浪尖，成为舆情重点关注的对象。

但是，即使人人心中多少都有个教育梦，却并不是所有人都有机会去实现的。身为教师，拥有一方讲台，是最接近梦的平台。所以，不要小觑自己的力量。对于一般人来说，理想或许是奢侈品，而对一个有志于教育事业的人来说，理想应该是必需品。

讲一个曾经让我感动的教育故事。虽然关乎教育，背景却不是在学校，而是在一个博物馆里，一位讲解员和一个游客的故事。

二十世纪五十年代，一批赴朝志愿军休假回国，其中有一个叫王序的军人，对历史有点兴趣，便独自去北京历史博物馆参观。在那里，他遇到一位上了年纪的解说员。虽然游客只有这么一个小伙子，老人的讲解仍然那么认真、细致，又那么生动丰富。光一个柜子里摆的十几面唐朝铜镜，他整整讲了一天。王序的兴趣被激发出来了，于是两个人相约明天再来。第二天王序果然又来了，又听了一天。于是又有了第三天、第四天……本来打算用一个小时结束的参观，居然持续了整整一星期。直到分手的时候，王序终于忍不住问这位一直陪着自己的博学老先生的名字。讲解员的名字让王序大吃一惊——沈从文。原来，经过数次运动，这时候的沈从文不再从事文学创作，也无法在大学教书了。一代大师“沦落”在历史博物馆做讲解员，但就是在这样一个岗位，在彻底与“职称”“评级”无缘的情形下，他也没有放弃教师的角色和使命。后来的故事是，这位小伙子在沈先生的影响下走上了文博研究的道路。王序一直到老年的时候，还念念不忘他和沈先生第一次见面的那一幕。而沈从文留下的许多著作资料，便是王序帮助编辑整理的。

这是一个教育创造的奇迹，这个故事让人温暖。在教育被人遗忘的特殊时代，依然有人把教育当作信仰一样在坚持。因为这次奇遇，王序的命运被彻底改变了，而沈从文在最寂寞苦闷的时候，得到这样一位助手，又何尝不是为自己的学术生命找到了延续的希望。这是两个人共同的幸福。这种幸福，只有有教育追求的人才有资格享受。

这就是教育理想。

然而，理想容易在现实中沦陷。因为我们有许多的身不由己。在很多具体琐碎的工作中，刚刚入职的青年教师往往感觉没有人在乎他是否有自己的想法。尤其在评级的时候，所谓“灵魂工程师”的任务是按着标准图纸来“设计”的，不问什么理想。今天有些人甚至提出，要教师去神圣化，要把教师看成是一个普通的职业，他们认为教师只不过是依托于学校，出卖教育服务的人而已。作为孔夫子的继承者，我们自己如果也这样甘于卑微，那才是国家民族最大的不幸。

犹太人谚语说：“改变一个人，就等于改变世界。”然而，大环境如此，坚持教育理想自然艰难，要使理想之火不熄，只能从关爱一个一个学生的成长做起。就像那个小孩，把海滩上搁浅的快要干死的小鱼扔回大海。当别人告诉他，大海不在乎小鱼时，那孩子回头说道：“可是这条鱼在乎。”我常常为这个故事中的小孩而感动。我致力于教育工作几十年，只是希望能成为那个海边的小孩而已。

有理想，说到底还是为了自己，就像天空中有了的北极星，路虽然还是那么遥远，它却可以陪伴你高高兴兴地走下去，走过最远的路。

从 2011 年起在中小学教师职称中增加了正高级，这意味着中小学教师也能评教授了。这条新闻，很是被热议了一阵。有人怀疑，中小学教师能达到教授的水准？认为中小学生没必要由“教授”来教。

其实，就在距离我们不远的民国时代，中小学教师还曾和许多大师的名字连在一起。朱自清、朱光潜、匡互生、方光焘、丰子恺、夏丏尊……当年同在白马湖春晖中学做教员，今天看他们的名字，岂止是“教授”而已？弘一法师李叔同，其道德学问可做一代宗师，当时也曾在中学任教，教的还是“副科”：美术和音乐。

在这群星璀璨的名字面前，我们应当感觉到，教师的专业发展提升之路没有尽头。实际上，就是在今天，基础教育岗位依然不乏高人，应该能出大师。那些因为做了中小学教师，就自轻自贱，满足于“小儿科”，甘于碌碌的人，是应当有愧的。

有一个在中小学教师岗位上铸成国学大师的榜样——钱穆，他的第一份工作便是乡村小学教师，这份工作他整整干了十年。直到 1953 年，身在台湾、年近古稀的钱穆还难以忘怀。在回忆这段难忘的中小学教师生涯时，他动情地说道：

> 虽居乡僻，未尝敢一日废学。虽经乱离困厄，未尝敢一日颓其志。虽或名利当前，未尝敢动其心。虽或毁誉横生，未尝敢馁其气。虽学不足以自成立，未尝或忘先儒之矩矱，时切其向慕。虽垂老无以自靖献，未尝不于国家民族世道人心，自任其匹夫之有其责。虽数十年光阴浪掷，已如白驹之过隙，而幼年童真，犹往来于我心，知天良之未泯。

钱穆这段话，可作为中小学教师在专业发展、自我追求道路上的座右铭。

不过，在专业修炼的路上，除了勤奋精进的志向之外，还需要思考判断的眼光、独立的精神。今天的许多青年教师朋友并不是不重视学习充电，而是每天疲于应付各种学习、培训、检查、展示、科研……从长远发展眼光来看，这些疲于奔命的应付，对于专业发展毫无意义。那些叫大家终日惶惶、殚精竭虑的，并非真正的经典和知识，不过是某些人的观点，其中的大部分往往随着时间的推移，价值减少，乃至不剩分毫。

孔子说："学而不思则罔"。我们永远需要读书，但是我们读书时也要擦亮眼睛。随园居士袁枚有一副对联："双眼自将秋水洗，一生不受古人欺"。古人之话都未必能全信，更何况今天浮躁的大环境下的许多所谓思想理论，实在不敢恭维。

曾有教育机构要我给青年教师开"成长书单"。我以为每个人兴趣、风格不同，程度、水平也不同，不会有包治百病的方子。但在大方向上，我还是对青年教师的读书提一点建议。总的原则就是："不靠教参，多读原典，夯实基础，敢于怀疑"。

我建议教师少读教参、不依靠教参，就如同建议学生少看教辅，道理是一样的。这是我一贯的主张。这并不是要故意离经叛道，也不是对教参编辑的不敬。教参本来也是费了力气编写出来的，收集了不少材料，确实值得作为"参考"。但问题是有些教师把"教参"当成了依赖的靠山，只是照本宣科，这就有问题了。

教参往往为了照顾方方面面的意见而缺乏个性化解读，常常是观点平淡、视野狭窄，有时候还会为了迎合某些政治需要而故意曲解。捧高平庸之作，矮化经典，是常有的事。以此作为通行天下的标准，不免贻笑大方。

教师对于专业上的疑难问题，不应该依赖于教参，甚至更懒的作法——“百度”一下，而是应该回到原点，找到原著，看看文章和作者的本来面目究竟怎样。现在对一些课文的理解往往是千人一面、众口一词，皆教参之弊也。

比如茨威格的《世间最美的坟墓》，查遍网上教案，几乎都说托翁之美，美在朴素，不求奢华，甘于平凡。仿佛只有朴素才是美，而歌德、拿破仑等人的坟墓因为奢华，所以不美。如此牵强、浅薄的理解，使学生对托尔斯泰之伟大的理解就只是“艰苦朴素”了。实际上，无论是托翁还是茨威格，其思想的丰富深刻，并不是简单的“朴素”二字能表达的。文章的副标题是“记 1928 年的一次俄国旅行”，摘选自《昨日的世界：一个欧洲人的回忆》这本书。只有读了整本书，才会明白许多前因后果：这次旅行并不是随兴的观光旅游。1928 年是托尔斯泰 100 周年诞辰，也是苏维埃政府急于获取人心的时候。苏联政府以纪念托尔斯泰的名义，邀请西方世界一大批有影响的学者、作家、记者来苏联访问，希望他们能为苏联政府做正面宣传。茨威格也在受邀之列。在这之前，他已经在严密的“安排”下参观了恢宏的红场、克里姆林宫、列宁墓。对苏联，有人热情讴歌，有人嗤之以鼻。茨威格却选择了用含蓄凝练的散文，隐隐地透露着自己的态度。他没有去赞美那些热火朝天的“丰功伟绩”“宏大壮美”，却如此深情地歌颂和赞美托尔斯泰的墓地。在一片形势大好的气氛里，茨威格这样写道：“我在俄国所见到的景物再没有比托尔斯泰墓更宏伟、更感人的了。”他的确歌颂了托尔斯泰的“朴素”，但这里的“朴素”绝不同于简陋，而是有更深刻的涵义。对革命、对真实、对幸福的思考，都隐含在里面了。只有把《昨日的世界》认真通读过，对茨威格的个性和价值观才会有所领悟。如此，才不会把这样一篇涵义深刻的文章解读成简单的对“勤俭节约”的宣传了。

所以，要有独到的眼光和思想，首先需要夯实自己的“底座”。这就是教师的学问基础！庄子说，“水之积也不厚，则其负大舟也无力”。“基”“础”两个字，都是从建筑而来，“基”是在盖房前把土夯实，就是所谓地基；“础”则是柱子下面垫的石头。“基”和“础”都在下面，被人注意的机会不多，但是房子牢固与否，却维系于其上。对语文教师来说，人物掌故，音韵训诂，历史、政治、哲学甚至科学上的重要的思想，都是“底座”的组成部分。

对中小学教师来说，最好还要有“几门杂学”作“底座”。最好的知识结构是“一专多能”。夏丏尊提起李叔同时，曾经这样说：“李先生教图画、音乐，学生对图画、音乐，看得比国文、数学等更重。这是有人格作背景的原故。因为他教图画、音乐，而他所懂得的不仅是图画、音乐。他的诗文比国文先生的更好，他的书法比习字先生的更好，他的英文比英文先生的更好……这好比一尊佛像，有灵光，故能令人敬仰。”其实，李先生的学养还不仅于此，他深谙博物学、金石学，佛学修养更是深厚。正是这种种的“多能”，形成了这种“后光”，才撑起了他的“一专”，使得他所教的音乐美术“副科”取得了超越语数外“主科”的地位。

怀疑精神，就是独立的精神，就是钻研精神，就是创新精神。在知识更替日新月异的信息时代，我们今天教给学生的具体知识，到了将来，未必还是真理。而一个教师真正能留给学生的，是找寻知识和思考问题的方法。老师好学不倦，刻苦钻研，敢于怀疑，善于创新，必然能影响学生。学生保持从老师那里得到的读书习惯、独立思考的习惯，将来不管世界再怎么变迁，都能够受用终身。这样的人，有一个完善健全的人格：既不会道听途说、人云亦云、随波逐流，也不会迂腐顽固；既不会浅薄庸俗，也不会脱离实际。这才是我们需要的人才，能如此从教的教师，才是我们需要的人之师表。

我曾走访过几个先进国家，了解那里的母语教育。有一句话概括他们成功的秘诀，那便是“得法在课内，得益于课外”。

比如美国高中阅读教育，教师不重课堂“讲解”，而重视学生自己阅读。教师在课堂上布置从第几页看到第几页，下一次上课时，大家便对读过的内容进行讨论，老师也参与其中。凡没有读过的学生便无话可说，所以学生必然会自觉去阅读。如此，学生在两三个星期内就能看完二三百页的书。这样一学期，每个同学平均能读完五六本书。这个数字是很可观的。高中三年，他们将积累二三十本书，打下了扎实的人文基础，这是他们的本钱。在阅读的过程中，他们的阅读能力和阅读兴趣同时得到提高和巩固，成为一个名副其实的“读书人”。在这个过程中，课堂的作用不是削弱了，而是强化了。教师必须高屋建瓴，对学生所读的书了如指掌，有自己的研究，能针对性地提出有高度有深度的观点，从而点燃激发学生的学习兴趣，提高学生的阅读质量，而不使阅读走过场。

反观我们的母语教育，教师在课堂上无休止地讲解，把自己的或者是别人的观点灌输给学生，结果是高中三年，学生几乎都是围绕着知识点的考试进行，囫囵吞枣，一本书都没有好好读过。

我曾在 1990 年代初发表过一篇文章，叫作《还我琅琅书声》，其中有这样一首打油诗，描绘了这种现象："学生不读书，教师在演戏。悠悠十二载，腹中空如洗。"

当时我只是直觉认为学生十二年母语教育的所获甚少，只是从中国传统的母语教育中体验到"背诵"及"自己读书"的重要，并没有意识到这其实是母语教育的不二法门，并没有意识到只有读才能学会读！而再好的学习方法的传授，都是第二位的。

总之，我认为教学就是要通过教师的点燃、激发、引导、督促，让学生自己去读书，自己学会读书，自己喜欢读书。这样说，绝没有忽视教师课堂教育的作用，恰恰相反，是加重了教师课堂的责任。请注意"点燃、激发、引导、督促"这几个字。由于考试指挥棒的牵制，大多数教师们没有胆量冲破那五条绳索的禁锢，久而久之，也就忘了教师的真正责任在于"点燃、激发、引导、督促"，而不是一味灌输。传授是需要的，当然这里指的不是那些"伪知识"，但最终还是为了让学生自己学。课堂教育的精髓正在于此。也许大环境还不允许我们的学生像美国的高中生那样可以"抛开"课本，进行大量的深度的阅读，但充分利用好四十五分钟，以点燃、激发学生的学习兴趣，是应该做到的。所以，下面所谈的是在现行教育体制下的课堂教育的建议。

众所周知，课堂是教师的主阵地，三尺讲台就是教师的生命舞台。作为教师，永远要懂得敬畏讲台。我从教四十余年，有些课文已上了很多次，也曾有不少课被评为"优秀""示范"，作为样板被人学习。但是直到今天，每次上讲台前，我都要重新阅读，查阅新的资料，了解学生的学习现状，做足准备，才有底气去面对学生。

对于课堂教学我也曾写过一些心得，也出过书。我以为最紧要的，不是具体的讲课技巧，而是教师本身的根底以及对课文的独特而深刻的理解。如此珍贵的课堂，给我们的时间已经很少，我们不应该把课堂变成花里胡哨的浮夸表演或者表面上热热闹闹的师生互动、生生互动。

近来常见一些具有“高科技含量”的课堂，用华丽的多媒体、云教室，动辄投资几十或上百万，似乎砸下钱去买来设备就能提高教学质量了。更多的是繁琐的评课指标。有一次去听课，教育局有关领导给每个评课人一张单子，上面一条一条细细地写着项目：引入怎么样，承接怎么样，学生讨论怎么样，课件效果怎么样……把一堂课割裂成无数个点。这也就难怪校方和教师都千方百计地“作秀”，以满足这些“指标”了。现在上海更有不少学校试点让 iPad 进课堂，如果这些设备能很好地为“人”所用，也未尝不可。问题是一味追求技术新巧，便会本末倒置，结果是课上各种高科技武器光鲜夺目，学生却所获无几。

如今时髦的“对话理论”“启发式教学”，本是很好的思想，但一旦极端化就会出问题。实实在在去读书、讲授，还是应该占应有的分量。尤其是文科科目，没有一定的积淀，谈何创造？无非故弄玄虚的“空对空”而已。如上所说，一些西方国家课堂确实以讨论为主，但前提是在每次上这样的课之前，学生至少花了一周的时间去啃砖头一样的厚厚的书，这样的讨论才可能言之有物。

教无定法，课堂最忌模式化。教师的个性魅力是知识的最好“包装”。所以，课堂一定要自己来开发。应当在“我的课堂”中，把课标要求包容进去，把“点燃、激发、引导、督促”的要旨融入其中，把“人的发展”融入其中，而不是围着上面的指示团团转。

韩愈说，教师的使命是传道、授业、解惑。这话没错，这和前面所说的点燃、激发等责任也不矛盾。不过，点燃、激发最终是落实到学生的“得道”“成业”和“不惑”上。要做到这些，教师自身的修养是至关重要的。中小学教师也应该做一些研究，然而如今中小学教师能真正静下心来研究一两个问题的却并不多。许多老师大部分时间都停留在讨论答案、出练习题、分工备课、应付考试这些低层次的“钻研”上面。这就无怪乎基础教育工作者会被一些人轻视。明朝人何景明在《师问》中说道：“执经授书，分章截句，属题比类，纂摘简略，剽窃程式，传之口耳，安察心臆，叛圣弃古，以会有司。……师而至于举业，其卑而可羞者，未有过焉者也。”这段话的意思是说，有一种教师，整天只知道划分段落大意，总结做题规律，读着缩水名著，抄袭他人套路，传授考试秘诀，再不就是一心一意揣摩出题人的心思，背叛圣人、背叛真理去迎合当权者，做教师做到这个份上，简直是丢脸丢到家了！时隔几百年，这些话仿佛是针对我们说的。

近年来，教育行政部门对教师提出评级要有论文的要求，中小学教师也纷纷做起课题来。但这一类教研普遍存在浮夸风，课题多如牛毛，质量却往往叫人不敢认同，为课题而课题的现象屡见不鲜。

真正的研究，应当是在前人的基础上，以自己独立的理性判断和勤奋积累，最终成一家之言。基础教育工作者的研究，和高校的研究毕竟有区别。我们的研究是为了课堂，为了把最真实、最重要的内容以最有效的方式传递给学生，所以更偏重实践。要作出有价值的研究，往往不是什么流行就做什么，而是出于工作中真实的需要和自己的兴趣来投入钻研，不急于求成，不计较回报，在过程中乐此不疲。

中小学教师做研究，最终的目的还是以研究来促教学。通过一个问题，把大量线索集中起来，互相印证，促进自己深入思考，这实际上是一种高效的学习方法。

我个人习惯于以课文为线索，扩展到对某一作者进行全方位的“专题解读”。因为我相信文学是“人学”，知人才能论世。我对李白、杜甫、屈原、鲁迅这些课本中的经典人物作品的见解，常常与教材参考书截然不同，这是我通过大量阅读、谨慎思考之后得出的结论。这个思考的过程，最终被我整理成了《说李白》《说杜甫》《说苏轼》等系列图书。我会在课堂上和学生谈自己的看法，也会坦言这和他们平时听到的不同。我并不要求他们都认同我的观点，相反地，我会详细地告诉他们，我是如何翻检第一手资料，如何辨析各种前人的观点，如何得出我现在的这个结论的。不论你同意我，还是反对我，都要一样经过这一个过程才站得住脚。关键是让他们感受到研究问题的一个过程，这远比讲清一个具体观点重要。

梁启超先生曾经热情鼓励青年人搞研究、做论著。他说：“青年学生‘斐然当述作之誉’，也是实际上鞭策学问的一种妙用。譬如同是读《文献通考》

的《钱币考》和各史《食货志》中钱币项下各文，泛泛读去，没有什么所得；倘若你一面读一面便打主意做一篇《中国货币沿革考》，这篇考做的好不好是另一个问题，你所读的自然加几倍受用。譬如同读一部《荀子》，某甲泛泛读去，某乙一面读一面打主意做部《荀子学案》，读过之后，两个人的印象深浅，自然不同，所以我很奖劝青年好著书的习惯。”诚哉斯言！且不论自己的研究成果是不是准确、有多大的价值，但只要是认真投入这样一个过程，头脑中对于相关的事实、各家的观点自然进行了梳理，在课堂上讲起来，就能够胸有成竹、侃侃而谈。

所以，青年教师不妨大胆地去做一些研究。一样读书学习，可以给自己立下“述作之志”，以作出有质量的文章为目标锻炼自己，最终达到“深入浅出”的境界。

教育本身，一定是给人幸福的。读《论语》时，最神往的就是曾点描述的那一段“从游”的乐趣：“莫春者，春服既成，冠者五六人，童子六七人，浴乎沂，风乎舞雩，咏而归。”严肃如孔子，听了也动容，叹口气说：“吾与点也。”过去古人从师学习叫作“从游”，这是多么美妙的场景。清华校长梅贻琦对于“从游”有个妙解，说：“学校犹水也，师生犹鱼也，其行动犹游泳也。大鱼前导，小鱼尾随，是从游也。从游既久，其濡染观摩之效，自不求而至，不为而成。”这“不求而至，不为而成”正是教育的最高境界。

然而如今师生关系，和医患关系、官民关系一起被列为当今社会的“三大矛盾”，令人痛心扼腕。其实，和谐的师生关系对老师、学生、家长都有莫大好处。师生之间有其乐融融的感情，是有效教育的前提。我想对青年教师在这方面容易感到困惑的问题，谈一点自己的理解。

首先，今天还是否应该坚持师道尊严？今天我们处处强调以学生为本，乃至不敢提严格要求，不敢提教师的引领主导，这是一个误区。必要的距离感和敬畏，是实现教育的必要条件。孔子说过：“君子不重则不威，学则不固。”对教师的尊重就是对教育的敬畏。一个人不懂得起码的敬畏，很难有扎实的学问，这是因为态度会造成“气场”。这里说的敬畏，并不是说学生在人格上比教师低一等，甚至并不一定是对于教师本人，而是对“老师”这个位置应有必要的尊敬。

教师象征着“道”的尊严，也许并不是每个教师都有高尚的人格和深厚的学养，甚至有人并不配老师这个称呼。但是，一旦社会上轻慢、不尊敬教师形成了习惯，这种无知者无畏、失去敬畏感的风气，比几个不称职的教师造成的破坏要可怕得多。师生之间，应当有必要的距离感。身为教师，虽然要亲切，但不能太过随便，一些必要的形式还是要的，例如上课前的起立、互相问好，这些传统都有其必要性。

当然，最需要敬畏师道的，首先应该是教师本身。如何能对得起自己承载的“师道”？复旦大学创始人马相伯先生在95岁时写了一幅字，至今挂在复旦大学校园里，可为教师行止之范：“身要严重，意要安定，色要温雅，气要和平，语要简切，心要慈祥，志要果毅，机要缜密”。希望对青年教师能有所启发。

李政道先生在上海交通大学演讲时，引用了杜甫的两句诗，“细推物理须行乐，何用浮名绊此身”，可谓妙笔。对这位物理学家来说，物理是十分有趣的。细推物理足以行乐，无须浮名。一个物理学家，能巧妙地运用古诗表达自己的思想，这也让我们看到，无论从事什么行业，大可多一点业余爱好，多一点与自己所从事的职业无关的人文素养。

爱因斯坦说过，“人和人最大的差别在业余时间上”。这最大的差别，是精神生活质量的差别。有了丰富的业余生活，人格才能比较完善丰满。说白了，就是要“会玩”。一个自己生活都不丰富、不幸福的教师，如何能让孩子们快乐起来？

有一位化学老师，喜欢唱歌，把化学知识编成歌词，填入周杰伦的《青花瓷》旋律，还亲自“领唱”，一下子让学生记住了那些难记难背的知识点。有一位物理老师，在下雨天代一节体育课，细细在黑板上排出式子，给学生讲解怎么才能把球掷得更远。有一位数学老师，嗜好放风筝，每天中午在操场上放起各种新奇的风筝。学生看得眼热，磨着老师传授“绝招”，他趁机讲授数学知识。这些老师都是有一股“痴”劲的。就因为“痴”，才能钻研出一手“绝活”，才有无限的魅力，成了学科最佳的“形象代言人”。

就我自己而言，语文是我的专业，也是我一生热爱的学科。福州的陈日亮老师送过我一本书，名为《我即语文》。我极爱这四个字。这四个字，既道出了教育的最高境界，又讲了一个普通的道理：“我即教材”。每一个教师自身就是他教的学科本身，教师本身就是教材。我希望不断提高自己的人文修养，更多一点情趣，把语文教学和自己的人生融为一体，使自己的教学更精彩。

班上有同学谈恋爱，我没有正面去提醒什么，更没有批评的语言。我只是抄了一首元好问的诗给那位女孩子：“枝间新绿一重重，小蕾深藏数点红。爱惜芳心莫轻吐，且教桃李闹春风。”学校举办足球比赛，我全程参与。我们班以四比零的压倒性优势获得了胜利，同学们兴高采烈，我不是班主任，却陪着他们一起兴奋，即兴在黑板上赋打油诗一首：“年少周帆飞燕轻，狼奔豕舞骇群英。忽闻雅妹齐声吼，一脚破关四比零。”

我想自己不仅仅是在“教”语文，我是想用自己的生命来“表现”语文。如果说语文的外延和生命的外延相等，那么我是想努力扩大自己的生命外延，让学生看到语文魅力。有人说我是工作狂，常常牺牲业余时间，和学生在一起。其实这是一种误解。我并没有把与学生在一起看作是工作，我只是觉得这是我的生活。我带学生外出游学，行万里路；和学生一起编杂志；创作话剧并在学校公演，还请妻来帮忙化妆；星期天搞文化集训，请专家学者来作讲座，我正好也端坐着一起听……这些实在都是生活中最有兴味的事，让人欲罢不能。

总之，我以为，要教学生活得像个人，自己先要活得像个人。丰富的爱好情趣，对教师的职业发展有着很重要的意义。

时代在变化，青年教师将要面临新问题。事实上教育指挥棒——高考——的形势已经在悄悄起变化。在《中共中央关于全面深化改革若干重大问题的决定》中写道：“推进考试招生制度改革，探索招生和考试相对分离、学生考试多次选择、学校依法自主招生、专业机构组织实施、政府宏观管理、社会参与监督的运行机制，从根本上解决一考定终身的弊端。……逐步推行普通高校基于统一高考和高中学业水平考试成绩的综合评价多元录取机制。探索全国统考减少科目、不分文理科、外语等科目社会化考试一年多考。”在这样大的变革面前，我们要怎么去适应？没有谁敢说自己是真正知道答案的人。具体的路需要广大教师自己去摸索，但有一点也许是不会变的，龚自珍的《己亥杂诗》最后一首这样写道："吟罢江山气不灵，万千种话一灯青。忽然搁笔无言说，重礼天台七卷经。"它意思是说，我这三百多首诗，道尽世态炎凉、天地沧桑，然而，再多道理，说来说去，最终还是万变不离其宗，所有的规律都将融化在一盏青灯当中，还是要去重读那几卷经。这就是古人说的"天不变，道亦不变"。

对我们来说，教育的"经"——那些最基本的规律和常识，也是不会变的。只要守住那些最基本的道，无论时势怎么改变，都不会乱了方寸。对此，我想将它总结为"四个回归"：回归常识，回归传统，回归本源，回归理性。

回归常识，意味着不要被炫目的术语、大话蒙蔽了眼睛。教育的根本是读书与做人。人的幸福是一切的终极目的，这是永远不会改变的。

回归传统，意味着有所敬畏。传统之所以为传统，是因为经过了几百几千年的考验。那些教育的根本原则，比如学习要有"序"、不能拔苗助长、要启发而不是灌输、不要急于"出成果"、教与学要相互促进等等，在两千多年前的《学记》当中都已经讲到，也是不会变的。

回归本源，意味着不道听途说，凡事当求其本源。《大学》有言："物有本末，事有终始，知所先后，则近道矣。"评价一个人、一篇文章、一个事件，无不应当回到第一手的原始资料，这才是求真的态度。

回归理性，意味着永远不放弃自己的独立思考。判断问题，应当从事实出发，而不是从口号或者激情出发。

教育之道，就像是水，水本身没有固定形态。孟子说："观水有术，必观其澜。"水是透明的，只有观察涟漪才能感觉到水的存在。教学理论同样是抽象的，没有固定的模式。无论学习什么教育理论和教学方法，都不应该是照搬。这就要求教师真正提高自己的人文素养，才能以不变应万变。

王安石在发现某种成法越来越难以适应现实的时候，曾感慨地写下这样两句诗："糟粕所传非粹美，丹青难写是精神。"他认为那些书上的道理并不全是精华，未必能有什么放诸四海而皆准的真理，一个人还是要自己去寻求那种"精神"，这是难以用画笔来具体描绘的。

"丹青难写是精神"，用现在时髦的话来说，叫作"内心强大"。只有内心强大了，有自我的主心骨了，才能从琐碎的具体工作中超脱出来，看到星光。

这就是我关于教育的建议。谢谢大家！

教育的理据是什么？*

——《三字经》开篇二十四字解析

咱们中国有一本奇妙的书，叫《三字经》。之所以称之为奇书，是因为它至少有四奇：

第一奇是知名度高。凡是中国人，从城市到农村，从六七岁的孩子到七八十岁的老太太，谁人不知，哪个不晓！连韩国、日本、新加坡都把它作为少儿读物。

第二奇是包罗万象。《三字经》全文一千多字，上至天文，下至地理，几乎无所不包。它是中国文化的微型百科全书。

第三奇是深入浅出。言简、文浅、意深，看起来通俗简单、人人都能懂，但要挖掘的话，道理相当深刻。内容琅琅上口，容易记诵，不用一个星期，就可以背得滚瓜烂熟，像刀刻在脑子里一样，不会磨平。为什么容易记诵？中国诗歌，从《诗经》起是四言，以后有五言、七言、杂言，都有回旋余地，比如可以用虚字。《三字经》三个字一句，精到不能再精，简到不能再简，两个字就很难表达意思了。

* 在《百家讲坛》试讲的第一讲底稿。

第四奇是严谨开放。《三字经》全文分六个部分，一句接一句，一环扣一环，整本书一气呵成。而且它是一本“活”书，可以随时代的变化不断补充更新，用时髦的话说叫“与时俱进”。问世以来，历朝历代皆增加内容。直到民国时期，鲁迅先生的老师——敢于同袁世凯叫板的章太炎先生还亲自作了补充。他十分推崇《三字经》，说：“今之教科书，固勿如《三字经》远甚也。”意思是，今天的教科书，肯定远远不如《三字经》。他特地用了一个“固”字，强调这个论断是毫无疑问的。

家长和老师还可以根据孩子不同的特点及不同的需求，补充和增加内容。它完全是一本开放的书，是一本可持续发展的书。

正因为有此四奇，所以，虽然从古以来就有很多启蒙读物，比如《急就章》《幼学琼林》《弟子规》《龙文鞭影》《增广贤文》《治家格言》《百家姓》《千字文》等等，但还是以《三字经》为最著名。你看其他的读物，都叫什么“文”、什么“章”、什么“言”、什么“规”，唯独《三字经》被称为经典的“经”，可见它在当时读书人心中的重要地位。

《三字经》的作者是南宋末年的王应麟，进士出身，博学多才，大学者。宋灭亡后，他不愿仕元，躲在乡里教小孩子，起早摸黑，大教授作孩儿王，编了这么一本儿童读物。他的著作有六七百卷之多，但知名度最高的还是这部《三字经》。

所以，中国人要了解中国文化，最简捷的途径就是读《三字经》。读《三字经》还有更多的好处，我们在学习《三字经》经文的过程中，还会充分地体会到。

一

需要说明的是：《三字经》文字极度浓缩，所以必须一字字地细细讲。我们先讲开头四句话：“人之初，性本善。性相近，习相远。”这是《三字经》教育的理论基础，就像造房子要打地基那样，后面所有的话都建立在这个基础上。

首先，我们看第一句：“人之初，性本善。”

“人”字，有两层意思，一层是指群体的人，即“人类”；第二层含义是个体的人。这里的“人之初”的“人”是第二层含义，指的是个体的人。

“初”是什么意思？我们来看这个“初”字，是一件衣服边上一把刀。做衣服的第一步是什么，就是裁剪。做一件衣服总是首先把衣服裁剪好，然后再缝制，所以“初”就是“开始”的意思。那么，一个人的“初”，应该从哪天算起？

有一件非常好玩的事。西方人算年龄是讲实岁，中国人就不同，喜欢讲虚岁。有句话叫，“除夕生儿，未满三朝已两岁”。大年三十生，到大年初一，其实出生还不到三天，就算两岁了。

那么到底是中国人计算准确，还是西方人计算准确呢？照一般的思路想，答案是毫无疑问的，那当然是西方人算实岁正确啰！中国人讲虚岁，有水分。不过，有的人不这么看，这“有的人”中，就包括鄙人我。我认为中国人的计算方法比较准确。

为什么？中国人算岁数是从父亲种下种子、母亲怀上孩子那天算起的，也就是从受孕的一刹那算起，把在娘胎里的时间也算上了。这一刻，是很准确的，从没有你到有了你，从无到有。而出生是哪一天是不确定的，就像有人早产，不到十月怀胎就生了，有人超过了预产期还不出生。比如古书上说秦始皇就是他母亲怀胎十二个月出世的。吕不韦把已怀孕了两个多月的女人送给秦异人做妻子，还好秦始皇在娘胎里待了十二个月，否则就露馅了。另外，还有人故意要早产——剖腹产。所以我说，中国算法相对比较准确。中国人重视胎教，也就是从这个道理出发的。

讲了“人之初”，我们现在来看“性本善”。

先看什么叫“性”？人的本性到底是什么？

和孟子同时代的告子说：“性者生也。”“性”，竖心旁一个“生”，“生”是什么意思？土上面一棵新长出来的植物幼苗，本义是生长的意思。加了竖心旁，表示从心里自然生长出来的东西。也就是说，在没有受外界影响干扰、没有受任何教育的情况下，人区别于动物性的那个自然长出来的东西。这就是“人之初”的性，也就是人的本性。

韩愈说，“性也者，与生俱生也。”（性是与生俱来的）司马光说，“夫性者，人之所受于天以生者也。”（性是受之于天的，这个天，就是自然）那么，“人之初”的本性到底是什么呢？

关于这个问题，有不同的说法，至少有四种：性善、性恶、不善不恶、亦善亦恶。下面我们分别来说说。

第一种观点——性本善

这是孟子的说法。孟子认为，人性天生是善的，不善是后天造成的。他说，人的善心，包括四个方面：所谓恻隐之心，人皆有之；羞恶之心，人皆有之；恭敬之心，人皆有之；是非之心，人皆有之。恻隐之心，仁也；羞恶之心，义也；恭敬之心，礼也；是非之心，智也。

为了说明人心本善、有恻隐之心，孟子讲了一个“婴儿坠井”的故事：有一个还不会走路只会爬的孩子，爬到井边，眼看快要掉下去了，这时即使是一个小偷，也会去救他。他不是要得到表扬，不是为了孩子的父母感谢他，也不知道这是在行善，就是出于一种人类互助的天性，出于天生的同情心。

孟子还讲了一件事：他劝齐宣王不要用武力称霸天下，而要用仁爱感召天下。齐宣王说，我自己都没有仁爱，怎么用仁爱去感动他们。孟子说，你有仁爱的啊！听说有一次，有人牵了一头牛走过你的面前，那只牛在发抖，在哭泣流泪。你问干什么用的，手下人说祭祀用，你说放了它，手下人说难道不祭祀了吗？你说那怎么行，手下人问那怎么办，你说“以羊易牛”。为了这件事，好多人说你吝啬、小气。我知道你不是小气，你是不忍心看到那只牛可怜的样子。是有这件事吗？齐宣王说，是啊是啊！只有你了解我。孟子说，这就是仁爱之心啊！

我们在电视上经常看到，有的罪犯往往为了一点点小事一时兴起杀了人，在终极对话时，觉得对不起父母，对不起被害的人，都哭了。觉得自己可以变好的，也想学着变好，他们在后悔，在忏悔，可为时已晚，大错已铸成。但这倒说明，就是杀人犯，他的内心也是怀有善心的，有恻隐之心的。

还有一个外国的真实的故事：一个酒鬼开车轧死了一个十六岁的花季少女。在法庭上，他还趾高气扬，满不在乎，以为最多不过是赔一点钱，说你们说要怎么就怎么吧。想不到死者的父母只提出一个要求，要求酒鬼每个月赔一美元，亲自寄给他们去世的女儿。酒鬼觉得这太便宜了，他每月按时寄一块钱给死者，但是到第四年，酒鬼来到了法庭，对法官说，他情愿向死者的父母亲赔罪，情愿用几百倍的钱一次性还清他的债务。他说，每次填写死者名字的时候，那花季少女的凄惨形象就出现在他的脑中。他终于良知发现，感到自己犯下了不可饶恕的罪过。

上面讲的都是恻隐之心，现在我们再讲一个羞恶之心的故事。

其实即使是强盗，也有羞恶之心的。王阳明是明代著名哲学家，曾入仕为官。有一次王阳明抓到一个大盗，问他，“你偷别人的东西，抢别人的东西，良知何在？”大盗反问他，“我听说大名鼎鼎的王阳明是一个很有学问的人，现在看来也不过如此。你问我良知何在，我告诉你，我本来就没有良知。我倒要问你良知值多少钱一斤？你拿给我看看！”王阳明怎么回答的呢？王阳明说：“好，我现在就把良知拿给你看！”那个大盗对着王阳明笑笑，心想我谅你也拿不出来。王阳明却突然对大盗说，“我现在要把你放了，看你有没有良知！”大盗想：“把我放了，那太好了，我马上再去偷再去抢，看你怎么说。”于是问：“真的吗？”“真的。不过，我有一个条件，你把衣服留下。”大盗心想，把衣服留下，这有何难，大不了再去偷一件。于是就把外套脱下。王阳明说，全部留下，大盗就一件一件地脱，脱了上衣脱裤子，脱到最后一条裤子时，他突然跪下，说：“老爷，求求你给我留一条内裤。”王阳明对他一瞪眼说：“你不是要我拿出良知吗，这就是良知，你终究还知道羞耻啊。”

这个故事说明孟子所说的人性本善：羞恶之心，人皆有之。人的善性还包括恭敬之心、是非之心，这里我们就不展开了。

关于人的本性中有善良的幼苗这一点，在西方也有相似的观点。古希腊哲学家苏格拉底有个“产婆说”。他的母亲是助产婆，他要做一个思想的“助产婆”。他认为善在心里，我们的责任就是为它接生，把闪亮的本性激发出来。佛教，也是主张性本善的，有句话叫“即心即佛”，又说“人人有佛性”“众生皆佛”，就是说每个人都有成佛的可能性，都有善端、佛缘。

不过，说人心本善，这种看法似乎有点问题，说得太绝对。如果那个大盗生活在原始部落里，就不会以裸体为耻。有了社群教化作用的参与，就难以判断人的本性到底怎样了。

第二种观点——性本恶

这是荀子的观点，荀子是儒家思想集大成者。他说：“人生而有欲，欲而不得，则不能无求；求而无度量分界，则不能不争；争则乱，乱则穷。”就是说人本来是有欲望的，欲望得不到满足就会有要求，要求仍没有得到满足，就会有争斗，争斗就会造成混乱，结果两败俱伤。所以要订出规则、制度，在西方这叫契约。

荀子认为“人性本恶”，这个“恶”也不是“坏”的意思，而是认为人是有动物性的。动物没有善恶，只是有生存的本能、欲望，有欲望，要满足自己的要求。人总是先要满足自己，再想到别人。一个小孩肚子饿了，首先想到的是抓东西吃，不会想到先给别人，这是人的自然本性。要吃要喝要异性，这是人的本性，所谓“食色，性也”。他又说,“人性本恶，其善者伪也。”这个“伪”现在的意思是假的、虚伪、伪装。但它的本义不是假，而是“人为”，就是说人的本性是恶的，之所以变善，是人为的。

基督教的观点大致与此相同，认为人是有原罪的。所以总统也要用制度来约束。他们首先假设总统是会犯法的，是个坏人，得先用制度去规范他、约束他。西方的政治、经济、法规就是建立在这“人性本恶”的基石上的。

我们讲一个现成的例子。马英九成了台湾女士的梦中情人，而且是梦中情人首选，有些女士还公开宣布愿意投其怀入其抱。有个选民问马英九：如果有一个美女投入你的怀抱，你怎么办？你知道马英九是怎么回答的？他说：我是一个人，而且是个男人，恐怕不一定能做到坐怀不乱，关键是要对我有约束，不给我“坐怀”的机会。

这个“美女”其实是一个符号，包括名利地位等等。你不应该得到的部分，要靠制度约束。这实际上在说，人性是恶的，光靠良心不行，要靠制度规范。

不过，这种看法似乎也有问题，它只注意人的动物性，没有注意人性中和动物不同的地方。如果这样光靠制度法规来限制人，那么，人和动物还有什么差别呢？

第三种观点——人性不善不恶

这种观点认为人是一张白纸，没有好坏，近朱者赤，近墨者黑，像染丝一样，染以苍则苍，染以黄则黄，好和坏的颜色都是后天染上去的。英国心理学家洛克也是持这个观点。

这个观点对不对？这种看法也有问题，如果人是一张白纸，那么先天的作用就没有任何影响了？同样，狼性、猪性不也是一张白纸吗？那么，人怎么会成人，猪怎么会变猪呢？可见人并不是白纸。猪之初已编好了猪的密码，人之初也早已编好了人的密码，用现在的话说，是遗传因子不同。

第四种观点——人性有恶有善

这种观点认为人既有自然性，有要满足自己的自然需求的恶的一面，又有同情人的善的一面。善恶的基因苗子或者说可能性都在一个人身上同时存在，人一半是禽兽一半是天使，一半是魔鬼一半是上帝。这种说法，似乎较为中庸些。

其实，孟子在他的著作中，也有这样的观点。他说“人之所以异于禽兽者几希”。就是说，人与禽兽不同的地方只有一点点，“几希”。

在我看来，孟子与荀子是不矛盾的，他们两者要统一起来。既要看到人是有动物性的一面，即恶的一面；又要看到人有人性的一面，即善的一面。既要受制度的约束，还应该高于约束。既要他律，又要自律。

不过由“性善论”和“性恶论”所引申出来的人的天理良心和规范制度，有时是很难统一的。在实际生活中，人性确实表现出非常复杂的形态。

比如我们做个假设，假者有这样一个难产的孕妇，医生认为要剖腹产，丈夫不肯签字，怎么办？不签字就不能开刀，这是医院的制度、规矩，没有规矩不成方圆。这是基于人心恶而订出的规则。但是医生是专业人员，他明知不开刀，这个孕妇必死无疑，如果开刀还有百分之五十甚至更多的希望。救死扶伤是医生的天职。在两条人命面前，是要天理，还是拘于规则？医生不开刀的行为合法，法律也奈何他不得，但他晚上睡觉时是否能逃脱良心的谴责？

生命是最宝贵的，这是大道理，小道理要服从大道理。天理应该高于制度规范。这就是天理与规则冷冰冰、血淋淋的冲撞。

当然，我知道医生在某种体制下也是无奈的，我们不必过分地指责。

我们回到孟子。问题是，孟子明明知道人性有善有恶，为什么还要强调“人之初，性本善”呢？这就是孟子了不起的地方，他说“性本善”，就是要推动人们积极向善，就是要把人性中“几希”的一点点善发扬光大起来，即所谓抑恶扬善。所以他故意把恶的方面说成是兽性，而不是人性，把善的方面称为人性，说“人之初，性本善”。

《三字经》的作者也明明知道关于人性的问题有各种各样的说法，可他偏偏选择孟子的说法，也可以看出他的苦心。《三字经》是给孩子读的，不必和他们谈很多道理。重要的是要有导向，强调性本善，而不说性本恶；不能让孩子过早受到反面教育，认为反正性本恶，我想怎么干就怎么干。对不同年龄的人应该说什么话，这是遵循教育的规律，也是教育的艺术。

我们在教育中也经常会遇到这样的问题，一个学生既有优点又有缺点，到底是勉励他肯定他为主，还是总是批评他。按孟子和王应麟的主张，应以鼓励为主，目的是将善发扬光大，抑恶扬善。

以上我们谈了关于人性善恶的种种观点，细细地品味可以发现，《三字经》里关于这方面的精心设计有很多。

当你们为了人性善恶的四种观点而争得起劲时，有一个人站在边上，一言不发，微笑地看着你们的争论。这个人是谁？他就是孔老夫子。孔老夫子子对这个问题怎么看呢？

孔子不愧是个智者，他故意避开这个问题，不纠缠在人性怎么样上，而是讲人和人的本性之间的关系。就像邓小平说的不要争论姓社姓资，发展是硬道理。

《论语·阳货》篇中说：“子曰：性相近也，习相远也。”就是说我们不去讨论人性是善还是恶，是不善不恶还是亦善亦恶，反正只要是人（除了上智和下愚的极少数人，所谓“唯上知与下愚不移”），他的本性就是相近的，是后天使他们的差异变得越来越大的。

不过，请大家注意，孔夫子在这里讲的是“性相近”，他没有说“性相同”。人有别于其他动物，人的本性基本上是相同的，但是又有差别：有的人聪明些，有的人迟钝些；有的人暴躁些，有的人温顺些。用现代心理学科学来分析，人的气质可以分为：胆汁质、多血质、抑郁质、粘液质。胆汁质——兴奋；多血质——开朗；抑郁质——沉稳；粘液质——冷静；而更多是混合型的。

“性相近”，就是说基因有差异，但这种基因的差异，只有后天发展的可能性，而不是必然性，而且没有好坏善恶之分。性格火暴的人有暴力倾向，但可能很正直；性格温顺内向的人彬彬有礼，但往往较有心计，而且有抑郁倾向。这种差异形成世界的多样性、奇妙性。

其实，就是猴子的猴性也有不同。同样是关进笼子，有的吓得发抖，有的暴跳如雷。小孩总是很可爱的，回头率高，拥抱率高，很少会是凶神恶煞，但也不可能都是慈眉善目的。

柳下惠和盗跖的故事就很说明问题。二人是一母所生，一个是贤者，一个是盗贼。这个盗贼还很会说话，曾把孔子骂得哑口无言、狼狈而逃，马鞭子还掉了三次。

“习相远”的“习”究竟包括哪些内容呢？

我们先看“习”的意思。“习”，是羽毛下面一个“白”字，代表正在飞的鸟，看到它的肚子是白的。它的本义是实践、练习。小鸟学飞不是光讲道理就可以的，关键是要实践、练习。那么，《三字经》里“习”是什么意思？我认为，“习”大致也可以有五个方面的意思，我们也一点一点说。

（1）“习”的第一个意思是学飞，就是实践。《论语》开宗明义：“学而时习之，不亦说乎。”孔子的“习之”，就是要求他的学生学了要去实践，不实践等于没学。学是为了去做，把一本《论语》都背出来了，却不照着去做，对自己的人格气质的变化没有一点好处，等于没学。所以说，这个“习”就是做，就是实践的意思。

（2）“习”的第二个意思是经历和遭遇，特别是交往。法国大作家雨果写了世界名著《悲惨世界》。主人公冉·阿让本来是个很善良的人，因为姐姐的孩子挨饿，去偷了店里的面包，被抓后一关就是十九年。他被放出来时，已经是个非常仇恨社会的人了。一天，他来到了一个教堂投宿，米里哀主教隆重接待他，拿银制餐具让他用餐。晚上，当他睡在温暖的被窝里时，他失眠了。他不明白主教大人为什么这样对他，十九年中，他从来没过过人的日子。但是天没亮，他还是偷了银餐具，打了包，逃走了。路上遇见了警察，问他银餐具哪儿来的？他说是别人送的……

雨果写这个故事，想告诉我们很多很多。这个故事值得我们与人心善恶、与教育联系起来，好好地思考。

（3）“习”的第三个意思是习俗、环境。习俗和环境就是周围的自然环境和人文环境。“习相远”，生活在不同的习俗、环境中，人的性情、人格就会有很大差别。比如你的孩子生活在日本或生活在美国，就大不相同。环境还分大环境小环境，这要看自己的选择。有的人大环境不好，他自己可以创造一个相对好的小环境。

（4）“习”的第四个意思是习惯。有句话说：“幼学如天成，习惯成自然。”后天长期的生活习惯，造成了人和人相差甚远。比如养成读书的习惯。一天不读书就感到空虚的习惯养成了，就成了真正的读书人。有的家长只管分数，不管习惯，孩子也就不容易养成主动读书的习惯，没有把读书变成一种乐趣。这习惯都是小时候养成的。是不是养成这个习惯，将来差别很大，家长要有极大的细心和耐心。孩子熬过那艰难的岁月，好习惯一旦养成，将受益一辈子。

（5）“习”的第五个意思是主动地学习。这是个更大的问题了，我们后面再细细说。再补充一点，很要紧，就是这个“习”，还包括游戏。

总之，因为后天的环境、习惯、实践、经历、交往，还有学习甚至游戏的不同，使人与人之间的差距越来越大。这就是后天的“习相远”的意思。

那么，在这五个“习”中，最要紧的是什么呢？《三字经》告诉我们，最要紧的也是我们能主动去做的，就是“教”和“学”，就是现在说的狭义的家庭教育和学校教育。

有位教育家说，大自然造人的时候只造了一半，还有一半要靠教育。什么是教育？美国心理学家威廉詹姆斯说：种下行动，收获习惯；种下习惯，收获性格；种下性格，收获命运。

“种下”和“教育”在英语中是同源词汇，这“种下”二字，就是“教育”的意思。

二

那么，这“教之道”到底是什么?《三字经》接着告诉我们:“苟不教，性乃迁。教之道，贵以专。”

“教”是一门学问，首先要明确，教的根本目的是什么？也就是教育的终极关怀是什么？——是提高一个人的生活质量，提高人的质量！也就是使一个人生活得幸福。一个人不但要能享受物质文明，还要能享受精神文明。一个没有修养的人是无法享受精神文明的，而享受精神文明的愉快是无穷无尽的。比如一个没有受过很好教育的人，钱再多，也不会很幸福很快乐。即使他感到快乐，那只是爱因斯坦所说的“猪圈里的幸福”。然而，教是有道的。

教育最根本的“道”是什么?

请注意这个“教”字。这个“教”要从两个方面看，有教就有学，所以不能只顾“教”，更重要的是要考虑到孩子的学，在教的时候一定要考虑到孩子是不是学得进去。这里的前提是要了解孩子，不同的孩子，教和学都是不一样的。

我们先看“教”和“学”这两个字，（出示“教”“学”二字）这两个字在古代几乎是一个字。《学记》里面说“学（xiào）学半”，其实就是“教学半”。

看“学”的繁体字怎么写。“學”，是一个小孩子在课桌前两手捧着一本书读，叫“学”。“教”呢？原来写的时候，是在“学”的边上加了一只手，一根教鞭，后来把边上“学”字的双手省掉，把桌子拿掉，成了“教”，再后来又把上面的叉叉正过来，就成了现在的“教”字。

“苟不教，性乃迁。”“苟”，是如果、假使的意思。这句话的意思是：如果不加教育的话，“人性”就要起变化，教育的作用就在于养性成习。

当然，这个“教”，不一定就是“教”好的，也可以拿着鞭子教坏的。

大家不要以为，只要有“教”就不会有问题。其实不然，比如现在的教育，问题就很大，只教技能，不教做人，学生只会考试，不顾实际，很多人成了考试的机器。只要考上大学，家里什么事都不要你做，一俊掩百丑，学习成绩好了，连不敬父母、不敬祖父母也不要紧。前几年，出现的马加爵、刘海洋，都是某种教育的结果。

所以《三字经》特别重视“教”。关于教什么、怎么教，整部《三字经》都作了明确的指示。

教育最重要的原则是什么？“教之道，贵以专。”

怎么教育呢？“教之道”，教是有道的，这个道，就是规律、原则、途径。教育的原则、规律、途径是什么呢？就是一个字“专”。“贵以专”，贵在一个“专”字。这个“教之道，贵以专”是全文的核心，最要紧的六个字。

“专”，什么是“专”？“专”有下面四层意思。

一是专心致志，不可三心二意、首鼠两端。要花大力气，精力集中在孩子的教育上，不要赶时髦。现在不是“贵以专”而是“贵以杂”，一会儿学这，一会儿学那，赶时髦，不顾自己孩子的条件。看到打球有出息，就打球；看到画家，很潇洒，就学画画。一会儿这个辅导班，一会儿那个加强班；一会儿考什么级，一会儿拿什么奖；搞得孩子精疲力竭，疲于奔命，结果收效甚微，甚至违背天性，贻误终生。

古希腊哲学家德谟克里特说：学到很多东西的诀窍，就是不要一下子学很多东西。英国哲学家约翰·洛克则说：与其花很多时间和精力去凿许多浅井，不如花同样的时间和精力去凿一口深井。

专心致志，还指学习时要专心，聚精会神。《荀子·劝学》：“行衢道者不至，事两君者不容。目不能两视而明，耳不能两听而聪。”《孟子·告子上》：“使奕秋诲二人奕，其一人专心致志，惟奕秋之为听。一人虽听之，一心以为有鸿鹄将至，思援弓缴而射之，虽与之俱学，弗若之矣。”后来人们把“鸿鹄将至”比喻心思旁骛，另求所得。

从小培养专心致志的素质比掌握一门具体的知识本领更重要。这就是“贵以专”的第一层意思。

二是指要有恒心。不可“三天打鱼，两天晒网”，不可放弃。当然，学习是一辈子的事，但关键几步在十三岁前。行百里者半九十，研究表明十三岁之前是人的成长关键期，所以父母在这几年中要特别抓紧，要辛苦点，孩子将得益一辈子。恒心恰如《荀子·劝学》中所说的“锲而不舍”，“锲而舍之，朽木不折；锲而不舍，金石可镂”。

三是要有钻劲，刻苦用功，认真，一丝不苟。读书是刻苦的事。《荀子·劝学》说："无冥冥之志者无昭昭之明，无惛惛之事者无赫赫之功。"《礼记·中庸》说得更透彻："人一能之，己百之；人十能之，己千之。果能此道矣，虽愚必明，虽柔必强。"有人提倡快乐教育，这不错，但不要误解为轻轻松松，轻轻松松成不了才，轻松不等于愉快。

《列子·汤问》记载了神射手纪昌学射的故事：纪昌要拜飞卫为师学射箭。飞卫对纪昌说："你先要练习不眨眼的本领，有了这个本领再来跟我学。"纪昌回到家，仰面躺在正在织布的织机下，两眼不眨地盯着看。一天，两天……两年过后，纪昌终于练好了眼睛不眨的功夫。于是去拜见他师父飞卫。飞卫说："这还不行，还要学看的本领，要能把小的东西看得很大、很清楚，然后再来找我。"纪昌回到家，用一根牛尾毛捆住一个虱子，挂在窗口，每天都盯着它看。又是一天，两天，三天……三年过去了，他竟然能把一个虱子看得像车轮一样大。再看其他物体，也都能把它们看大。纪昌拿来一张弓，搭上箭，向虱子射去，箭正好从虱子正中间穿过去，而挂虱子的牛毛没有断。纪昌连忙去找飞卫，飞卫高兴地说："你真正学到了射箭的真本领。"

这个故事说明学任何本领都要刻苦训练基本功。

四是要讲究循序渐进。学不躐等，要一步一步走，不可好高骛远、急功近利，不要相信神童的教育，不要照搬别人的成功经验，不要去背圆周率，不要想做儿童作家。现在有十几岁甚至六七岁写书的，过早的写作会给他的身心带来损害。就像蚕吐丝，桑叶还没吃多少就想吐丝，实在难为了孩子。

启功先生的恩师陈垣教授，反对自己的研究生过早地写论文，数学家苏步青反对小学数学这么难，都是强调学习要按部就班，循序渐进。

小时候记忆力好，便于记诵、背诵好文献，可以大量地吸收。有人把这叫作"死记硬背"，这是一种误解。我赞成"死去活来"，正如犹太人提出的学母语要下"生吞之功"。

犹太人在总结自己的基础教育时，自傲地宣称自己用的是"生吞之功"。其实"生吞之功"就是我们祖先的"死记硬背"罢了。抓紧在儿童时期多读多背，不但能积累大量语言和思想材料，以便将来感悟、运用，而且还可以开发大脑的功能。

关于家庭教育的责任与惩罚问题*

今天大家讨论的无非是两个问题：

（1）孩子由谁来带为好，到底是父母带好，还是祖辈带好？

（2）可不可以体罚孩子？

这两个看似完全不同的问题，其实有着紧密的内在联系。

我先谈谈对第一个问题的看法。这个问题其实要从两个角度看：一个是理想的问题，一个是现实的问题。从理想的角度看，孩子最好是父母自己带。一般说来，父母与孩子的距离比祖辈与孙辈的距离近，所谓的代沟也小一点。现在社会发展得很快，很多东西祖辈已经跟不上了，或者已经学不会了，而父母亲还是占点优势的。而且从父母应该了解孩子的角度而言，自己带着，更了解、更亲，以便更好地实施教育。再说祖辈大多年迈，希望享受含饴弄孙之乐，要求不严格，有很多还会溺爱，而且精力不济，对教育孩子也不利。

所以，我觉得刚才那位黄先生说的话还是有道理的。他说大家都看过《狮子王》吧，还记得狮子王的名字吗？它叫辛巴，还记得辛巴的爸爸的名字吗？

* 2015 年 5 月在《虎妈猫爸》电视讨论会上的总结发言，地点：上海东方电视台。

它叫木法沙。还记得辛巴的爷爷的名字吗？没人记得了。不是不记得，是电影中压根儿就没出现。狮子王的本事都是爸爸教的。这位黄先生问得很巧妙。不错，在动物世界里，大鱼带小鱼，母鸡带小鸡，老鸟喂小鸟，母羊乳羊羔，老牛舐初犊，都是父辈带的，没有隔代带的先例，我们人更应该如此。这是一个角度。关键是还有一个现实问题，现在社会职场竞争激烈，应试教育的竞争也激烈，父母往往没时间来带孩子，孩子不得不部分甚至全部由祖辈来带。我曾做了一个调查，要学生写回忆自己童年的文章，居然十之八九写的是与祖辈的相处。可见，事实不是理想。既然事实上孩子大多是由祖辈带，那么如何处理好不同教育方法的问题就提到议事日程上来了。

人毕竟不是动物，祖辈带孩子，也不是完全不好。而且要说明的是，我的学生几乎可以说都是上海第一流的学生，那就是说隔代带孩子也未必全不好。过去，坊间流传着很多"课孙图"，有学问的祖辈直接教自己的孙辈，也不是没有。所以我们要具体地对待，看祖辈的身体情况，看祖辈的人格学问。更重要的是，两代人要互相沟通，尽可能统一认识，不要为孩子问题对立，更不要在孩子面前争吵或暴打。

两代人各尽其力，和谐温馨，定家规，制家训，有个好家风，这样必然有利于孩子的成长。不过在原则上，我还是赞成父母亲尽可能地克服困难，自己来带孩子。这样，也可以让祖辈能轻轻松松地安享晚年。

第二个问题，关于体罚。中国古代肯定是有体罚的。过去有"三娘教子"的故事，认为教子以严格为上。《三字经》中也说："养不教，父之过；教不严，师之惰。"孩子不懂事，有惰性，这是很自然的事，这就需要加以限制。他不听，适当地进行体罚，作为一种惩罚教育、挫折教育，是必要的，不能使之任性。过去在学校里，老师可以打手心，我以为也没什么不好。但是体罚一定要明确目的，掌握分寸，注意方法。体罚的目的，从根本上说是为了通过"立威"，使孩子有敬畏感，知道哪些事不能做，哪些话不能说，从而产生正确的是非观。

在学校，也就是要树立"师道尊严"的风气。师不严，则道不尊。但是，惩罚教育，一定要注意分寸，要让孩子心服口服，不能让孩子有怨气，产生强烈的反感。即使不得已而伤了一点皮肉，也绝不能伤了他的"心"！

所谓注意方法，就是说必须选择惩罚的时机，注意责打的部位，掌握轻重的程度，注意惩罚的场合，等等。而且这必须因人而异，不是所有孩子都需要体罚。

刚才那位家长，让孩子跪搓衣板，而且两边还钉了钉子，这样就不合适，这伤害了孩子的自尊，对他的心理上会造成伤害的。《学记》里说“亲其师而信其道”，做教师的要让孩子与您相亲，做家长的更不应该伤害了两代人的感情，造成孩子强烈的对立情绪。当然，必要的对立，也不是绝对不可。孩子一时不理解总是有的，严格的教育，孩子才容易成才，即便一时有些对立情绪，将来长大了，也会感激您的。

《中庸》第一句话就回答了什么是教育的问题：“天命之谓性，率性之谓道，修道之谓教。”我们要承认每个孩子都是不同的个体，没有孩子是相同的，不能用同样的标准去要求他们，不能用一个模子去限制他们。孩子的教育是一门科学，又是一门艺术，确实不容易。关键是理解孩子，有爱心，有耐心，慢慢来！

今天我们怎样做父母*

教育是我的终身职业，是我愿意把自己的生命都投入进去的事业。今天我讲的题目有几个变化，本来我拟定的题目叫《大树是怎样长成的》，后来我想一想这个题目不好，这个题目我曾经在复旦大学讲过，而且题目本身包含一个错误：不是每个人都能长成大树，可能有的人是鲜花，有的人是小草。《大树是怎样长成的》这个题目听上去很好听，但在教育理念上面它是有缺陷的，所以我就把这个题目否定掉了，改成《人才是怎样铸成的》。可是后来想想也不好，当然我可以从两方面讲，一个是“人”，一个是“才”。因为我们归根到底培养人，归根到底是要养成人的才华；但是后面用了个“铸”，铸就是铸造的意思，这就不对了，这个“才”不是铸成的。现在流行一句话叫“教师是灵魂的工程师”，我非常反对，这是把人作为一个产品，一个个去铸造，而灵魂是不可铸造的。所以《人才是怎样铸成的》，我也觉得不好。那么如果改成《人才是怎样养成的》呢？这也一样有问题。这个“养成”也没有确切地表现出这个人才的成长过程。成长是一种自身内在的动力，不仅仅只靠外面浇灌的。我

* 2012 年在浦东工商界职员学习班的演讲。

们曾把老师比为园丁，但是仅仅是一个园丁的比喻还是不确切的。所以我想来想去最后用了这个题目——《今天我们怎样做父母》。这个题目包含着孩子的成长，又包含着我们家长的责任。

今天，在物质生活得到相当的满足后，人们首先想到的就是两个问题：一个是健康，另一个是教育。教育是对下一代而言的，对一个社会、一个民族、一个家庭的传承来说，极其重要。但是，今天教育的问题非常大。外面的人看到的是孩子非常累——到底去哪个学校读书比较好？读什么东西好？到底是抓得紧一点好还是放得松一点好？考试和个人人格成长的关系到底应该放在什么位置上？大家都很矛盾，很焦虑，用现在的词说叫"纠结"，或者说很"囧"。这问题确实存在，但是对于我们这些教师，从内部来看，问题更大。

我首先就这个"焦虑感"谈一谈它来自哪里。它来自一种灵魂的没有安顿。现在我们大多已经安居乐业了，但是没有一种安身立命的感觉。为什么没有呢？杭州最近有一个报道，说一个小孩才四岁父母就让他学奥数，而且爸爸妈妈抱着去，然后还给喂饭吃。这么学奥数是完全违反规律的。当年苏步青先生还在世的时候，我是他孙女的班主任。我到他家里去家访，他说："黄老师，你现在也是小有名气了，你在外面应该呼吁一下，你说是我讲的：小学一年级、二年级、三年级不要读数学，应该把力量集中花在人文方面。小学时候我根本就没读过数学，到了中学时代才去做数学，突然爱好数学了，马上换数学专业了。现在小学里面把数学搞得这么深干什么呢？有些东西到了一定年龄，只要一个小时两个小时就解决的问题，我们现在去学，一个月两个月都解决不了。比如说二分之一加三分之一到底这个通分的问题怎么解决？被这个问题搞得很烦，而把大好的时间错过了。而这个时间正好是积累语言的时候。"再比如，主编《英汉大词典》的复旦大学教授陆谷孙老先生讲："我的老师徐燕谋，也就是钱锺书的同学、朋友，我们进了大学，徐老师首先不教我们英语，叫我们写古典诗词，读古文。他说你这母语不通的话，你的英语也学不好。"但今天的情况是怎么样呢？我们现在把大量的时间放在中英两种语言上，结果两种语言都没学好。语言就应该通过语言本身来学。北大怪才辜鸿铭，他懂得多门外语，他怎么学外语，他把一本《浮士德》从头到尾读熟，德语就通了。

今天，我们教学方式问题就更大了。还没有读几篇文章，就在搞分析。曾经有一个学校把我的一篇散文用作考试题目，后来他们寄给我，说：黄老师这是您写的文章，我们出了点题目，您看看我们的题目出得怎么样？我说这些题目我一道也做不出来！现在每堂课花大量时间，甚至可以说用全部时间在搞分析。而这个分析是什么，是把标准答案塞给你，把我们孩子的创造性束缚起来。这是非常残酷的。一个人如果没有创造力，这个人将来不会有大的希望，会很平庸的，而我们现在就是在做这样的工作。

我参加过高考命题，参加过高考的阅卷。我做了八年的阅卷组组长，阅卷老师之间争吵得很激烈，吵得要命，争吵这个题目答案到底是什么。连阅卷官都在吵，你叫学生怎么做？所以这个问题本身是很大的，有的题目完全错掉了。所以很多人不需要自己动脑筋思考，只要能揣摩到出题者的意图就行了，反正只是为了分数。

家长为了孩子能考上好的中学、好的大学只能跟着走，只能就范。通过这个十年乃至十多年的读书，结果读出来怎么样呢？其实你的孩子将来到社会上面临的风险很多，你现在是这个职业，这个职业将来不行了怎么办？这方面的能力不行了怎么办？只会迎合考试，没有自己学习的能力怎么行？我有些中学同学，他们有读清华的，有读西安交大的，其中有一位专门研究半导体。半导体方面当然他是专家，但其他方面什么都不懂。结果，半导体现在不用了，都是新技术了，结果他无事可做了。不久前，我遇到他，我一看他怎么变得这么老态龙钟。本来读了很好的专业，为什么会落魄到这个程度呢？什么道理呢？没有一个广阔的东西在里面！

当这个风一吹，风向就会变。教育界有这么一句话：你可以期待太阳从东方升起，而风却随心所欲地从四面八方吹来。风是从哪里吹来，我不知道，因为风向总是会变的，但太阳是永远从东边升起来的。所以我们每个人要找到太阳，这个东西才是我们要的东西。因为这个东西是不变的，是永久的，而且它是始终起作用的东西。那么太阳是什么？

首先一个问题，是教育的本质问题。为什么我们要搞教育？英国有个哲学家，也是教育家，他说：大自然造人的时候只造了一半，还有一半要靠教育。我们是自然人，生出来就是人，但不过是人的一半，还有一半要通过教育，那才成为社会人，真正的人。这就是教育的本质。教育的目的是为了什么？大家往往忘记了目的，我们在追啊追啊，追的时候已经追歪了。教育的正道是什么？我们现在是走到歪道上去了。我们现在疯狂追求的东西，到底是正道还是歪道？我们从小学开始就只知道分数、分数。但人是需要全面发展的。可现在，不管是身体也好，智力也好，创造性也好，积累的文化也好，等等，这些东西都没有了，就是为了分数。老师怎么样说，我也怎么样说，大学毕业了，博士毕业了，还是没东西。他在追什么？我们现在的关怀，都是近期关怀。我们没有终极关怀，即关怀到一个人的最终的成长，让他在社会上能站得住。所以，教育目的问题我们要搞清楚。

教育的目的到底是什么？我们对孩子最终的关怀是什么？就是让他幸福一辈子。一辈子过幸福的生活，一辈子开开心心地过活，这就是目的。钱不过是手段，对不对？我有钱，可以使他比较体面地生活。但是钱有了，未必能够幸福。这道理不需要我讲，对不对？很多人有钱，结果矛盾很多，家里闹得翻天覆地。苏轼曾经讲过，你是要求富，目的是求富，结果求来的不是富，而是祸，走向反面。我们始终应该瞄准，很简单，要让我的孩子将来能够幸福地活在这个世界上，健健康康、幸幸福福、体面、有尊严、有知识、有文化，既高尚又有品位地活在这个世界上，成为一个高贵的人。换句西方的话说，就是希望孩子能成为贵族。贵族不光是有钱，还要有贵族的气质，有贵族的心态，有文化有修养，有一颗善良的心，有担当精神，有道义等等。这些我们的教育全部失去了，它不再教育人，它紧紧抓住分数，所以，我们已经违背了教育的目的原则。英国有一个哲学家，是个非常了不起的奇人，影响了十九世纪末、二十世纪的整个教育——他叫怀特海。他说，孩子是有血有肉的人，教育的目的是为了激发和引导他们自我发展。怎么样才幸福？要让孩子自己充分得到成长，这就是幸福。每个人是不一样的，让他能够按照自己的特点成长，把它激发、引导，真正点燃。每个人内部都有潜力的，你把它点燃，让他自由地发展，活出自我，这才是一种正确的教育，这就是不变的太阳。

在中国的教育界这个问题很早就被看明白了，古人要比我们智慧得多，也许我们掌握的知识比他们多，但是他们的智慧比我们高。《中庸》里面有这样一句话："致中和，天地位焉，万物育焉。"这几句话实际上就写出了教育的本质。它的目的是要达到中和，中和是一种境界。人的身体中和了，身体就好了。一个人的心灵中和了，心情就好了。所以，我们教育的目的，是要让人达到中和。“中”是中国最高的一个美学境界，然后“天地位焉，万物育焉”。什么叫“天地位焉，万物育焉”？就是说，教育是要根据不同的人来进行的，每个人的位置是不一样的，叫“位焉”。比如说我生活在上海，我出生在1946年，这就是我的时间和空间位置。我的聪明程度，我的智商是怎么样的，我的个性，都是有一个位置的。这个位置是什么？天给你的，不是你自己想有就有的。我想生活在唐朝，可能吗？我很喜欢李白，我想和李白做朋友，可是做不到，只能和他在心灵上交流，你不可能和他一起去玩。这什么道理？因为你没有办法选择，这个位置是天地给你的。你是一棵大树，那么你就参天；你明明是一朵花，那你就像花一样地盛开，也是很美好的；如果你是一株小草，那你就绿满大地，也很美好。每个人都能够得到自由发展的道路、自我发展的道路，这是最好的。明明是一朵鲜花，却非要它长成大树，长得成吗？不但长不成，反而会被摧残。“万物育焉”，万物就在天地里面自由自在地生长叫“育”。自由自在地生长，这是教育里很重要的东西。孔子的因材施教的理论也从这里来。过去中国人家里是这样的：男孩子要教育成为绅士，刚强；女孩子要教导成为淑女，温柔。男孩女孩的教育是有区别的。现在要求全部一样，男孩子女孩子全都一个教法，这就叫违背教育规律。

《中庸》里面还有几句话，把这个道理讲得更清楚。它说：“天命之谓性，率性之谓道，修道之谓教。”人要从本性出发，每个人本性不一样。这个“性”字很有意思，左边是个竖心旁，这个竖心旁就是心。右边是什么，是“生”。“生”是什么，“生”是土里面长出一棵小草，土里面生小草就是生命。心里面长出一棵小草来叫“性”。每个人的性是不一样的。“天命之谓性”，本性是老天给你的。“率性之谓道”，能够把性充分地发展，能够自由自在地发展，那就是道。“修道之谓教”，我们的教育就是要循着道，按照道来教他，那才是教育。

现在我们的教育是违背了这些东西的。孩子是有血有肉的人，不是一个机器，也不是一个零件。我们教育的目的是为了激发和引导他们走自我发展的道路，用现在的话叫活出自我。活出自我而不是活别人，这一点很重要。这一点不弄清楚的话，你在教育中会出现迷茫，你便不了解自己的孩子，或者对孩子的要求违背了孩子本质的东西。比如说他动手能力很强，他自己喜欢这个，你偏要叫他做那个。现在所有人都要学奥数，这是一个问题。我们最终是要每个人都可以在自己的“性”上面得到很好发展。

教育还需要榜样。榜样是做人的榜样，人之精华。孩子在学习的时候要有一个榜样，但不是学习雷锋，雷锋不应该是我们学习的榜样。他有好的方面，比如助人为乐这是好的，这是应该做的。但是我们教育什么？是要教育个体成为一个全面发展的、有智慧的、高尚的、有独立思想的、有创造力的人。比如，像苏轼这样的人，我特别推崇他的人格。2000 年 72 个国家在法国开了一个会议，评选 12 个世界伟人，千年伟人，苏轼评上去了，这很有道理的。为什么评得上？因为他身上有现代精神。再比如我们近现代的人，像林语堂、胡适这样的人，非常的大气，心态非常的平和，遇到挫折的时候能进能退。一个人不可能不遇到挫折呀！你怎么能保证你的孩子将来能一帆风顺呢？这是不可能的事情啊。

我们看看三十年来的变化。我是经历了三十年的变化的，简直不可想象。比如说，那个时候我在农村做教师，公社的领导和一个教师这么讲：你听话，你好好干，将来我让你做营业员。营业员都比教师要好，教师是臭老九！现在三十年河东三十年河西，你怎么知道呢，对不对？二十几年前学生报考最热门的专业是生物、医学、计算机什么的，但现在变化很大了。所以世界永远在变，但是有不变的东西，我刚才讲的太阳是不变的，我们培养人的目标是不变的。

所以，下面我就侧重讲一讲我们教育的一些原理。教育其实是个复杂的事情。我们在相信人是有差异的以后，就是自己发展，不要去攀比。现在经常攀比，比如家长总是说，你看隔壁的小明多努力，他什么什么好。有的时候不能横向比的，你要肯定自己孩子有他的特长。而且你看到的小明，其实也不是真正的小明，不过是你嘴里的小明，他一定也有他的弱点在。所以，第一点就是不要轻易地比较，这个我觉得是非常重要的，不要强求，要相信这种差异的存在，相信自己孩子的特点。

另外一点就是要确实了解自己的孩子，要用理性来思考。我们常说关心孩子，关心关心，要关心到心里面去才行，而不是仅仅关心他吃啊穿啊，仅仅关心这个是无法了解自己孩子的。有的人只能看到这个孩子的缺点，看不到他的优点。比如说，人们常说有钱人的孩子往往花钱大手大脚，往往把钱看得不太在乎，这是好事，还是坏事？一般情况下肯定说是坏事，这钱不当钱用，那肯定是坏事，其实不见得。

我讲一个故事，比如大家到绍兴旅游，可以到越王台转转。越王勾践有几个大臣、助手，其中一个叫范蠡。范蠡后来离开了越王，他知道勾践和他共富贵是不行的，就走了。走了以后，他去搞商业，名字也改掉了，叫陶朱公。陶朱公是我们商界的鼻祖，最有钱的鼻祖。有一次，他的一个儿子在楚国和人家打架，把人打死了，家里想办法用钱去救这个儿子。他叫小儿子去，他说你带着钱去找某某人，把你的哥哥救回来。大儿子很不高兴，他说，爸爸我和你一起打天下的，白手起家，我的经验比这个弟弟丰富得多，这弟弟就是一个败家子，一天到晚只会用钱，你怎么叫他去呢。陶朱公说，我还是要叫他去，我相信他能够办得成。大儿子就更不高兴了，他说你这样看不起我，那么我就自杀。他要自杀，那么当爹的就急了。陶朱公就说，那么你去吧。但是结果怎么样呢？弟弟被杀掉了，钱拿回来了。陶朱公说，我知道你救不出来的。为什么呢？你和我一起打天下，把钱看得太重太重了。可你弟弟呢，根本不当回事，大把花钱，或许也就救出来了。有些时候，把钱看得太重，也不是好事，会用钱也不总是坏事。所以，问题的关键在这里，每一个人是不同的。比如说有人穿破衣服，很节约，家里穷，他当然节约点；但有人家里富裕，自然要用得多一点，所以用多用少并不是问题的关键。

还有一个人也蛮有意思的，大家知道绍兴的秋瑾，秋瑾有一首诗："不惜千金买宝刀，貂裘换酒也堪豪。一腔热血勤珍重，洒去犹能化碧涛。"女孩子居然说出这句话来，千金买宝刀，然后把裘皮大衣换酒吃，就像李白一样的。小时候享受过的人也有他好的一面，他不重物质，更重精神。当然这也不是绝对的。

要了解自己的孩子，就要了解自己。遗传的力量是很强大的，孩子的身上一定有你的影子。我们很多家长说，爸爸辛辛苦苦赚来的钱，你什么都享受到了，我小时候一点都没有享受，结果你还不好好读书，不争气。谁知越说越不好，孩子越逆反，到最后孩子对读书完全没有兴趣了。你要知道，也许做父母的本身就不是读书的料。所谓三代出贵族，不是那么容易的，三代之后也不见得能出一个贵族啊。

所以，我们一定要根据孩子的特点慢慢来，只能一点一点慢慢来，要关心到孩子的心里去。有一次，一所美国学校的教师来我们学校交流，有位老师就问我：中国知名大学的校训是什么？我就告诉他：清华大学的校训是“自强不息，厚德载物”；厦门大学的校训是“自强不息，止于至善”；复旦大学是“博学而笃志，切问而近思”；……他又问：你们中学的校训是什么？我说，我们的校训就是复旦大学的校训，后来改了几个字，近学、远思、高迈、笃行。校训很重要，下面我要谈到，不但校训很重要，一个家里面要有规矩，定出家规来，明文的家训、家规，这个也很重要。他问完了我，我就问他了：那你们的校训是什么？他告诉我，我大吃一惊，这个校训太简单、太深刻！他说他们的校训只有三个字，哪三个字？“慢慢来”！“博学笃志”要慢慢来，“厚德载物”要慢慢来，“自强不息”要慢慢来，“止于至善”要慢慢来，什么都要慢慢来，急功近利都不行。我们总说，对人的培养不要输在起跑线上，这就是很急功近利的。人生是长跑呀，它不是短跑啊！哪一个跑马拉松的一冲出去就开始冲刺的话，那这个人到头来就跑死掉了，对不对？多少公里的路你都是拼了命地跑，那不行的呀。慢慢地跑，一点点习惯起来，根据人的生理，该快的时候快，它是有规律的。现在有很多例子来说明这个快跑是很糟糕的，所以我很不赞成这个“赢在起跑线上”的说法，而且起跑线在什么地方？到底是一岁、两岁，还是三岁、四岁、五岁啊？

我们中国的传统文化讲究胎教，中国人问人岁数，您几岁了？我明明就是46岁，但我就讲我47岁。西方人讲实际年龄，中国讲虚龄，就是把在肚子里的十个月也算进去，因为那个时候已经有你了。《三字经》里面讲：“人之初，性本善。性相近，习相远。”“人之初”的“初”什么意思啊？“初”就是裁剪衣服，做衣服的第一步——剪刀裁剪衣服，就是“初”。最早的“初”在什么地方呢？中国的“初”就定在怀孕这天，从这个时候开始就要教育，不是强制的教育。比如听听音乐啊，心情要愉悦啊，不能够随便吃药啊，要到大自然里去啊，读读书啊，看好的画片或美好的东西啊，不要看淫秽暴力的东西啊，等等。中国古代很重视这个东西，由父母亲来影响孩子，这个时候如果父母心里不开心的话，中国人认为那是会影响孩子的。

所以慢慢来很重要，按照规律慢慢来。慢慢来不是不开始，而是说不要违背规律，急功近利。教育不是一锤子的买卖，我们要逐渐培养孩子强大的、刚强的、执著的内心，好的性格才是真正重要的。2003 年，上海电视台找我说，黄老师，我们有个节目想请您做嘉宾。有一个神童，六岁写了一本书。我说我从来没看过他的书。他说我马上快递给你。我收到后一看，大吃一惊。这么小的人，才六岁，写他流浪时的东西，那个心态完全扭曲掉了。比如书里面有句话，某年某天我在电视台做节目，很多人都跑来要我签名，他们都想占我的便宜。我就问他，“他们都想占我的便宜”什么意思？他说我将来发了，他们就可以到处吹嘘，我和某某人拍过照片。这么小的人啊！六岁就知道这个东西了，将来还得了！有兴趣，你们现在可以再在网上查查，他在干什么了。孩子过早地成为公众人物，成为名人，多半不好。

教育的成功在于成人。什么叫成功，比如赚了一百万算成功吗？赚了一千万算成功吗？不见得吧。每个人都有他的成功，只要活得坦坦荡荡、开开心心、幸幸福福，就是成功——人生的成功。

法国卢梭的《爱弥儿》是一本教育著作，里面有这样一段话：“大自然希望儿童在成人以前就要像儿童的样子。如果我们打乱了这个次序，我们就会造成一些早熟的果实，它们长得既不丰满也不甜美，而且很快就会腐烂：我们将造就一些年纪轻轻的博士和老态龙钟的儿童。”成名早不见得就幸福，名气太大也不见得就幸福，很多人为声名所累。

我觉得教育最重要的一点，就是教育要重个人的人格，我希望大家能够记下这句话。这个是太阳，是永远不变的。你个人有魅力、有气质，你到什么地方，你搞什么职业都没问题，都会受到欢迎。你做公务员可以，你做老板也可以，你做一般的教师也可以，你打工也可以，你都可以成为一个非常幸福的人。个人魅力是全面的，不是简单的一个方面的，包括你身体的健康、你的善良、你的聪明智慧、你的能力、你的特长、你的视野、你的亲和力等等。

当然，葆有个人魅力最重要的就是一个“仁”字。孔子在《论语》里面一再强调的就是“仁”。所谓“仁”，就是处理好两个人的关系。能够处理好两个人的关系，有爱心，那么你就能够处理好一切人的关系。

再举个例子，二十多年前我的一个学生，他和我一样姓黄，成绩很好。我总觉得这个人很孤独，一天到晚一个人，很用功，独往独来。我就找他说，你和同学一起玩玩呀。他只知道要分数，一分一分都要的，少掉一分他不高兴，多扣一分他会找老师来算账，他会说黄老师这个地方你好像不应该扣我分的吧。后来考取了复旦大学物理系。结果过了三个月不到，他来找我：黄老师你帮我到复旦大学讲讲，你认识那个辅导员，让他调个寝室。我说，你干吗要调寝室啊？他说，我们寝室里人很坏，一天到晚作弄我。我说，他们是什么人啊？他说，他们都是外地人。我说，你太没本事了，你是上海人，你是地主啊，你怎么与他们搞不好关系呢？可以请他们到家里坐坐，带他们到上海转转，什么什么东西跟他们介绍一下，他们不是都会围绕在你的周围吗？他竟然回答说，我干吗要对他们好？我当时就失望了，没办法了。我说，你这么认为的话，换一个寝室，你明天还是这样子。后来确实还是这个样子。他大学毕业了，分配也蛮好，起先在一个单位里面，后来单位混不下去，弄得大家不开心，然后又换。再后来，我就不知道了，也没和我联系，所有的同学都不知他的去向了。

什么道理呢？就是这个人啊，首先第一条，就是“人格”。有人说，成为贵族要有三个条件，其中一个条件就是贵族要讲信用。中国古代有很多贵族，春秋时期吴王梦寿第四子叫季札，人称延陵季子。有一次他经过徐国，得到很好的款待，从眼神里看出徐国国君非常喜欢他的宝剑。他虽然心里明白，但那时候宝剑是一个外交官必须佩戴的饰物，接下去他还要出访，他心里面就想了，我这次到别国访问，回来经过这里，就要把宝剑送给他，但没有讲出口。过了半年他回来了，但是徐国国君死了，他就把这把宝剑送给他的儿子。新的国君不要，说：我父亲没有说过要，我怎么可以拿呢。他就到徐老国君的墓前，墓旁有棵树，他把宝剑挂在上面就走。他的随从说，这么珍贵的宝剑怎么可以丢掉。他说，我曾经心里答应过他要给他这个宝剑，答应过就不能赖。这就叫“心许”。

做人，应该做什么样的人？应该让孩子有宽容的精神，应该让孩子有博大的胸怀。这个都是将来成才成人必要的东西，将来你碰到任何事情都会有人帮助。这种东西比分数更重要，这是第一点——做人。

第二点我觉得很重要的，就是要尊重孩子的独立性，因为孩子是个独立的人。黎巴嫩诗人纪伯伦曾经写过一首诗：

> 你的孩子，其实不是你的孩子，
> 他们是生命对于自身渴望而诞生的孩子。
> 他们通过你来到这世界，却非因你而来，
> 他们在你身边，却并不属于你。
> 你可以给予他们的是你的爱，却不是你的想法，
> 因为他们有自己的思想。
> 你可以庇护的是他们的身体，却不是他们的灵魂，
> 因为他们的灵魂属于明天，属于你做梦也无法达到的明天。
> 你可以拼尽全力，变得像他们一样，
> 却不要让他们变得和你一样，
> 因为生命不会后退，也不在过去停留。
> 你是弓，儿女是从你那里射出的箭。
> 弓箭手望着未来之路上的箭靶，
> 他用尽力气将你拉开，使他的箭射得又快又远。
> 怀着快乐的心情，在弓箭手的手里弯曲吧，
> 因为他爱一路飞翔的箭，也爱无比稳定的弓。

这首诗的题目叫《孩子》，它反映出我们应该如何来对待孩子。很多人把孩子作为私有财产，所以他总是用这种态度去对待孩子，所以我们老说：这个孩子小时候很可爱的，长大了就不可爱了、不听话了。小时候他没有自我呀，到大了就有自我了。当然，这个不是意味着我们不要去管孩子，而是要让孩子独立，不要有依赖性，尽可能在精神上不要依赖。关于这个问题我今天不展开，但是我希望大家能够正视人是独立的，有这思想很重要，不管孩子长到多大，他和你是平等的。你和他可以做朋友，但他是个独立的人，你不能将思想意愿强加给他，这样，父母与子女的关系才能始终和谐。

接下来一个问题，就是要养成一种好的习惯。教育其实是教育他养成好习惯。有这样一句话：播下行为，收获习惯；播下习惯，收获性格；播下性格，收获命运。

人的命运怎么来的？人的命运是由他的行为决定的。当然每个人有天命，但天命之外，自己可以努力的地方就是行为、习惯、性格，最后是命运。命是天定的，运靠自己努力。

习惯是不容易养成的。大家都熟悉的《三字经》里面的几句话：“人之初，性本善。性相近，习相远。”在儒家看来，人的本性都是趋于善良的，本性善良；性相近，人们的本性基本上是相近的，人总有相同的东西；习相远，就是习惯使得人们的道路一点点分叉。这个“习”字指哪些东西呢？“习”字是羽毛、翅膀，下面是一个白。鸟在天空飞翔，看到它肚子是白的。“习”就是学飞。所以孔子说，“学而时习之”，学习同时要不断实习，这个“习”不光是复习，也是实习、实践，还是做，不断地去做。做了以后，不断地养成你的一种习性。我们的教育最后是要使他有好的习，好的习惯，好的性格，这是教育的根本所在。

那么怎么样来养成习惯呢？靠行动。语文教育现在最糟糕的是什么？就是分析太多。什么叫分析，就是考试给你标准答案，而不是给你材料。中国古代教育让你先背书，大量地读记，记到一定程度你自己融会贯通，会自己思考，你就成才了。我们现在大学毕业，回过头来一看，肚子里一篇文章都没有，一本书都没有。所以记是很重要的，创造性的能力的形成基础是记。有的人专门在学校里讲创造性，我们当然要创造性，没有创造性是没有出息的，但是创造性哪里来，最根本的是要有大量的素材。记是最基础的，在记的基础上再理解，然后是应用，再然后分析，再就是评价，最后是创造。这是一个过程，而不是先要小学生去创造。小学生能够创造什么东西啊？他对这个问题发表看法，他的看法都是老师给他的呀，他没有自己的看法的。记忆就要博闻强识，中国古代，教学从孩子六岁七岁开始。七岁到十三岁是最好的记忆阶段，我已经错过了，我的儿子也错过了，但现在的孩子可以，就是在不知不觉中帮助孩子记忆。我现在对班级里面的学生，就是要求早上要有朗朗书声，一定要读，一定要背。学是最重要的，教是其次，教是为学服务的，教的目的就是为了学。我在上课的时候，经常有人来听我的课。有一次，我上课不教，让学生自己看书，来听课的人说你怎么这样上课？我说就是这样上课，上课不就为了学生学吗，他们学不就可以了。我的课堂是开放的，你们什么时候来都可以，有的时候我一个人讲到底，有的时候就让同学自己看。博闻强识太重要，现在他们十六七岁还来得及，他们现在记东西都记得很好，都记得住。我已经教他们写诗了，有的人写古诗写得很多。为什么？他背了很多很多，几百首诗都背出来了，他自己都能够写诗了，“熟读唐诗三百首，不会写诗也会吟”。

记忆是基础，第二才是理解。东西多了一点就通，东西少，怎么点得通呢。然后再举一反三，才能分析，鞭辟入里，分析的时候才能够深刻。“观千剑而后识器”，你看过一千把宝剑你才能够识别剑器，你东西看得多了你才知道这个怎么样；看人看得多了，你好人坏人就分得清了。“操千曲而后晓声”，你只练过一首曲子，怎么能懂音乐呢。最后才是评价，才会有鬼斧神工的创造。创造力是这样来的。所以我们要学一个本，做人也是有本的，本很重要。

中国古代有两个思维很了不起，一个是求本思维，一个是中庸思维。任何东西都有个本。比如说做人的本，最要紧的是什么呢，是修身。你不修身，什么都弄不好。接下来最重要的是什么呢，就是亲情。交朋友首先要找对自己父母亲好的，一个人如果连父母亲都不孝顺的话，他怎么可能会对别人好，即便他对别人好，也不过是利害关系，假的。有了亲情，才能够睦邻，才能够亲仁，才能够敬业，然后爱故土、爱大众、爱国家、爱地球，做个世界好公民。现在我们倒过来了，不抓根本的东西。

本质很重要。就教育而言，素质是本，考试是末；教材是本，教法是末。体育方面，全民身体健康是本，金牌是末。所以道德是以修身为本，平天下为末，关键要让这个孩子有仁爱，这是本。“己所不欲，勿施于人”这样一种境界注重本的养成。

我们大家都懂得表扬教育，所以很流行所谓的成功教育、鼓励教育，很少有惩罚教育。我在很多场合都说，惩罚教育不能少。我自己年轻的时候，刚做爸爸的时候，我不大懂这道理，我对孩子也不惩罚。但是中国古代是讲惩罚的，如三娘教子。我上次到韩国去，听了一次家长会。一个家长问老师：老师啊，怎么最近不关心我家孩子了？老师说，没有啊？家长说，你好久没有打我的孩子了。老师说，最近你孩子蛮好的，所以不用打。家长说，你还是对他严一点，要打打他呀。其实东亚教育都有这样一个惩戒的传统，我们现在几乎完全丢失了。

有的人说骂孩子不要紧，不能打。其实骂要比打对孩子的危害更大。骂是一种心理上的摧残，打只是触及皮肉，一个是伤骨，一个是伤心。真伤到心了，那就好不了。一个人怎么可以伤心啊，所以对孩子，你不能骂他，骂他没出息，说他将来做瘪三——那是最伤人的。但找准部位打他一下是可以的。为什么打你啊，因为做不好，小孩子太小，你和他讲道理讲不通的，比如你跟他说不能随地小便，不卫生，他不理解什么是不卫生，但是屁股被打几下就懂了，你可以规范他。

打孩子，如果只是为了在学生身上出气，那是不对的，乱打也不对，过去是打手心，其实是有道理的。我觉得应该要有惩罚教育。现在学校里不能实施，家里是可以的。这个惩罚教育就是规矩，你做错哪几件事你就得受惩罚。惩罚有各种办法：一种是站着不动；一种是我把你的电脑收掉，我把你的手机收掉，那也是惩罚。前提是要讲清楚，因为你做错了什么我惩罚你。没有惩罚教育的话，这个孩子长不大，这是我讲的第三点，就是一种习惯的问题。

另外，我觉得在教育方面，身教很重要。很多人自己在搓麻将，你怎么叫孩子去看书啊。你要了解孩子，孩子最最像的就是你。身教重于言教，大家都懂得这个道理。商务印书馆的张元济先生写了副对联，真是好，“数百年旧家无非积德，第一等好事便是读书”。“数百年旧家”，我们讲富不过三代，一个家如果历经数百年还能传承下来，那肯定是积德了。第一等好事便是读书，这个一定是读书人家。有书房，经常空下来，一杯茶，一本书，是最好的享受，这是最幸福的。“读书之乐乐何如，绿满窗前草不除”，读书是最开心的事情，西方人在地铁上都拿着一本书看，因为读书能够满足求知欲，读书能满足人的好奇心，使人的心灵得到净化、得到安宁，这都是读书的好处。

家庭氛围很重要，唐高宗的时候有一位老先生九世同堂。唐高宗问他原因，他就写了一百个忍字，后来唐高宗给他家取了个名字叫“百忍义门”。什么是“忍”？忍就是碰到和人家有矛盾的时候，不要去争，不要去吵，原谅别人，宽容别人。忍不是没有出息，一个家要和睦，有些事一忍就没有了，不忍的话当然就吵起来了。比如夫妻之间，夫妻之间是不能讲道理的，夫妻之间讲道理，就不叫夫妻了。夫妻之间应该讲情，讲理是法院的事，夫妻要去法院，那就糟糕了。

贵族不是用金钱能够堆出来的，金钱堆不出贵族气质。没有文化，别人无法尊重你。我讲一个小故事给大家听听，蛮有意思。法国国王路易十六的妻子玛丽·安托瓦内特王后，是一位风华绝代的女性，她上断头台的时候，不小心踩了一脚刽子手，她下意识地向刽子手道歉："对不起，我不是故意的。"这是玛丽留给人间的最后一句话。到死还是不忘表现一种绅士精神和淑女风范，这就是一种贵族气。

中国的《礼记》里面记录了很多种礼仪。这些礼仪虽然我们不必完全做到，但我们可以在家里尽可能多的做，孩子在这样的家庭氛围里就能很好地成长。如果我们全民族都讲礼仪的话，很多事情就不会发生，整个社会的幸福指数就提高了。

最后一点，我要讲的是要有一颗平常心。过去有句话叫"生死有命，富贵在天。"孔夫子在《论语》里说，"富贵如可求，虽执鞭之仕吾亦为之"。也就是说，如果富贵是可求得到的，那么即使叫我去拿着鞭子给人家赶马车，我也去干。他的意思是，我不是不想富贵，富贵是求不来的。很多事情其实是有偶然性的，你觉得自己现在这么努力将来能富贵，不见得。多少人有钱有势，不知道哪一天东西就被人家拿走了。所以人要有颗平常心才能应对所有的变化，因为一切都在变化中，你要有坚定的东西，你才能保持不变。有句话我经常和大家分享，这句话是这么说的："眼看他起朱楼，眼看他宴宾客，眼看他楼榻了"。眼睛能看到的东西都是会变化的，所以我们应该有颗平常心去对待它。

什么是平常心呢？就是自己能方方面面地发展，包括身体的健康，学会读书，学会做真的人——这是最根本的东西，这样不管风云变化，你都能立于不败之地。2010 年我到周有光先生家里拜访，和他讲好谈一刻钟的时间，结果我们谈得很投机，讲了差不多一个小时。那个时候他 105 岁，还能坚持每年写一本书，奥巴马上台的时候，他第一时间就拿到了奥巴马讲话的文本，然后翻译出来。前年他还写了本《朝闻道集》。他 90 多岁开始学电脑，现在虽然年纪大了，兴趣依旧广泛，这人特幸福。他开了个玩笑，他说："上帝把我忘记了。"他心态非常好，心态好的人，人也会健康。中国古代的医书都很强调心态，很多病都是因为心态不好才得的。所以孔子说"仁者寿"，《中庸》里面说"大德必寿"，道德崇高的人就会长寿。

总之，不论有多少挫折，只要有好的心态，还是可以很幸福。正如我开头说的，我们的教育目的就是为了让你的孩子永远幸福，不管刮什么风，不管下什么雨，永远幸福，家庭的幸福，个人的幸福，这才是我们最终的目标。

我要讲的大致就是这些，谢谢大家。

我们现在怎样做父亲*

这个题目借用了鲁迅的一篇文章。鲁迅当年为什么要说“我们现在怎样做父亲”？因为他处在中国几千年以来变化最剧烈、断层最厉害、人们最迷茫的时代。那个时候有一个大神刚刚倒下，就是我们引以为豪的孔老夫子、儒家道统。什么三纲五常、仁义礼智信、忠孝节义，这些一夜之间变得好像不合时宜了。西洋的德先生赛先生进来了，有人开始讲民主和自由、人权和博爱了，但是德先生赛先生又立不稳、镇不住，于是人们迷茫了，无所适从了。所以鲁迅要问“我们现在怎样做父亲”，那时候有很多人不明白，到底要怎么教自己的孩子，因为世界变化得实在太快，他们自己就糊里糊涂，吃不准什么才是对的、有意义的，所以也不知道怎么培养孩子才算成功。

我们现在的处境，和当时的父亲们其实非常类似。过去我们也有一个天，有一个大神。现在这个天神倒了，我们内心空虚了，需要有新的寄托。可是我们现在却连德先生赛先生都没有。这个时代，我们的精神是比较空虚的，比鲁迅他们迷茫得多。他们那时候虽然混乱，但至少还坚信有一个进步方向，我们

* 在某企业管理人员学习班上的演讲。

现在好像连这个都很难说清。

没有了寄托，就比较容易焦虑。这就是现代社会的焦虑。大家都是非常成功的人士，有着丰富的知识、人生智慧和经验，但是在面对未来的时候，只要是我们这个社会中的人，不论你是不是成功、是不是富有，都会感到迷茫。

过去我们寄希望于一种全新的社会制度，希望大同世界，人人高尚，后来这个想法完全破灭了。接着我们又相信至少劳动致富、天道酬勤，通过刻苦读书或者辛勤劳动可以改变命运，可是最近一段时间越来越多的事情让人们连这点信念也摇摇欲坠了。

过去家长教育孩子要好好学习，现在家长也教育孩子要好好学习，但已经不是同一个意思了。大家都听过一句话，“万般皆下品，唯有读书高”。听上去很尊重知识文化，但是要知道，这句话出自北宋民间流传的一首《神童诗》。北宋是一个可以靠读书换取荣华富贵的时代。所以这首诗中还有一句话：“满朝朱紫贵，尽是读书人。”为什么读书高呢，这是有前提的，还是因为读书可以做官发财。“学好数理化，走遍天下都不怕”，但是一旦哪天发现世道变了，变成“学好数理化，不如有个好爸爸”了，“读书高”的思想很快就会土崩瓦解。

现在社会很浮躁，谁也说不清除了钱到底还有什么是可信的。所以现在人们的动力，就是尽可能地为自己和孩子积累更多的财富。现在的父母都很着急，有出息和没出息的标准也很单一。孩子从小就被逼着上奥数班，要上重点小学、重点中学、重点大学，大学毕业了又要急着找工作，然后要急着成家、买房、生孩子，在工作上要求晋升，生怕差了一步就比别人迟了，好像一辈子都被人拿着一把刀在追着跑似的，无休无止。孩子很累，家长也很累，因为所有的事情，包括读书、工作甚至恋爱、婚姻都被当成任务来完成。现在流行说怎样怎样就可以少奋斗三十年，但是，他们不知道节约下来的这三十年要用来干什么——在挣到很多钱之后，除了去挣更多的钱之外，又要干什么？

而且，所谓的少奋斗三十年，有那么简单吗？大家可以想想，其实许多三十年前觉得有多么重要的东西，现在已经变得没有意义了。曾几何时人们相信进了国家的工厂就是拥有铁饭碗，终身有保障，更早的时候是营业员最吃香，还要送礼托关系才能当。现在看看真像做梦一样，但这些却实实在在地就发生在三十年前而已。我们又有多大把握相信，现在自己给孩子安排下的生活就是最好的，就是能让他平安幸福一生的呢？这就是法国哲学家萨特说的，“你可以期待太阳从东方升起，而风却随心所欲地从四面八方吹来。”

今天的我们和鲁迅他们的心情一样，每个人都在问：我们现在怎样做父亲？我们到底要教给孩子些什么？留给孩子些什么？

鲁迅当年的回答是这样的：“须用全副精神，专为他们自己，养成他们有耐劳作的体力，纯洁高尚的道德，广博自由能容纳新潮流的精神，也就是能在世界新潮流中游泳，不被淹没的力量。”

不被淹没的力量，也就是不管风向怎样变化，都能够使自己生存下去的能力。但今天，我们的希望比鲁迅说的要求更高一点。我们不仅要孩子生存，而且要他们有能够使自己幸福的能力。

形势永远是在变化的，但是人心是不变的。一个自己有独立思想的人可以做弄潮儿，一个被安排着随波逐流的人就很容易被潮水淹没。

富家子弟，尤其是中国的富二代们，有很大的特殊性。对他们的教育要充分考虑到这种特殊性。他们从小过着养尊处优的生活，金钱观、价值观和一般人有所不同，也和父辈不同。我们在思考如何教育他们的时候，首先要思考如何理解他们。

有个故事，说一个白手起家的大富翁去住酒店，要了一间最廉价的经济房。酒店经理认出了他，就说：“先生，您儿子上次来我们这里，住的可是最豪华的房间啊。要不要给您换一间房？”富翁说，“我儿子有一个有钱的爸爸，所以可以住豪华房间，但是我只有一个很贫穷的爸爸啊。”

他这句话说得很有意思。很多人以为这个故事是在讽刺儿子败家，我不这么认为。这只是反映出两种不同的金钱观。

柏拉图在《理想国》这本书里，记录了一段苏格拉底和一个很有钱的人的对话。苏格拉底问他，“你的钱是自己挣来的呢，还是继承你父亲的呢？”有钱人就问，“你为什么要问这个呢？自己挣的又怎样，继承父亲的又如何？”苏格拉底就说，“自己白手起家挣钱的人，看钱的眼神就不一样了。因为这钱不仅仅是财富，而且还是自己的产品。这样的人会很爱钱，就像诗人爱自己的诗篇，父母爱自己的孩子。如果是继承来的钱，就不会对钱本身有这种执著的感情，只是把它当作一个工具而已。”苏格拉底是个穷汉，但是他看得非常清楚。

对于财富的积累来说，当然必须要有富一代的精神才行，但是富二代的那种心态，却也不一定就是错。有时候把钱看轻了的人，反倒能够关注到一些其他重要的东西。

再讲一个中国古代的故事。大家都知道战国时候勾践卧薪尝胆的故事。当时帮助勾践复国的一个谋士叫范蠡，这个人绝顶聪明。事情成功之后，他觉得勾践这个人猜忌心很重，怕惹祸上身，就功成身退、隐姓埋名逃走了。后来他逃到一个地方，改了个名字叫陶朱公，白手起家做生意。他有三个儿子，二儿子去楚地经商，与人发生争执，打死了人，被判为死罪。家人当然急坏了，要陶朱公去通路子把人救出来。范蠡老家就在楚国，人脉多，又有钱。于是他决定派小儿子去活动，让他带一千镒黄金去楚国救哥哥。但是临走前，大儿子却非要抢着去。陶朱公不答应。大儿子就抱怨说，“我是长子，家里出了事应该我去顶着，父亲却不派我去，派弟弟去，分明是看不起我，我死了算了。”陶朱公的妻子就说，“让小儿子去也未必救得出老二，老大却先气得要自杀了，怎么是好？”陶朱公只好答应让大儿子去，他写了一封信交给老大，嘱咐说：“你带着黄金和信去找我的老朋友庄生，要听他的安排，千万不要争执。”老大答应后就上路了。老大找到庄生家，交上了书信与黄金。庄生收下之后，告诉他：“你立刻回国，你弟弟会被放出来，什么也不要问。”老大嘴里答应着，心里却没底，不放心，怕这个庄生收钱不办事，于是他没回国，而是悄悄地在楚国住了下来，想“监督”庄生。他没想到，庄生是当时的隐士，在楚国相当有名，楚王都很尊重他。他为人廉洁正直，而且自尊心特别强。这一大笔黄金，他不想要，叫自己的妻子封存起来，准备事情办成之后再把黄金还给陶朱公。庄生找了个机会求见楚王，跟楚王说，夜观星宿，对楚不利。楚王问怎么办，他说得实行仁政，大赦，放了罪犯，感动上天。楚王答应了，准备大赦。老大正偷偷躲在楚国托人打听呢，结果就传出了楚王准备大赦的消息。老大知道了大喜，心想，“原来楚王本来就要大赦，庄生恐怕什么忙也没有帮上，那么多黄金不是白给他了吗，得要回来。”就又去找庄生。庄先生看见老大来了，吃惊地问道：“怎么没走呀？”老大说，“弟弟还没救出来，怎么回去呢？现在听着要大赦了，弟弟命大，特意来辞行。”庄生听出他的意思了，沉默了一会，就说：“黄金都在隔壁房间，你自己去拿。”老大很高兴地带着钱走了，心想我为家里省下一笔巨款。庄生觉得自己一个堂堂名士居然被这么一个小子愚弄侮辱了，心里气得很。于是二次求见楚王，跟楚王说，“上次建议，您果然采纳了，这本是好事，可是现听到议论，陶朱公的儿子犯罪了，也在其中，听说他花了重金，在上下打点贵族，所以人们议论，大赦不是为楚求福，而是掩人耳目，目的是为了放陶朱公之子。”楚王一听火了，说：“陶朱公算什么，我偏要先杀了他的儿子，再大赦。”结果，老大最终还是没能把弟弟活着带回来。尸体运回来的时候，全家悲痛，陶朱公说，“我早就知道这次他救不回老二。我为什么派小儿子去，就是因为大儿子从小跟着我一起创业，白手起家，知道来钱不容易，不舍得花钱。小儿子出生的时候我们家就有钱了，他平时花钱潇洒得很，哪里知道挣钱艰辛，所以他不会吝惜钱财。”

讲这个故事不是要为败家子说话，只是想说，在优越的家境中成长，不需要为柴米油盐伤脑筋，可以是坏事，也可以是好事。关键是要能正确地认识、理解自己的孩子，顺势地引导，而不是做拧着来、逆着来的事情。具体到教育的做法上，我有下面几点建议，或者说是希望各位家长注意的地方。

第一，尊重孩子的独立性。

每个孩子小时候都很可爱，都是小天使。可是上了学就开始“可恶”了，不读书，不听话，越大越“可恶”。为什么？其实不一定是他变坏了，可能是他很小的时候完全依附你，大一点就开始不完全受你控制了。失去控制的感觉总是不好的，所以孩子在家长眼里似乎变得“可恶”了。尤其是富人家的孩子，阅历见识比较多，更容易早熟，和父辈的观点不同也是很正常的。

当年辛亥革命起义的那些人，大多都是富二代。比如秋瑾，用钱就豪放得很，还写过一首诗：“不惜千金买宝刀，貂裘换酒也堪豪。一腔热血勤珍重，洒去犹能化碧涛。”正因为他们衣食无忧，所以才会关心社会、关心国家和民族的命运，最终让自己投入到使社会进步的事业中去。这种高尚的觉悟往往不是一般的小市民能有的。

还有一些富家子弟，因为经济基础牢固，就有艺术、人文方面的追求，和世俗的“有出息”的定义有很大差别，在一般人眼里是不孝之子。比如《红楼梦》里的贾宝玉，不喜欢读教科书，不肯参加科举考试，他鄙视那些追逐功名利禄的人，给人家起个绰号叫“禄蠹”。他尊重女性，珍惜人的真性情，这些在我们现在看都是很有进步意义的。但是在贾政眼里贾宝玉却是一个不孝之子、纨绔子弟，因为他不符合一个家族产业接班人的要求。还有民国四公子之一的张伯驹，他把所有的家产都拿去换了艺术品，整天玩古董、书画，从家族的角度来说也算一大败家子，但是他败得高雅、败得有学问。他爸爸是聚财的，他是散财的，但是他比他爸爸留下了更大的名声。

据调查，百分之八十的企业家父母都希望自己的孩子能继承产业。但是做孩子的是不是愿意，能不能胜任，继承之后是不是幸福的，这是不一定的。我们要承认一个事实。孩子是独立的，不是你的私财。黎巴嫩诗人纪伯伦有一首诗，叫《孩子》。

你的孩子，其实不是你的孩子，
他们是生命对于自身渴望而诞生的孩子。
他们通过你来到这世界，却非因你而来，
他们在你身边，却并不属于你。
你可以给予他们的是你的爱，却不是你的想法，
因为他们有自己的思想。
你可以庇护的是他们的身体，却不是他们的灵魂，
因为他们的灵魂属于明天，属于你做梦也无法达到的明天。
你可以拼尽全力，变得像他们一样，
却不要让他们变得和你一样，
因为生命不会后退，也不在过去停留。
你是弓，儿女是从你那里射出的箭。
弓箭手望着未来之路上的箭靶，
他用尽力气将你拉开，使他的箭射得又快又远。
怀着快乐的心情，在弓箭手的手里弯曲吧，
因为他爱一路飞翔的箭，也爱无比稳定的弓。

有人说，尊重孩子的独立性，要是孩子变成李 ×× 怎么办？其实，他那不叫独立，而是品质败坏，恰恰是“独立”的反面，处处仗势欺人，完全依附于自己的父母。据报道，李 ×× 平时在小区里张扬跋扈，最常挂在嘴边的一

句话就是："你知道我是谁？你知道我爸爸是谁？"

尊重孩子的独立性，绝不等于溺爱。很多溺爱孩子的家长，并不是真正地尊重孩子。他们不相信孩子有自己做决定、做事情的能力，所以才处处包办。孩子物质异常丰富，精神却并不自由，其实是很痛苦的。

许多外国富翁不肯给孩子留产业，这不是不爱孩子，也不完全是要锻炼孩子吃苦，而是给孩子自由选择、发展自己人生的机会，这正是一种最大的信任和宠爱。因为"大树底下是不长草的"。

《古文观止》里面有一篇经典的《触龙说赵太后》。讲的是赵国被秦国侵略，向齐国借兵。齐国要赵太后的小儿子去齐国做人质才肯发兵。赵太后怕小儿子去那儿吃苦有危险，死活不肯。老臣触龙劝告她，不从国家的角度，而从为了孩子好的角度考虑，要她放手让孩子远离父母，建立一点功劳，将来才能凭威望在赵国站得住脚。"父母之爱子，则为之计深远。""位尊而无功，奉厚而无劳，……一旦山陵崩，长安君何以自托于赵？"这才是真正的爱。

第二，培养好习惯。

尊重孩子的独立性的前提，是从小就培养孩子养成良好的习惯，包括读书学习的习惯、尊重他人的习惯、锻炼身体和爱护健康的习惯、负责任的习惯等等。过去有出戏叫《三娘教子》，孩子不读书，三娘就拿棍子打他。现在说到体罚的问题很敏感，在发达国家孩子是打不得的。这个问题我倒是觉得，在竖立规矩、培养习惯的时候，惩罚也不失为一种行为训练的方法，也是一种不可或缺的教育手段。就算不打，也必须有其他的惩罚措施，比如没收电脑、手机。所以关键问题不在打还是不打，而是在于在惩罚错误行为的同时，要保护好孩子的自尊心。自尊心被破坏了，比任何错误都可怕。"死猪不怕开水烫"的孩子是最可怕的。以前我写过一篇文章《骂比打更有害》，就是这个意思。有时候，打两下，痛过也就算了，最多是怕了。但是"骂"意味着来自父母的否定，对于孩子来说，这是最大的心理伤害。

第三，注意身教。

大家都是成功人士，可以仔细想一想，成功的路上起作用的到底是什么？有努力，有机遇，还有什么？想了解孩子，首先可以从反省自身开始，因为孩子有很多地方是像你的。遗传的力量太强大了。老子说，"圣人行不言之教"。

有时“不言之教”的影响要比喋喋不休的说教大得多。

中国历史上许多大人物的父辈，也不是平庸之辈，就算是普通人，也都有一些志趣和见识，绝不是庸俗的人。

大书法家王羲之的父亲叫王旷。史书记载，王羲之七岁就擅长书法，十二岁的时候，看到父亲在房里的时候总是捧着一本书在看，而且百读不厌，好像很有滋味，看完之后又很小心地收在枕头下。他心里好奇这是什么书，有一天趁父亲不在，终于从枕头下把书翻出来，一看是一本古代的《笔说》，这是一本书法论著。王羲之小小年纪，好奇心加上一点天分，也迷上了。后来王旷发现了，问：“你为什么偷我的书？我是怕你还小，等你长大成人后，我传授给你。”王羲之软磨硬泡，王旷拗不过他，最终还是让他读了。从此王羲之的书法便大有长进。这位父亲的枕边放着这种书，天天读，本来就不是一般的俗人。所以哪怕不用教，更不用逼，儿子自然就被吸引，哪怕偷偷摸摸也要学。

李 ×× 事件之后，有境外媒体报道，明星的儿子堕落，在世界上也是普遍的问题，并不是只有中国。为什么像李 ×× 这样的星二代，比一般的富二代更容易堕落呢？其中一个原因就是，娱乐圈的环境要远比一般的家庭更复杂，见得多了，自然就有样学样了。所以教育孩子从修炼自己开始，是一条捷径。

第四，打造贵族：注意家庭的“软实力”。

所谓贵族，家教渊源，最重要的并不是金钱。贵族即使失去金钱还是贵族，贵族是无法速成的。

现在国家都强调要发展软实力。为什么会这么强调呢？因为中国的经济发展势头太快，物质膨胀速度太猛，精神、文化、意识形态各方面的发展速度却远远跟不上。但是我们发现自己国家有钱了，却未必就能赢得国际社会的尊重，未必能赢得大国的名声。法国前总统萨科齐说：光是发展物质和经济不能成为一个大国，一个大国必须是能输出文化和意识形态的。这是我们国家的现实情况。而一个富人要赢得尊重，要成为贵族而不是暴发户，也是非常类似的模式。现在的问题往往是财富积累得太快，以至于来不及积累文化资本。

中国有许多古老的格言，都强调家教的力量。“数百年旧家无非积德，第一等好事便是读书。”古书《周易》中，有这么一句话：“积善之家，必有余庆；积不善之家，必有余殃。”所谓家庭的软实力，用通俗的话来说就是“积德”。这个德包括一切美好的品质，有担当、有责任感、有理想、有文化、有优雅的品位。现在富人很多，消费得起最贵的拉菲，但喝一口酒背后也有文化，有的人即使能拥有名酒，也没有那条欣赏的舌头。

第五，有一颗平常心。

为什么要特别强调这一点？不知道大家有没有发现，成功人士教育子女时普遍有一个毛病，就是期望太重，给的压力太大。大家都觉得：自己很成功，孩子就必须像自己一样优秀，总不能被人看笑话吧；自己能做到的事，孩子为什么做不到呢？一定是他还不够努力，要再加一点压力。这就失去了平常心，往往容易出问题。

有一阵，微博上很流行“隔壁家的小明”。每个人小时候都有一个最讨厌的人，就是“隔壁家的小明”。父母眼里比较的对象，永远都比自己的孩子好。“隔壁家的小明”考上复旦，自己的孩子却只上二本；“隔壁家的小明”考上公务员，自己家的孩子虽然有工作，孩子自己也喜欢，但做家长的却总嫌“不稳定”。其实，我要说，这位“隔壁家的小明”是不存在的。为什么这么说呢？你心目中的这位小明，并不是隔壁家那个孩子真实的样子，只不过是一堆标签：你看到的只有什么复旦、公务员，但你并不了解他。你不可能盯着他看他怎样生活，也不可能走进他的心灵看他是不是真的幸福。就算幸福，你也不可能知道他就是因为进了复旦而幸福。所以这个“小明”不是一个真实的人，只不过是你对孩子的种种不满投射的一个影子。在大多数情况下，“小明”的存在让孩子厌烦、压抑，在极端的情况下，“小明”不死，孩子就要被逼死。

最近，球星贝克汉姆秀出了他的中文纹身，很惊人的八个字：生死有命，富贵在天。乍一看很奇怪，一个外国球星怎么会纹这句话。这是我们中国的孔子的名言，但是现在的中国人往往却无视这个道理。

在我们过去的教育里，承认生死有命富贵在天，是消极的、不可取的。其实不然，正是承认所谓功名富贵的偶然性，才是从世俗当中解脱出来，保存一点自己的灵魂需求的前提。

孔子说过的另一句话也值得我们深思：“富贵如可求，虽执鞭之士，吾亦为之。如不可求，从吾所好。”这话太实在了，富贵谁不爱？如果刻意拼命追求就能求得到，那孔子也会不顾一切去争取，如果生活在我们这个时代，估计他也会去参加应试教育。但是孔子看得很清楚，正因为富贵是不可求的，所以还是听从自己的心吧，自由一点。

比如说选择所谓的“热门专业”。有一个学生，是1970年代的大学生，那时候很风光，学的是热门的上海交大无线电专业。谁知后来风向变了，无线电式微了，人到中年一事无成，变得怨天尤人，整天像祥林嫂一样和人倾诉自己过去有多么优秀。再说说现在的热门专业，前几年复旦大学有一位专业成绩第一的毕业生，拿到了总部在华尔街的某家公司的聘书，正当他意气风发准备开始领十万美元年薪的时候，忽然来了金融危机，本以为会一直屹立不倒的公司忽然倒闭了。那时候又过了招聘季，一时找不到其他的工作，只好回老家去了。

别说什么铁饭碗、吃皇粮，纵然是站在权力的高端如薄熙来，又哪里谈得上“稳定”？孔尚任的《桃花扇》里有一段：“眼看他起朱楼，眼看他宴宾客，眼看他楼塌了。”正是这种写照。从长远来看，为了追求一个所谓“稳定”的编制而不择手段，实在是得不偿失。

人生是长跑，长跑不是在起跑线上定输赢的。

第六，给孩子完整的爱。

完整的爱与钱的多少无关，和家庭的和睦关系最大。古人说贫贱夫妻百事哀，但是富有的家庭也一样有烦恼。见异思迁、喜新厌旧是人性的通病，但是在以七年之痒为借口纵容自己之前，有必要先想一想自己对于家庭，尤其是孩子的责任。夫妻关系不和甚至离婚，受伤害最大的是孩子，夫妻关系触礁会让孩子“生病”。

……

立身以读书思考为本 *

刚才程红兵校长希望大家在这次培训中要有一个心灵的碰撞。相信今天我的讲座会让大家有所碰撞，当然并不是你们来碰撞我，而是我来碰撞你们。

我觉得，教师首先要读书。我不是说自己书读得很多很好了，像我们这样的一批人在读书方面的经历是相当曲折的。我教书教了四十三年，真正意义上的读书是在 1960 ～ 1962 年这个阶段。那个时候可读的东西实在太少，虽然我非常喜欢读书，但是由于读书的机会太少，甚至还不知道读四书五经这些中国古代的经典。我读经典是从二十世纪八九十年代才开始的，所以说是先天不足。还好我一直是一个学习者，一直在读书，一直在思考。你们在座的大多数年纪比我小，可以在未来的十年二十年里就开始读书。五年前，我六十岁，刻了一方图章，叫“黄玉峰年方六十始读书”；我给我的另外一个朋友杨先国老师也刻了一方，“年将六十始读书”；另外给刘鹗的一个后代——刘德隆老师刻一方图章，“年过六十始读书”。

我们深深地感到，书读得太少，读书是最幸福的事。读书很少，实际上你

* 2008 年在杨浦高级中学培训班上的发言。

的思考是没有根据、没有根的，所以要进行大量的阅读。阅读对我们教师来说异常重要，如果你不阅读、不认真读书，面对学生，是没有办法胜任教学的。现在世界越来越多元化、越来越复杂，学生也在变，我想问一下，当前90后的学生的特点是什么？

（一位教师回答：我觉得90后的孩子他们有很强的猎奇心理，因为时代在向前发展，经济在向前发展，我们很多东西都是快的，出行要坐动车、乘飞机，我们要速成。现在很少有孩子能脚踏实地地把一件事情做好，我们都是奔着最后的结果去的，想要快，导致一种急功近利的心理。）

你讲的可以用两个词来概括：一是猎奇，二是急功近利。急功近利不光是90后的特点，80后、60后也急功近利，这是一个很老的问题，一个关于修养的问题。刚才这个老师还说到猎奇，我倒觉得90后的特点是多元，多元的价值观。有的人很爱读书，他甚至去研究甲骨文、《黄帝内经》，研究得很深很深，我们这一代人是无法望其项背的。有的人古文写得很漂亮，诗歌写得也很好。复旦大学就有个人叫程昱黑的，人称小黑子，吟诗歌是出口成章，他不需要去想。我诗歌写完后要反复读、反复改、反复对平仄才拿得出来，他根本不需要，他就是出口成章，而且从小就这样。有的人，你问他先秦时代有哪些人、庄子是哪个时代的，他都不知道。有的人对网络方面很好奇，有的人别的方面好，这就是多元化。我接触的一些我们学校的学生，他们的分数都有600多分，有的文章写得很漂亮，写得一首好词；有的他就是数学题目做得非常漂亮；有的他就是书法写得特别好，小的时候老师教他、爸爸妈妈教他，他钻研过的。

所以我觉得90后的青年越来越多元，信息来得不一样，比如80后、70后这些人，他们早期看到的电影就是《黑猫警长》之类，差不多就是你塞给他什么书他就看什么书。现在不是这样，现在他们是自己在网上看，他对这方面感兴趣他这方面就看得多，他在那方面感兴趣他那方面就看得多，所以每个人都有自己的选择。但有一样东西把他们统一起来了，就是分数，只要他想考好的大学，他会考得很好。可这种统一没有从根本上统一，分数好并不等于每一方面都好。在多元的情况下，老师要站稳这个讲台，若不学习，不跟着时代前进，是无法胜任的。我深深地感受到这一点，所以我时常会放下我喜欢看的东西，去看他们喜欢看的东西，包括他们看的电影，包括他们非常喜欢的村上春树的《挪威的森林》。我想如果一个孩子小的时候看过村上春树，那感性的理念就会深深地扎根于他的心灵。网上还有很多东西，我们都得去看看，甚至有的同学还去看佛经，深入了解禅宗，我在这方面还是缺门，那我也去看看。学生很多元，非常多元，这就对我们老师提出了非常非常多的要求。面对多元化的现状，如果上课时还用一种瞒、骗、哄的办法，不是用思想解放、思想活跃的办法来对待学生，你是很难在学生中产生很高的威信的。

所以我们要大量读书。那么读点什么书呢？我觉得《大学》是我们每个人都要读的，此为修身之本。大学之道，在于明明，止于至善，本就是根。我的修养是根，为国家服务是末，只有自己有了本事才能更好地为人；自己没修好，人品不好，又没本事，还谈什么改造国民性？什么是本，本就是根呀，每个事情上面都必有本，不同的事物都有它的本，所以首先要找到本。《大学》第一章是全书之本，后面全部就是解释这一章的，阐述什么叫修身齐家、治国、平天下。一个学者不管怎样，先要好好学学这篇文章，明白不同的事物须知其先后为其道矣。大学者梅贻琦、潘光旦还专门写过《大学一解》。

今天，让别人读什么东西呢？我自己比较喜欢读先秦的各种各样的经典。中国的古人对教育的认识是很深刻的，比如说《中庸》对教育的认识是："天命之谓性，率性之谓道，修道之谓教。……天地位焉，万物育焉。"这种认识非常简洁，到现在为止还没有人超越。教育的哲学基础就是人有不同的"性"，教育人，就要遵循他的不同的"性"。

我们也要思考，尽可能多地接触西方的东西，接触茨威格的、房龙的、托尔斯泰的东西，看了之后你会感觉自己的心灵受到陶冶、浸润、洗涤。我小的时候看过雨果的《悲惨世界》，这是我的精神的底色，看了几遍，我很感动，小说中的场景经常在我眼中甚至梦中出现。什么是宽容，怎样被埃米尔主教宽容，怎样为救别人而乘着马车去投案，因为有一个像他的人被抓起来了，代他来受罚，这些镜头都是很动人的镜头。看过之后，有一种善良的东西深深地种到你的身上。我觉得这种有思想的书要看。当然，适合个人读的好的东西很多，今天我不一一介绍。

归结起来，我们要看经典，要结合社会思潮来看西方的一些东西。另外我们当然要结合教学，结合教育界发生的事情，还要结合自己做的事情。大家不妨给自己做一个计划，比如说，这三四年里，我读了一点李白、杜甫、苏轼、科举，至少在这四个方面读了一点书，因为我在电视台专门讲了李白、杜甫、苏轼、科举，这个我要去看，因为不想把别人的东西拿过来，所以不得不好好地看。我们看书就要把它看完，要全部看，而不是孔子所批判的“道听途说”。孔子说“道听而途说，德之弃也。”什么是“道听途说，德之弃也”呢？就是你没有经过自己的思考，就把听来的作为自己的东西了，那是不道德的，是得不到东西的。比如说，我今天讲的内容，对我来说是思考过的东西，如果你完全接受我的话，并不去思考，这些对你们来说就是道听途说的。

再比如说我讲李白，我大概花了两三个月的时间把李白的900多首诗和与他相关的文章全部看过，看完之后，我突然发现很多不一样的东西。比如说李白“安能摧眉折腰事权贵，使我不得开心颜”，原来大家都说由此可见李白是一个非常有骨气的人，我就不这么想了。他没有做官时，拼命想做官，做官了又不好好做，接着人家不给他做官时候，他就发牢骚，又想办法争取去做官。“安能摧眉折腰事权贵”，他天天在事权贵，他想事权贵而不得，怎么叫“安能摧眉折腰事权贵”呢？有一次，他在绍兴玩，听到唐玄宗要招他进京的消息，高兴得不得了，“仰天大笑出门去，我辈岂是蓬蒿人”——我不是乡下人，我肯定要出山的。“我辈岂是蓬蒿人”，活脱脱画出一个得到上头重用的形象。当然，这是很正常的，就像如果让你做个教育部长试试，你肯定高兴，说不定还会说：“仰天大笑出门去，我辈岂是上海人”。李白还一直宣称他杀过人。我不能肯定他一定杀过人，我只能推断，一种可能是他吹嘘自己杀过人，李白就像小混混，流氓就是这样吹的；还有一种可能，他确实杀过人，而依据当时的法律杀人是要抵命的。如果杀人，他可能是25岁时在四川，在天高皇帝远的地方杀的人，后来在酒桌上经常说。我曾经找到了武则天时期的法律，看到了很多事件，其中一则是有两个小孩子，为了替父报仇，把自己扮成书童卖给仇家，并趁仇人熟睡时把仇人杀掉。当时就不好判决，很多人说这是孝子，而且未成年，但最后还是杀了，因为当时的法律就是这样规定的。官方同时立个牌坊，表彰这两个孩子为父报仇的精神，他们有他们的一套。李白可能在某个天高皇帝远的地方杀人，也可能在另一个时候杀人，也可能没有杀人。我们要了解一个人时，为什么不能全面地看呢，这无损于他的伟大，无损于他的诗作之好——写这种诗往往是精神上受到了挫折之后才能写出来的。

杜甫也是这样，我没有把他的诗全部看完，挑着看了一些诗，我就发现杜甫不像我们想的那么简单。三十三岁之前，他是纨绔子弟；安史之乱之后，开始一点点苦起来了，流浪，逃难，于是成就了他。但他性格中有很大的弱点，他考过三次科举，都没考取。有一次是他一个人考，很多人都围着他，他说考不上是因为别人嫉妒他。他曾经也风光过的，后来为什么败落？原因呢，我分析，当年唐玄宗要搞庆祝活动，他通过别的途径先得到信息，然后把自己写好的东西投到皇帝的信箱中。唐玄宗一看，就质问李林甫，你不是说过野无遗贤吗？外面有人写出这么好的文章，怎么不把他招到我们中央里面来呢？那就考一考，一考，这么多人来看他，结果考下来，不行的。为什么？诗有别才，他文章不一定好，他在政治方面不行的，所以《新唐书》《旧唐书》都说他“心褊狭”。后来他到了四川，一天到晚和人家闹别扭，那时他五十岁，和青年人在一起搞不好关系，青年人看不起他：你怎么搞的，五十几岁了，还要和我们抢饭碗，你应该退休了。他就心里不高兴。这是第一手材料，我当然考证过的。他还和父亲的朋友严武吵起来了，严武恨不得要杀掉他。他的性格不好，性格造成了悲剧，悲剧使得他有很多话要说，他逃难时和劳动人民在一起，他深深地感到这个社会的不公，深深地感到劳动人民的困苦，深深地感到老百姓当兵的苦，别人写不出的东西他写出来了，于是留给我们许多宝贵的东西。

多读书之后，我们还要正确地去看待读到的人物。我们每个人在读书的时候，都会渐渐地树立自己要学习的人，《论语》《孟子》有很多精彩的思想，但是要在人的身上体现，我觉得体现得最好的人就是苏轼。苏轼一生的经历很复杂，他一直在做官，也一直被贬。以前被贬、外放不像我们现在旅游，在那个地方待三两天就可以走了，他是在那个地方待几个月、几年，所以他对那个地方的了解就很多。他最后到了海南岛，还要教别人，还要办教育。他在一首诗里写了一件很有意思的事，事情是这样的：他有个学生叫姜唐佐，黎族人，这个人喜欢读书，东坡就教他，然后说你可以考进士去了。他临走的时候，苏轼写了两句诗：“沧海何曾断地脉，白袍端合破天荒。”“白袍”是平民的衣服，“端合”是海南的土话，是“一定”的意思，就是一定能够考取，打破零的记录，你考取之后，我只讨一杯酒喝。三年以后，他一考取马上找自己的老师，苏轼却已经死掉了。苏轼对姜唐佐的关爱，体现了苏轼的责任感：我是知识分子，虽然被贬，但我有责任去这样做，这是天降大任于我。没有人叫他这样去做，后来他死掉之后，姜唐佐找到苏轼的弟弟苏辙，苏辙看到这两句诗后痛哭流涕，说我把这首诗写完。这首诗在苏轼全集里是找不到的，我翻了好多诗集都找不到，后来终于在苏辙那里找到了。他对哥哥的那种感情，借诗都表达了出来。这什么道理呢？在中国的传统文化里面，中国知识分子的那种任重而道远，都要有这样的责任感。

苏东坡的责任感还体现在他不亏待自己，东坡肉、东坡羹，喜欢喝酒，喜欢打扮，对不对，他自己非常喜欢打扮自己。我最近抄了一首给福建的孙绍振老师，“人老簪花不自羞，花应羞上老人头。醉归扶路人应笑，十里珠帘半上钩。”（《吉祥寺赏牡丹》）他是很会生活的，他和歌伎之间的来往诗歌写得非常漂亮、非常美。他很爱自己，爱自己是爱别人的前提；他同时又爱别人，又很宽容别人。当然王安石和他的矛盾还是有的，毕竟王安石把他贬到外面去了。后来，苏轼从黄州回来的第一件事就是去拜访王安石。王安石和他谈得很投机，王安石说你现在最好不要去做官了，做官没什么做头，你还是跟我在一起，买一间房，做邻居，一起过日子。王安石比他大十五岁，此时苏轼写了一首诗来表达自己的心声，写得非常好，“骑驴渺渺入荒陂，想见先生未病时。劝我试求三亩宅，从公已觉十年迟。”这是苏轼对王安石的临终关怀：我认为我还是对的，我应该跟着你一起去干，不应该和你作对，我应该十年前就跟着你。我们几乎可以理解为这是苏轼对王安石的原谅，而且原谅到这种程度。

把苏轼真正害惨的人叫章惇。二人年龄相仿，原本私交甚好。有一次两个人一起出游，走到很险要的地方，一根枯木架在悬崖峭壁之上。章惇问苏轼，你敢过去吗？东坡说我不敢，章惇过去了，回来的时候，苏轼说了一句话，“您一定能杀人。”章淳问：“我怎会杀人呢？”苏轼说，“能够自己拼命的人，能杀人啊！”章惇大笑。果然，他做了宰相后，首先拿苏轼开刀，尽管没有杀掉他，因为宋朝是有规定的，不杀文臣。但章惇把他一贬再贬，贬到广东的惠州，然后再贬海南岛，就是他一路力主的。后来因为政局的变化，章惇被贬雷州，时年六十五岁的苏东坡反而遇赦回来了。更让人想不到的是，苏轼已经把棺材准备好了，而且立遗嘱，我是“生不去官，死不扶灵”。这是东坡家法，因为他把自己的父亲送到四川去的时候是倾家荡产的，你想一家人抬着棺材在路上走个一年半载，多麻烦。苏东坡想，如果我不说这番话，儿子们要把我送回去的话，也要倾家荡产的，不是要苦死吗？因为政治的变化，章惇被贬了。章惇的儿子章援是苏轼做主考官时候的新科状元，他几十年没有和老师联系了，为什么？因为他的父亲害苏轼，他作为孝子没有办法。这个时候，他就写了一封信给老师，说几十年来，我父亲对不起你，我希望老师高抬贵手。当时，要苏轼回去做宰相的呼声很高。苏轼马上回了一封信，这还是他在狱中写的，这封信我可以称之为“人权宣言”。他写道：我和你父亲四十年来的交往，虽然我们的感情有所损益，但我们仍是好朋友。他这么大的年纪了，还要被贬到那个地方去，确实令人感到有些不忍。但是，我要告诉你，那儿也不是人待不了的地方，北方人总以为南方很不好，其实南方也不错，现在开封人肯定愿意到广州去。现在，我告诉你坐船去的时候要注意的一些地方。你也告诉他，心安一点，我不会再做大官了，即使做了大官，我也绝不会来害他的。这种胸襟，还是称兄道弟的雄心，令人叹服。这类故事在苏轼的一生当中太多太多了。

我们怎样来宽容害过你的人，当我想到了苏轼，当我想到了米里哀主教，当我想到冉·阿让的时候，我知道了应怎样去做，他们为我们树立了一个做人的正面的风标。而且苏轼对世界有自己独到的诠释，我遇到读不懂苏轼文章的时候，就去看儒家和道家是怎样说的。苏轼是一个大的宝库，他给我们的启示太多太多了。我觉得每个老师应该有一个自己喜欢的人、仰慕的人，首先要学习他，然后我们学习他而不盲从他，人的精神传承就是所谓薪火相传。什么叫薪火相传？薪火不灭，把我们前人的薪火传下来，一代一代传下来，接力似的。

读苏轼的时候，你会发现他离我们是那样近，他是一个非常多情的人，多情到对山山水水，对一棵枯树都有一份投入的感情。他在黄州待着的时候写了一首诗，其中有一句是这么说的：“我记江边枯柳树，未死相逢真识面。”我再来的时候你还记得我吗？当然苏轼很遗憾，再也没有机会到黄州去了，不过九百多年之后，我带了我的很多学生去，写了一点诗词，和了他几首词，他的传承就是这样。我觉得读书呢，自己喜欢的东西要读进去，所以只要是我喜欢的，我都记得很牢。而且，我发现，在古代文学和现代文学史上，很多人身上都有苏轼的影子，比如袁枚身上有很多苏轼的东西。袁枚身体很好，八十几岁过世，没有苏轼的挫折。比如现代人林语堂、胡适的身上，也有很多苏轼的东西，有才，会宽容，会享受，有品位，懂得做一个幸福的人，对人对己都好。总的来说，我们读书时，就要不断地发散。比如我教《赤壁赋》时，就把前后《赤壁赋》都拿过来温习温习，他这个时期的作品我全部读一遍，然后上课的时候就有很多内容可以讲，学生也成了苏轼迷。我把自己出的一本关于苏轼的书，一人分送一本，让他们好好读读苏轼。

我也研究科举。我们现在的很多考试，远不及科举。八股文考一个人的逻辑思维能力，很短的东西，你要把中心概括出来，不是我们想象的过去读书人都傻得不得了。"文革"的时候，我看《说文解字》看得比较多，最近再次钻研，力求把每一个字弄清楚。"读书必先识字"，我们识字了没有，我们没有识字，我们真的不识字。作为语文教师,《说文解字》要稍微接触一下，训诂学要接触。还有策论，是综合考察，你看苏轼的文章当中，是有很多策论的。清代汪宝树他把科举的这些东西记录下来，把考试的题目和考卷都印出来，正好给我们当代人研究。

教师有了这些东西之后，怎样和学生进行交流？我们要有从游之乐，"学校犹水也，师生犹鱼也，其行动犹游泳也，大鱼前导，小鱼尾随。"教师在教育方面，不要压学生。你自己要有东西才会游，你自己没有东西怎么能行呢？现在的很多老师，自己这方面都没有体会，一会儿让学生做题目，一会儿对答案。有人告诉我一个笑话，做一张卷子，做好之后，命题的人正好把这个答案搞错了，整套卷子的答案全部错掉，结果他在讲评的时候讲得头头是道。我们教育本身存在着这个问题，我们怎么办？我们当然有责任让学生考试考得比较好，但我们也有责任做一些额外的工作：一是真正提高他们的水平，一是让他们的思想得到充分的发展。我相信这也不会害他们的，学生的思想水平提高之后，应试也是小菜一碟，所以我们要给学生真正的关怀。教师如果不能引着学生游泳，所有的努力都是徒劳的。

另外一点，读书要靠自己，听别人讲，当然会有启发，但还是一定要自己读，孟子曰："君子深造之以道，欲其自得之也。自得之，则居之安；居之安，则资之深；资之深，则取之左右逢其原，故君子欲其自得之也。"总之读书要靠自己，你自己都没钻研过，你一点都不知道，直接把教参里的东西搬过来，你说怎么可能打动学生，即使你自己错的东西，也错得像样子。所以我觉得对一个教师而言，读书是必不可少的，当你钻进去的时候，你会很幸福。每个人都有好奇心，读书能满足你的好奇心，满足你的研究愿望。当然每个人会有自己的看法，我写了几篇文章，都无法发表，拿给朋友看，有的同意，有的不同意，有的说你现在可以发表了，我说现在我可以先做。有的时候，觉得生命是很宝贵的，做了一些事情，心里觉得很开心，想作出点成绩出来。

更多的时候，我是很流连教师的这三尺讲台，我不愿意离开学台，我愿意和我的学生在一起。天天在一起就要备课，你以为这个课文很熟很熟，但是如果我没有备过课，上课第一句话要讲什么，我没有感觉。我最近要上《边城》，《边城》我怎么个上法？我会重新把《边城》再看一遍，找到一些感觉：我首先讲 1949 年的时候，沈从文突然发疯，为什么发疯？因为他想到了翠翠，翠翠是《边城》里的一个人物。我马上找到感觉了，可以上课了，没有感觉，你讲的是干巴巴的东西，即使你有知识，没用处呀，所以每次备课，我还是要把它看一遍，把相关的材料再看一遍，想起我当年看过的一些东西，找到他和姗姗之间的那封信件。我这次到北京，就去拜访沈从文的连襟周有光先生，多了不起呀，一百多岁，我能够和他拍一张照片都开心。他是我们汉语拼音之父，曾经是复旦大学教授，搞经济学的。老人是不笑不开口，他那张脸太动人了，动人到看了之后你有想要流泪的感觉。我跟他谈得很开心，本来去的时候估计最多待十分钟，后来十分钟以后他不叫我走，说你再谈再谈。

现在网上的好东西太多太多了。南京师大附中的王栋生老师几乎每天给我很多很多材料，我目不暇接，一看，两个小时过去了。我现在不能晚睡，太晚睡了我身体吃不消，最多十一点半我就要收场了。在座的各位老师才二三十、三四十，这个条件太好了，可以多看一些东西。我这个人又比较笨，感兴趣的东西又比较多，写字喜欢，画画喜欢，刻印章也喜欢，很多东西督促自己放掉、放掉，留出时间来读书，丰富自己的人生，然后和自己的亲朋好友一起分享读书人生。有人说，人是这个世界上来去匆匆的过客，认认真真读一点书，你会感到快乐的。几十年来我是这么做的，也有如此感受。

我的教育理想*

不知今天说起“教育理想”能让多少老师心动。都说教育是神圣的，对“理想”两个字我们其实不是说得太少，而是缺少一个前缀——“自己的”。

我一直相信，教育理想从来都不只是贯彻国家或者学校的精神，也不是教育家的特权。我以为每个教师都应该有自己对教育的理解和憧憬，唯有如此才能成其为一名教师。因为教师的作品是“人”。教育实际上是在创造未来。人总是把自己觉得最好的东西留给未来，如何去影响你有机会影响到的人，这能反映出你内心最希望将来的世界变成什么样子。这样的事情，没有自己的理想的人是做不了的。

所以我从来没有把自己当成蜡烛或螺丝钉，当然我也从来没把自己当成“人类灵魂的工程师”，因为学生和我一样，也是有独立人格的人，我没法去设计他们的灵魂。我愿意为教育奉献一切，但支持我做下去的不是哪个口号宣传的什么伟大目标，而是首先为了自己。每一个教师都应该有自己的教育理想，我也不例外，为自己的理想奋斗是幸福的。

* 在北京中华书局与同行教师们的座谈。

之前也有很多人来谈过教育理想，但讲理论的多，作批判的多，说实践的少，至于切合我们当下比较复杂、现实的教育环境，谈及如何将自己的教育理想与现实统一起来的，就更少了。所以我只想用最简单的话说说我是怎么想的，又是怎么做的，也许这对普通教师来说更有用一点。

我憧憬的语文教育，就是生命。语文教育随时随地可以发生，不一定是在教室里、课堂上。把人类创造的精神世界中的一些有价值的东西传递下去，这是有超越性的，我们甚至可以将之当作信仰去经营。

教育无小事，你不知道今天对待一个学生的态度将来会意味着什么。如今社会上很多人都觉得很无力、很无助，无论贫富、权力大小都缺少安全感。作为中学教师，我却很有力量感，不畏惧现状的万般不如意，因为希望在于将来。我教了一辈子的书，现在又带着一批中青年骨干教师。我相信改变一个人的功德，等于改变世界。我相信自己做的一些事，能由小及大，由自己及学生、及后辈教师、及民族。当年的沈从文若不是下了讲台依然坚持诲人，也不会缔造度化军人入学界的机缘。所以，在教师去神圣化的呼声很高的今天，我却依然相信教师毕竟还有一些超出一般职业的东西。

我得坦言，当今教育实在是乱象丛生，让人无法忍受。五年前我在复旦大学作过一次报告，总结出捆绑住如今孩子的五条绳索：功利主义、专制主义、科学主义、训练主义、技术主义。报告的主题就叫"'人'是怎么不见的"。而作为一个从教四十几年，现在还每天站在讲台上的一线教师，我最大的愿望是把丢了的"人"找回来。那些在应试教育的泥潭里苦苦挣扎的孩子，我想通过自己的努力，救一个是一个。那些充满灵气却不得不在老师、家长和考试的夹攻之下就要被湮没的孩子，我想通过自己的努力，培养一个是一个，影响一个是一个。就像把搁浅的小鱼丢进大海，大海看起来没有变化，但对那一条条小鱼来说却是一切。

最初尝试的时候，我是孤独的。我摸索了一些办法，有的在当时是离经叛道的，有的到现在仍旧是"另类"的，但是我坚持做了下来，还把一些效果好的都固定成了传统。

第一是"从游"。我会组织每一届的学生参加这样的活动，叫作"文化学旅"。近的就在上海周边，上《项脊轩志》就去嘉定的震川书院，上《兰亭集序》就去绍兴的兰亭。远的就真的是行万里路了，就这个学期我带学生出过三次远门。一次去山东，在曲阜拜谒三孔。六十七岁的我带着一群十六岁的孩子重上泰山，还写了一首诗。一次去台湾，和那里的同龄人朝夕相处数天，从行政机构的领导到小吃店的阿伯都接触到。再有一次，徒步两天走了徽杭古道，去了胡适和陶行知的故居。这一路下来，每个学生都至少写了一诗一文，汇集后编成三本小册子:《齐鲁行》《台海行》《徽州行》。可以出去玩，学生当然是欢天喜地。但是在最开始时，要得到家长和领导的支持并不容易。从安全保障到交通住宿我都做了许多的努力，甚至动员妻子同行，好照顾女生，方方面面都照顾到才能让家长安心。我相信这么做有其重要性。语文是鲜活的生命留下的痕迹，亲近现场之后再看那些文字，感觉一定不一样。出门行万里路，也是一种阅历，有些事情一定要在这个年纪经历。

第二是“阅读”。我把读书作为重中之重，作为一切的根本。语文书那薄薄几篇课文根本不够，支离破碎的分析更是多半毫无意义。语言的学习是需要大量优秀作品整体来“灌输”的。林语堂说过，国文好的学生都不是听课听出来的，而是在课上偷偷看三国、水浒看出来的。可在我们这个时代，课堂上所教授的内容绝不比民国时代质量更高，但孩子们课余时间看课外书的机会却被电子游戏和五光十色的诱惑占去了一大半。作为语文教师，我们又怎么忍心随波逐流，在宝贵的课堂上灌输那些嚼了又嚼的甘蔗渣。我的原则是，“把课堂还给学生”。还给他们做什么？读书。我带他们进大学图书馆，课余带他们逛书店。讲课时，尽量以点带面，旁征博引。讲《阿房宫赋》，我带他们看历史上一系列名人对秦国的看法，从贾谊到杜牧，到苏洵、苏辙，乃至毛泽东和郭沫若；讲华盛顿的《告别权力的瞬间》，我给学生印发了清人徐继畲为华盛顿写的碑文，也介绍了如今依然不大被提及的郭嵩焘，又印发《独立宣言》《人权宣言》和《共产党宣言》这“三大宣言”给学生来看。我解释了字句和背景上的疑难之处，进一步的是非判断，我留给他们自己去做。我要创造机会，让他们多暴露在多元的资料和思想里面。当然，“阅读”也可以不限于纸面。我鼓励他们自编自导，演小品、演话剧。我曾经排过一次《雷雨》，全校轰动；最近又排了一个自编剧，叫《她在等什么》，专门批评应试教育的。我带他们参观博物馆，凡是上海的城市文化建设里的优质公共资源，都要好好利用。还有每个礼拜雷打不动的书法练习。功夫就是一天一天积累下来的。我极为重视背诵，有时候甚于“理解”，重视输入重于输出。有人说我是搞“死记硬背”，我却说只有“死去”才能“活来”。在这样“死记硬背”下的腹中充盈的学生，他们的创造力比那些在“一课一练”里寻章摘句，纠结“这个词好在哪里”训练出来的学生要好得多了。当然，我也渴望收获果实，我也曾在考试前突击过应试技巧。为了激发他们写作的热情，我自己下水和他们一起写作文。但是，君子爱“分”，取之有道。“培根”是道，市面上流行的一套，不过是“浇叶”的末技。“且夫水之积也不厚，则其负大舟也无力。”知识和眼界积累量就是水，而理解力、思维能力、写作能力乃至学习成绩等等则是舟。

第三是“求真”。在语文教育改革中，最艰难的就是这一点了。对孩子，我们的第一反应是不信任。不信任学生的辨别力，也不尊重那些优秀的作品。从课本的编辑到教师，都有一种奇怪的想法，就是把自己的见识凌驾在那些大师之上，要把所有的作品都用千人一面的庸俗化解释，结果讹误之处不知多少，真正活泼的性情、精彩的思想却被忽视甚至歪曲了。其实，作者也是人，也食着人间烟火。要“求真”，明白这一点很重要。我平时读书有个原则，凡事从人情常识去还原推敲，凡事之不近人情者，多半有诈伪。我教书时，也带入了这个原则。我认为一个好的教师，是要能做些研究的，为学生还原历史真面目。《故都的秋》分明是一篇度假中的应付杂志社催稿的急就之作，满篇是对一些风土人情的描写，所谓“悲秋”不过是一个发挥才情的由头，却硬是被抠出“清静悲凉”的“文眼”。《梦游天姥吟留别》总是要学生体会李白如何淡泊名利的品格，如何的怀才不遇、不畏权贵，但真实的李白却是个热衷于做官却并无政治才干的人，他被“放归山林”，责任多在他自己。

这几十年，我一直努力为学生打造一个“大语文”的教育框架。最近几年里，我想让“大语文”走向“真语文”。如今年纪渐渐大了，所幸精力仍旺，更幸运地是有了一支实力强大的中青年教师团队，我不舍得离开讲台。和马丁·路德·金一样，我也有一个梦想。这个梦想藏在心中有大半辈子了。我梦想与年轻教师一起编出适用于中国当代的语文教育学。我梦想我的学生们能快乐地学习，每天有收获有所得。不求他们人人是文学家，但希望他们都有能力享受文学的美好，能准确表达自己的思想。希望他们有好的心态，当然不必讳言，我也希望他们能有好的成绩，将来进好的学校，但这只是我对他们的祝福，不是强求。希望他们有自己的爱好，有专攻的方向，不要求他们人人是专家，但希望他们人人都成“人”。希望他们有爱心，有责任感，有志向，有追求，会独立思考。希望他们宽容，大度。我梦想通过自己的努力，改变语文教学现状。有好的教材课本，有高素质的教师，学生会学得自由、主动。我梦想着，再多积累一点经验，多一点新的体悟，再写一本总结——《艺术地上课和上课的艺术》。

我还梦想尽可能在讲台上多站几年，坚守讲台，直到看到曙光。

自爱铿然曳杖声 *

——谈谈语文教师的“不随”

杨先国：黄玉峰老师本身就是我们工作室的主持人，今天我们也请他上阵，黄老师先讲，留半个小时左右的时间我们讨论。黄老师一直跟我们在一起，我们更熟悉一些，希望今天的访谈和讨论更热烈一些。下面就把时间留给黄老师了，大家欢迎！

前两天到合肥参加了一个关于语文教学的展示和研讨。本来他们请我去，我是没有任务的，就去看看。后来突然通知我说：“黄老师，您来评论一下吧。”我评了两堂课。一堂是上张抗抗的《牡丹的拒绝》，一堂是上余光中的《听听那冷雨》，确实上得不错。有一个老师对文章的咀嚼非常细，表述也非常好，可以说是在“玩课”，就是说他研究得很好。我认为上课是好玩的、幸福的一件事。我和步根海老师在下面讨论了一下，觉得两堂课有一个共同的缺点，就是对于文章背后的东西没有吃透。如果按一般的要求，我觉得可以了，而且很好。但如果要深入下去，从培养一个有思想、能够独立思考的人的角度，还是

* 2011 年在上海杨浦区教育学院作的演讲。

欠缺了一点。

这个老师讲《牡丹的拒绝》，就讲牡丹的美、牡丹张扬的个性。确实，牡丹盛开的季节，大家都去洛阳看牡丹，结果牡丹一点都不开，于是作者想起牡丹怎么会到洛阳来的，引出一则有关武则天的故事：武则天有一天心血来潮，大冬天的要去看百花盛开，写了一首诗："明日游上苑，火速报春知。花须连夜发，莫待晓风吹。"于是所有的花都急急忙忙地开了，就只一种花不开，那就是牡丹。她发火了，把牡丹贬到洛阳去。不料洛阳是非常适合牡丹开花的地方，结果牡丹在洛阳开得特别好，有各种各样的品种。作者借这样一个故事，再加上很多人埋怨我们这么远来，结果牡丹没有开花，来说明牡丹怎么样怎么样的品格。张抗抗这篇文章写得很好。讲课的老师始终都在讲追求个性，却忘记了牡丹的拒绝是拒绝专制、拒绝从众。我问这个老师："你了解张抗抗这个人吗？"张抗抗现在是中国作家协会副主席，她是杭州人，后来到东北去的，是经历过"文化大革命"的。有一点要知道，她的丈夫就是写《狼图腾》的姜戎，他是持不同政见者。所以，她文章里面能反映出拒绝专制。这个没必要完全给学生讲，他们也不一定能懂，但是你一定要在内心有这个东西，要读出作者心里的东西来。我觉得这个老师在这方面还稍微欠缺一点。当然，个人的要求不同，比如我对这堂课的要求就是主要讲语言，但是核心的东西总是要讲出来的。

再说余光中《听听那冷雨》。余光中认为朱自清《荷塘月色》中的比喻是很差劲的。确实如此。余光中用了文学中的各种修辞手法尽情地抒发了他对瓦上听雨声的回忆，写出了他对大陆、对自己家乡的思念。这里面有古诗的味道，文章引了很多，比如蒋捷的《虞美人·听雨》："少年听雨歌楼上，红烛昏罗帐。壮年听雨客舟中，江阔云低，断雁叫西风。而今听雨僧庐下，鬓已星星也。悲欢离合总无情，一任阶前，点滴到天明。"又写了厦门的雨声、重庆的雨声等。他文章里面出现了几次"二十年"，实际上也在叹息自己的光阴不再，有一个叹老的感觉在。我后来就说了，你们去读读蒋捷的《一剪梅·盘过吴江》："一片春愁待酒浇。江上舟摇，楼上帘招。秋娘渡与泰娘桥，风又飘飘，雨又萧萧。何日归家洗客袍？银字笙调，心字香烧。流光容易把人抛，红了樱桃，绿了芭蕉。"余光中一到大陆，就叹："哎哟，我这么大年纪还能回来！"很明显就是这种心情。读文章最重要的就是读出背后的东西，读出抒情主人公的情感、胸襟、怀抱。文章是人写的，读不出他的人，光是读文章，那是不够的。语文教师的作用就在这，不光是讲授知识，还要透过这个去了解、去阐发。

今天我想由此谈谈对语文教师独立思想的一点思考。我的题目叫“自爱铿然曳杖声”，这是苏东坡的《东坡》这首小诗中的一句。苏东坡谪迁黄州后，有一次去东门外的东坡种田，晚上回来很晚，路上没有人了，月亮都升起来了。可能刚刚下过雨，他怕滑倒，就拄着竹杖走。他边走边敲打着竹杖，发出很响亮的声音。他说我最爱这个声音。苏东坡从黄州起才叫东坡的。全诗是：“雨洗东坡月色清，市人行尽野人行。莫嫌荦确坡头路，自爱铿然曳杖声。”末了两句意思是，不要嫌道路不平坦，我就是爱这个不平坦的道路。所以这是一种宣言，独立精神的宣言。世人是熙熙攘攘为利而来为利而去的，而他一直把自己说成是“麋鹿”，是野性的。这首诗是苏东坡精神的写照。所以我拿其中一句作题目。

我的副标题叫“不随”。宋朝人经常提“不随”这两个字，不知道老师们注意这个词没有。我们很熟悉的一篇文章《游褒禅山记》，绝大多数人理解这篇文章就是三个字：“智”“力”“物”，但是这里面出现了几次“不随”，不知道你们注意到没有。其实这篇文章是讲一种“不随”的精神。“余亦悔其随之，而不得极夫游之乐也。”“有志矣，不随以止也，然力不足者，亦不能至也。”“有志与力，而又不随以怠，至于幽暗昏惑而无物以相之，亦不能至也。尽吾志也而不能至者，可以无悔矣，其孰能讥之乎？此余之所得也！”你看他出现了多少“随之”“不随”？王安石是“不随”的人，他很有独立的精神，不管多少人反对，他就想朝前走。为了他的改革，他得罪了很多很多好朋友，年老的年轻的差不多全部得罪光了，包括他的好朋友司马光。不惜得罪这么多人，都要朝前走，这是一种“不随”的精神。

但是“不随”到底好不好呢？有独立的精神一定对吗？苏东坡也强调“不随”。《与杨元素十七首·十七》里说：“昔之君子，惟荆是师。今之君子，惟温是随。所随不同，其为随一也。老弟与温相知至深，始终无间，然多不随耳。”这话是苏东坡的宣言。过去的君子和现在的君子，一个是随王安石，一个是随司马光，随的人不一样，但是在“随”这件事上却是一样的；我苏轼和司马光相知很深，但是我是“不随”的。作为一个知识分子、一个教师，我们应该记住苏东坡在九百多年前讲的这段话。苏东坡反对变法被贬到外面去，司马光也走了，回家乡去写《资治通鉴》。后来王安石用了很多新进分子，这些人或者政治上还不够成熟，或是品质上还不够好，结果一下子把王安石变法的一些东西歪曲了，后来王安石的变法彻底失败。于是王安石走了，司马光来了。司马光进京的时候老百姓夹道欢迎，万人空巷。司马光一上台就把王安石的人排除掉，把王安石的政策翻过来。结果苏东坡在朝廷上就和司马光吵起来，在笔记中骂司马光“司马牛”，意思是他耿得不得了，不肯变通。苏轼认为王安石未必全错，他的人也未必都是坏人。结果司马光非常不高兴，你那时候反对王安石那么激烈，你现在应该配合我。结果他没有配合。这就是苏东坡了不起的地方。他一面能宽容人，人又不随，两者结合得天衣无缝，他是我们知识分子要学习的榜样。

他和王安石的矛盾焦点是“富国乎，富民乎”。王安石说：“陛下以为税收甚重，以臣所见，今税敛为不重。”（《续资治通鉴》）他认为国库还空，北方要军费，所以还要加税。苏轼认为：“先富民，后强国，安万民，厚货财，省费用，节用廉取，少冗兵冗费。”（《上神宗皇帝书》）他还请皇帝不要和老百姓争夺利益：“今陛下使农民举息，与商贾争利，岂理也哉？……今天下以为利，陛下以为义；天下以为害，陛下以为仁；天下以为贪，陛下以为廉。……孔子曰：‘百姓足，君孰与不足。’……臣不知陛下所谓富者，富民欤？抑富国欤？”[《拟进士对御策试问（并引状问）》] 苏轼还直接说皇帝不对。宋朝的时候，大臣还是可以在皇帝面前讲话的。他甚至说：“夫天下者，非君有也，天下使君主之耳！”[《御试制科策（并问）》]“故天下归往谓之王，人各有心，谓之独夫。”（《上神宗皇帝书》）天下不是你的，是叫你皇帝来管的，如果大家不拥护你了，你就是独夫民贼。在皇帝面前说这样的话，胆量很大。如果在明清，在奏折里这样说，有多少个头都要被砍掉的。

有两个词，一个是富贵，一个是高贵。有很多人富贵但是不高贵，刚才讲的《牡丹的拒绝》，牡丹不但富贵而且高贵，我们现在拒绝很难。牡丹已经被老百姓肯定了，被皇帝也肯定了，这种情况下你敢拒绝，很不容易。这是一种不计个人得失的精神。苏东坡这样讲话，确实是中国知识分子的传统。司马迁在《报任安书》中写道："虽万被戮，岂有悔哉。"苏轼很注重自由，他写诗主张："好诗冲口谁能择"，"门前恶语谁传去，醉后狂歌自不知"，"网罗应不到沙鸥"，希望罗网不要到处都是。他在杭州做官的时候，写《梦溪笔谈》的沈括来看他，临走苏东坡送了他一本诗集，沈括在里面找出很多反对皇帝的东西，去给皇帝看。宋神宗看了大骂沈括人品有问题，你是他朋友，你居然做这种事情。但皇帝即使再开明，还是受了影响，虽然骂的是沈括，但是对苏轼也留下不好的印象。

这种独立自由精神一直延续到近现代。陈寅恪在王国维墓碑上题词，赞美"独立之精神，自由之思想"，说先生的著述文章或有可商，但是先生的精神可与天地日月同光。蔡元培是非常儒雅的人，他有很独立的看法，他反对"五四"运动，不让学生去游行，但说服不了学生。后来学生被抓了，他想方设法把学生救出来。所以这样了不起的人物思想非常圆通，一面阻止，认为学生去是解决不了国家兴亡问题，但是出事了还是去救。有人统计过蔡元培一生辞职二十四次，光北大就七进七出，他保护学生的思想自由，为公民争权力，就以辞职为方式，但是他往往能胜利。北洋政府从1911年到1917年，对民主落实得很好，民间随随便便可以出东西，可以集会。比如我和杨先国老师，如果生在那个时代，可以搞一个党派，叫"黄杨党"，也没有问题的，我们要出版刊物也没有问题。但是当时选举贿选，确实是很乱。经过儒家思想的熏陶，在国家民族危机深重的时代，当时中国的绝大多数知识分子都是有骨气的。在蔡元培多次辞职时，由他介绍来的职员，纷纷响应而辞职。鲁迅也是蔡元培介绍的，做的官很大，但他不辞，他有自己的独立见解。鲁迅在《破恶声论》中讲到"不和众嚣"。嚣字很有意思，"页"就是面孔，那么多人指着面孔骂，但是我不跟着走。胡适说："宁鸣而死，不默而生。"那个时候有很多有担当的人。

那么，在语文教学中怎么落实"不随"呢？语文教学要教会学生读出主人公的思想、襟抱、情感、胸怀，读出他如何与那个时代互动。光是了解时代背景不够，还需了解时代如何影响他、他如何影响时代的，明白了这些才能真正读懂文本。苏东坡的文章《记承天寺夜游》，"元丰六年十月十二日夜，解衣欲睡，月色入户，欣然起行。念无与为乐者，遂至承天寺寻张怀民。怀民亦未寝，相与步于中庭。"像这段话看上去非常非常朴素，没有什么了不起的，非常一般，随心所欲，拿来就写，不思索的。接着便写道："庭下如积水空明，水中藻荇交横，盖竹柏影也。何夜无月？何处无竹柏？但少闲人如吾两人者耳。"这里面出现了"闲人"形象。苏东坡把自己看成闲人，一般人看来没有什么大不了的。那么怎么解读呢？有人由此认为苏东坡像个顽皮的小孩子，睡不着觉，半夜里起来，拉着一个朋友到外面玩，像个顽童，有童心。这个解读也可以，说得过去，苏东坡是有童心。但是你要知道苏东坡去黄州干什么，是劳动改造去的。你要知道他去的时候把家里的人都遣散掉了，包括丫鬟、仆人甚至还有粉丝。其中有一个姑娘暗恋着苏东坡，苏东坡觉得要给她安置个好的人家。正好有一个皇亲国戚跑来，说这个姑娘长得很漂亮，你反正要遣散，不如给我吧。苏东坡说很好，给你我就放心了。这个人送他两匹马，路上可以派用场。结果那个姑娘写了一首诗说人不如马，撞死在柱子上面。苏东坡非常后悔，也写了一首诗。苏东坡碰到这种大的灾难，你想想他是什么心情？所以苏东坡这里的"闲人"形象，体现了他大襟怀、大抱负、大自主。读一下能读出来，这个人是一个非常非常有情感的人，坚持真理，即便遭受挫折，很多人劝他"西湖虽好莫吟诗"，但是他还是坚持。所以我们读"庭下如积水空明"，光看到风景好还不行，更要看到他的胸襟。

我们看看课文中的这些东西。比如我在绍兴上《老王》，我反复读，发现杨绛这个人并不关心老王，她甚至居高临下地看老王。老王去看她，把鸡蛋和油送给她，并不是因为要感激她，而是希望得到一种临终关怀。他希望知识分子能把自己看作朋友。杨绛还是要给他钱，还说如果你不要的话我还要叫人家送过来。这段描写，写老王像僵尸一样，可以看出杨绛写的时候那种厌恶的心情，其实她没必要把老王写成僵尸那样。杨绛最后说到有幸者对于不幸者的愧怍，好像是我们有钱，对不起他。这还没有反思到真正的点上，说明中国的知识分子实际上和一些弱势群体之间很难融合。包括我在看的时候，看到杨绛身上的东西，我身上也有，二者之间不仅仅是精神上的差异。

《跨越百年的美丽》的作者梁衡，从文章看就是个御用文人，就为了说明一个道理、灌输一个思想来组织文章，当然他很有才气。他写居里夫人是怎么纯洁的一个人，男孩子多看她几眼她要给人家一个后脑勺，她的女性朋友帮她用伞去赶人家等等。其实居里夫人也不是这样的人，她是很懂感情的。她先生死后，她也和别人有过恋情，甚至先生在的时候，她也有过别的恋情。这在那个时候也是很正常的，要表现居里夫人的成就，何必要说她纯洁得像个修女一样？文章中有一段特别奇怪，写一个小女孩，妈妈说她最近成绩不好，是因为爱美了。最后一段更糟糕，说毛泽东不拿一枪一弹，诸葛亮怎么样怎么样，一看就是外加上去的。读苏东坡的文章时，就不会有这样外加上去的东西。有的作者本来就是这样的人，没有办法掩盖。

艾青的《大堰河，我的保姆》，好多人喜欢得不得了。最近有个叫叶开的人，写《对抗语文》，大家可以看看这本书，里面专门有篇写《大堰河，我的保姆》。叶开说这篇文章在宣传背叛自己的父母亲，宣扬和另外一个阶级站在一起。他说诗歌中，父母很忙，家里请来了个保姆，结果你爱保姆爱得要死，对父母亲不理会，甚至骂父母亲，因为父母是地主，所以恨得要命。这首诗写自己喝了保姆的奶什么的，对她特别地依恋和歌颂，这种歌颂超出了人情，超出了基本的伦理。孔子说："君子务本，本立而道生。孝弟也者，其为仁之本与！"他以阶级论挑战"孝"。前不久我去宣城，去看洋船屋。洋船屋即笃诚堂，因孝而建，我看了很感动，真是要热泪盈眶，感到很惭愧。安徽这里穷，当时黄田盐商朱一乔、朱宗怀父子在外经商，他们走过徽杭古道，在上海看到大轮船，可以在船上吃饭睡觉，可以唱歌跳舞，可以唱戏，还可以游泳。朱一乔的母亲和妻子就好奇，可带她去又不行，因为她年纪大了，又是小脚，怎么办呢？朱一乔与儿子商议后，就在家乡买地，造了洋船，以房子的形式，让母亲住进去，两边是水，走梯子上船，里面的壁画等装饰都是西洋的东西。我们现在看了，仍可以想象当年她母亲在里面的感觉。为了一个"孝"字，他可以做到这样。我自己觉得对父母亲还可以，但是和他比，差得太远了。到底是要对父母亲孝呢，还是因为他是地主、阶级敌人，就要恨呢？

我妻子的阿姨曾是包身工，现在已经去世了。我当初在上《包身工》的时候，就带学生去探访她。她说："我们包身工，实际上就相当于现在外企里面做工的人。我们那个时候很风光的，穿旗袍高跟鞋上班。"家里所有姐妹都羡慕她，因为她在"外企"工作。当时并没有怎么样，怎么书上写的是这样呢？听了之后，带学生回来，再读《包身工》。因为现在这篇删掉很多很多，所以把原来的《包身工》拿来看。我就提了一个问题："《包身工》里面写了这么多感动人的东西，我们把它还原，看看作者夏衍用多少材料才写出这篇《包身工》的。”结果发现材料不多，他主要是文艺性的语言特别多，实实在在的东西并不多。有两件事情夏衍没有写，一是死人事件，二是强奸事件。说明那个时候是没有这样的情况。夏衍没有捏造这样的事情，他只是写打“芦柴棒”。其实她们住在工房里面，虽然很挤，但是还是可以的。

教学中我们要注意还原真实。教育的真谛，我觉得在于一个“真”字。离开了“真”，什么东西都没用处。所有的教育，如果是假的，你再怎么讲，也都没有意思。这个是底线，有了真才有善。当然真的东西未必都好，真也可以不好，但是至少有真，才谈得上善和美。所以教学上一定要求真。好的文章要上，不好的文章可以反过来上。比如《边城》和《祝福》。我非常喜欢沈从文的文章，沈从文是真正会写小说的人。鲁迅的小说也写不过沈从文。我们对比一下《边城》和《祝福》，谁更真实，谁是怀着对家乡的热爱来写的。《边城》里面的顺顺、大老、二老、翠翠、翠翠爷爷，甚至那条小狗、船，都是那样的和谐。翠翠跳跳蹦蹦像小野兽一样，但是顺顺的两个儿子都爱上她了。这里面没有阶级的阻隔，里面连妓女都有很好的品质。沈从文写到一个妓女唱歌，有一个对另外一个说她是为我唱的，不相信我拿个哨子吹一下，她马上声音就变掉了。虽然为了生活她要做这样的职业，但是她心里面有很多美好的东西。我在绍兴讲鲁迅，我开头就说：“我是绍兴人，我来和父老乡亲谈谈鲁迅。我想你们听的时候如果实在忍不下去，你上来打我也可以，但要等我讲完。我妻子坐在下面，我讲完你们再上来打我，打死也不要你们抵命。”讲演结束了，也没有人上来打我，因为我是拿证据说话，我颠覆了鲁迅的形象。但是现在他们需要鲁迅，可以用来赚钱，一到假期的时候多少人来旅游。《祝福》把所有的苦难都集中在一个人身上，哪有这样的事情？他故意要塑造这样一个人物，其实农村未必就这么坏，鲁四老爷未必就这么坏。读《故乡》时你可以看到，鲁迅是始终不爱自己的故乡的。他 1919 年搬家就写《故乡》，把夫人朱安带走，朱安到 1947 年去世都没有回过故乡，鲁迅也从此再也没有回过故乡。他对故乡没有感情。在《两地书》中，他对许广平说：不必对这些亲戚好，他们只会落井下石，不会帮助我们的。你能从《故乡》中，读出鲁迅对故乡的美好感情吗？你再去读《边城》，沈从文对故乡的怀念，对故乡一山一水的感情，是和鲁迅完全不一样的。

我们再来看《记念刘和珍君》。当时很多人写悼念“三一八”事件的文字，周作人、朱自清等好多人都悼念。我当初觉得他们的文章都不好，鲁迅的好。现在我再看就不这么看了。我不去讲刘和珍这个事情，谁是谁非暂且不去管它。但是有一点，一个校长要管好一所学校是很不容易的。当时女子师范大学被人造谣说随时可以打电话约女学生出来。女校刚刚办，为了学校声誉，不让她们随便出校门，杨荫榆的管理是有道理的。杨荫榆从美国回来，是教育学硕士，她懂教育。她为什么这样管学生呢？因为形势需要。但是你周树人挑动学生起来闹事，还找了很多浙江教师联合写信发宣言。结果事情闹大了又不负责任。鲁迅自己做过校长的，下面也有人反对，那时他却写了这样的话：“今已下令全体解散，去其谋主，若胁从者，则许复归。计尚有百余人”。他做校长的时候，管学生很严，简直是把学生当犯人了。许广平在广州做舍监，写信告诉鲁迅镇压学生的情形：“校事也只能这么办。但不知近来如何？但如忙则无须详叙，因为我对于此事并不怎样放在心里，因为这一回的战斗，情形已和对杨荫榆不同也。”好像杨荫榆那时候管学生就是不可以的，我这样管法就是对的。自己做了舍监就这样管学生，反过来做学生时挑动学生不顾校纪，那算什么？照理一个人位置变了，看问题的角度也会变，这很正常，可你总应该反思一下自己过去的做法是否对。但他们一点也不知反思，觉得自己永远有理。需要说明的是，“三一八”事件的背后还有争权夺利的背景，鲁迅这一派之所以“倒杨”，是想让易培基上台做校长，后来果然成功了，他得了利。易培基后来因盗文物被政府关押，人品上是有很大问题的。

再看《药》这篇，模仿了其他国家的一些写法，可是不管怎么样，还是写得非常好，至少写出这样的英雄人物。但是里面写了个秋瑾，深究一下，鲁迅和秋瑾是什么关系？1905 年日本教育厅发出了一个通知，凡是学生到外面住宿的要登记。因为留学生集会很多，清政府和日本协议，不让他们集会。陈天华极力反对，跳海自杀。自杀以后所有的日本的留学生都起来了，当时有两千多人回国，不考虑毕业不毕业，谴责清政府和日本勾结。有一些留学生不肯回来，其中就有鲁迅、许寿裳这些人。其实鲁迅当时已经不在学校念书了。秋瑾他们开了所谓声讨汉奸叛徒的会议，她当着鲁迅的面说了这样的话：“投降满虏，卖友求荣，欺压汉人，吃我一刀。”这个在最近日本出的秋瑾的传记中有具体的描写，在绍兴的秋瑾故居那里现在还能买到这本书。知道这些，再回过头看《药》的时候，感觉就不一样了。至于你课上讲不讲那是另外一回事，但是我们教师首先要知道，教的时候就更有把握。

《〈呐喊〉自序》说：“我有四年多，曾经常常，——几乎是每天，出入于质铺和药店里，年纪可是忘却了，总之是药店的柜台正和我一样高，质铺的是比我高一倍，我从一倍高的柜台外送上衣服或首饰去，在侮蔑里接了钱，再到一样高的柜台上给我久病的父亲去买药。”这是事实，但结论是什么？是“有谁从小康人家而坠入困顿的么，我以为在这途路中，大概可以看见世人的真面目”。这句话是什么意思？很多鲁迅研究专家，像钱理群先生，都认为通过这件事情鲁迅对世界看得更清楚了。我曾把这段话读给新加坡的大学生听，他们第一个感觉是“什么叫看见世人的真面目”？意思就是世界上的人都是坏人。这是鲁迅从小得到的结论，这就是鲁迅的精神底色。他在给许广平的信里面这样说：“我早已有点想到，亲戚本家，这回要认识你了，不但认识，还要要求帮忙，帮忙之后，还要大不满足，而且怨愤，因为他们以为你收入甚多，即使竭力地帮了，也等于不帮。将来如果偶需他们帮助时，便都退开，因为他们没有得过你的帮助；或者还要下石，这是对于先前吝啬的罚。这种情形，我都曾一一尝过了，现在你似乎也正在开始尝着这况味。这很使人苦恼，不平，但尝尝也好，因为更可以知道所谓亲戚本家是怎么一回事，知道世事就真切了。倘永是在同一境遇，不忽儿穷忽儿有点收入，看世事就不能有这么多变化。但这状态是永续不得的，经验若干时之后，便须斩钉截铁地将他们撇开，否则，即使将自己全部牺牲了，他们仍不满足，而且仍不能得救。”（《两地书原信》）。这个在发表的《两地书》中找不到，在鲁迅的儿子发表的《两地书》的原信中才能找到。《两地书》发表的时候，鲁迅做了很多的修改。有的是删掉的，这个是可以的，他有权力删掉，比如骂某某人。但是有一点不能做，做了就是欺骗读者，就是加一段本来没有的东西。但是现在与原信一对照，发现有这样的情况。《两地书》发表的时候，周作人说了很有意思的话：“你把肉麻当有趣。”意思是你还没死就把情书发表出来，这个哥哥简直有点神经了。鲁迅还有一段可怕的话，真正是可怕：“屠杀者虽然因为积有金资，可以比较长久地养育子孙，然而必至的结果是一定要到的。‘子孙绳绳’又何足喜呢？灭亡自然较迟，但他们要住最不适于居住的不毛之地，要做最深的矿洞的矿工，要操最下贱的生业……”报复到什么程度呢？你们今天有钱没有什么大不了的，你们子孙将来做什么呢？在他的眼中矿工是下贱的，诅咒别人的子孙将来做这个，报复的心理是一点都没有遮掩地写出来了。所以他在《纪念刘和珍君》中说：“我向来是不惮以最坏的恶意，来推测中国人的。”你不要以为他这个话是反话，他总是以恶意来推测别人。

我们看看另外一个人，苏东坡在最困难的时候，别人要接济他，他在信里这样说：“吾侪虽老且穷，而道理贯心肝，忠义填骨髓，直须谈笑于死生之际，若见仆困穷便相于邑，则与不学道者大不相远矣。”（《与李公择书》）学道的人不会因为一点点事就非常怕，非常气愤，苏轼始终“道理贯心肝，忠义填骨髓”，人格的高下是可以看出来的。他曾经有封信说，人最高兴的是没有生病也没有忧愁，“常以谓人之至乐，莫若身无病而心无忧。我则无是二者矣。然人之有是者，接于予前，则予安得全其乐乎？故所至，常蓄善药，有求者则与之，而尤喜酿酒以饮客。或曰：‘子无病而多蓄药，不饮而多酿酒，劳己以为人，何也？’予笑曰：‘病者得药，吾为之体轻，饮者困于酒，吾为之酣适，盖专以自为也。’”（《书〈东皋子传〉后》）不喜欢喝酒要酿酒，没有病要准备药，干什么？苏轼说我就是为我自己，不经意之间就流露出人生的境界。宋人高文虎《蓼花洲闲录》中说：“苏子瞻泛爱天下士，无贤不肖，欢如也。尝言：‘上可陪玉皇大帝，下可以陪卑田院乞儿。’子由晦默少许可，尝戒子瞻择友，子瞻曰：‘眼前见天下无一个不好人，此乃一病。’”在他的眼里，人都是好人。

我再讲一件事情，看看胡、鲁到底谁深刻。有人总认为徐志摩、胡适、梁实秋怎么会有鲁迅那样深刻。你要知道徐志摩专门有文章写斯大林的专制，他认识得很深刻，他也没有到苏联去。鲁迅在一本书里面，有百分之六十的文章在为苏联辩护，这个问题他没有看清楚。一方面他在骂这个社会，但另一方面在这块上他本该有所建树，但却是空白。我们看看下面这件事情。胡适这样说：“法治只是要政府官吏的一切行为都不得逾越法律规定的权限。法治只认得法律，不认得人……在今日如果真要保障人权，如果真要确立法治基础，第一件应该制定一个中华民国的宪法。至少，至少，也应该制定所谓训政时期的约法。”（《人权与约法》）又说：“不但政府的权限要受约法的制裁，党的权限也要受到约法的制裁。如果党不受约法的制裁，那就是一国之中仍有特殊阶级超出法律制裁之外，那还成‘法治’吗？”（《人权与约法的讨论》）胡适在上海专门编了两本杂志，一本《新月》，一本《现代评论》。他这样做就是向蒋介石提出，你这样做是不行的，是违背民主法治的。这两本杂志刊登了很多很多文章，蒋介石很恼火。后来罗隆基被抓起来，这就是警告他们：你们不要这样办报骂我了，我现在搞训政是有道理的，胡适去救才放出来。后来胡适在上海待不下去就到北京了。胡适把他和梁实秋、罗隆基写的几篇相关文章结成一个集子，叫《人权论集》，还写了一个序言，说：“这几篇文章讨论的是中国今日人人应该讨论的一个问题——人权问题。……第七篇讨论国民党中的反动思想，希望国民党反省。……这两篇只是‘思想言论自由’的实例：因为我们所要建立的是批评国民党的自由和批评孙中山的自由。上帝我们尚且可以批评，何况国民党与孙中山？”然后他又说：“周栎园《书影》里有一则很有意味的故事：昔有鹦鹉飞集陀山。山中大火，鹦鹉遥见，入水濡羽，飞而洒之。天神言，‘尔虽有志意，何足云也？’对曰，‘尝侨居是山，不忍见耳。’今天正是大火的时候，我们骨头烧成灰终究是中国人，实在不忍袖手旁观。我们明知小小的翅膀上滴下的水点未必能救火，我们不过尽我们的一点微弱的力量，减少良心上的一点谴责而已。”我非常喜欢他引的这个故事，鹦鹉用翅膀沾水救火，因为这个山它待过，它爱自己的家乡。

鲁迅怎么说？鲁迅这么多文章里面从来没有一篇谈人权、谈政治体制改革。他骂人骂得凶就是深刻吗？说中国传统文化是吃人文化，孔子是不好的，儒家是不好的，京剧是不好的，中药是不好的，连中国的风景都是不好的，雷峰塔歪歪斜斜是难看的。《王道诗话》中提到：“‘人权论’是从鹦鹉开头的。据说古时候有一只高飞远走的鹦哥儿，偶然又经过自己的山林，看见那里大火，它就用翅膀蘸着些水洒在这山上；人家说它那一点水怎么救得熄这样的大火，它说：‘我总算在这里住过的，现在不得不尽点儿心。’（事出《栎园书影》，见胡适《人权论集》序所引。）鹦鹉会救火，人权可以粉饰一下反动的统治。这不会没有报酬的。胡博士到长沙去演讲一次，何将军就送了五千元程仪。”前面讲了一回事情，后面突然讲到钱，胡适去讲演，人家给了很多钱，他妒忌得不得了啊。他还写了首讽刺诗："能言鹦鹉毒于蛇，滴水微功漫自夸，好向侯门卖廉耻，五千一掷未为奢。"这个打油诗和文章是一样的意思。人家对人权的追求被他骂成这个样子。鲁迅还有很多文章说胡适是"大观园里的焦大"，说他是"屈原"，等等。瞿秋白怎么说？他说："鹦鹉是一种鸟儿，俗话叫做鹦哥儿。大家知道鹦哥儿会学嘴学舌的学人话。然而胡适之先生整理国故的结果，发见了它还会救火，这倒是个新发见的新大陆。""鹦哥儿会学人话，它们自然是用自己的花言巧语来救火。""中国的鹦哥儿就会这样学嘴学舌的救火。""他们要救火的诚心，他们要救中国绅商统治以及国际帝国主义统治的诚心，是值得'感激'的！"没有道理地扯到要救帝国主义上去。当时的人权论遭到两方面的夹攻：政府与左翼。所以说，"胡适在新月书店出版《人权论集》的时候正是他领导的争人权运动遭到国民党的沉重打击、落花流水匆忙撤回北平之际，《新月》月刊遭禁，新月书店关门，胡适孤军争人权，在国民党一党专制的铜墙铁壁前撞得鼻青脸肿大败而归。他在《人权论集》的序言里写下周亮工《书影》中那个鹦鹉的寓言时心中正是充满着坚韧不屈的救世精神——他为中国人的人权争了几十年，也被仇视人权的中国人——'左派'与右派的政治势力嘲笑打击了几十年。"（胡明《瞿秋白批胡适疏解》）这些人和鲁迅比较一下，到底谁深刻？

我们讲《〈呐喊〉自序》，往往有几句话老师都要谈的，一个就是鲁迅的弃工从医，一个是弃医从文。他开始时是学工的，后来打报告要学医。这个都有材料的，日本人这点做得很好，什么东西都有材料留下。鲁迅在《〈呐喊〉自序》里面说："……中医不过是一种有意的或无意的骗子，同时又很起了对于被骗的病人和他的家族的同情；而且从译出的历史上，又知道了日本维新是大半发端于西方医学的事实。"不久，一年半不到的时间，在仙台医学专门学校，"这一学年没有完毕，我已经到了东京了，因为从那一回以后，我便觉得医学并非一件紧要事，凡是愚弱的国民，即使体格如何健全，如何茁壮，也只能做毫无意义的示众的材料和看客，病死多少是不必以为不幸的。所以我们的第一要著，是在改变他们的精神，而善于改变精神的是，我那时以为当然要推文艺，于是想提倡文艺运动了。""病死多少是不必以为不幸的"，一个要做医生的人居然说这种话！我读到这句话时就在想，即使一个一点用处都没有的人，即使一个很糊涂的人，即使一个精神病患者，我们也有责任去医他，不能让他病死。改变精神首推文艺也是他的一家之说。看起来弃医从文好像就是这个原因，还有看了日俄战争的幻灯片。但是真正的原因是什么呢？他当时写的信是最能说明问题吧。他给朋友写信："校中功课大忙，日不得息。以七时始，午后二时始竣。树人晏起，正与为雠。所授有物理，化学，解剖，组织，独乙种种学，皆奔逸至迅，莫暇应接。组织、解剖二科，名词皆兼用腊丁，独乙，日必暗记，脑力顿疲。……校中功课，只求记忆，不须思索，修习未久，脑力顿锢。四年而后，恐如木偶人矣。"（《致蒋抑卮》）他曾在《〈呐喊〉自序》说是因为看了幻灯片才弃医从文的，现在查到的所有的幻灯片中是没有这张的，当然也有可能是遗失了。但是在仙台和鲁迅一起拍照的朋友，四个日本人后来全部留级。鲁迅当时读书的成绩单还在，按照他的成绩单是不可能升级的，周树人离开这个学校，自己从来没有说这个原因。有饭吃是首先的，这个决定是以个人命运为转移的。他弃医从文了吗？他没有读文科学校，只是进了一个德国的语言班。为什么呢？清政府每个月给他钱，如果你没有在一个地方读书，是不会给你寄钱的。章太炎来了后，他跟章太炎学小学。他想搞一些杂志也没有成功。1906 年他离开学校，十二年以后（1918 年）才写出《呐喊》。

还要特别讲一件事情，他在北京做了十四年京官，1926 年南下，到 1929 年才公布和许广平的关系。可见，当时连他自己也觉得不是正大光明的。许寿裳、林语堂看不懂了，林语堂问孙伏园，他们两个住在一起这算什么关系。孙伏园笑着说，你说是什么关系，觉得林语堂很傻。他们一直没有公布，直到许广平怀孕了生孩子了，没有办法了才公布，可见不是正大光明的事情。鲁迅对老婆朱安的冷暴力太厉害了，我专门写过一篇文章，说朱安的遭遇远远地超过祥林嫂。祥林嫂毕竟还享受过天伦之乐，有过丈夫孩子。朱安连这都没有，一辈子陪着自己的婆婆。鲁迅说她是"母亲给的礼物"。其实鲁迅当时同意这门婚事，是因为父母之命。王造时的妻子也是这种情况，但他带她到美国，教她识字，教她外语。胡适的妻子长得多难看，有照片的，他也教她写家信，那多动人啊。什么叫"母亲给的礼物"？可以这么随随便便对待吗？这不是理由。最后的理由是封建的迫害，封建迫害也是通过鲁迅迫害的，如果对朱安好一点，迫害不就少了吗？

鲁迅为什么到厦门去？他在厦门大学待了135天，我对他这135天每天的活动做了整理。他在哪里吃饭，和谁在一起，晚上什么时候睡，哪一天从半夜起来……我都查过的。他待了一个月不到，就准备要走了，因为广州大学要挖他。他来的时候是每个月400块大洋，这些钱是什么概念？他和弟弟吵架后搬出来，买的小小的四合院花掉800块，他绍兴的房子卖掉是1000块，他后来买的两进的大的四合院是4300多块。鲁迅在那边135天，拿了五个月工资，2000块大洋。他做了什么事情？他做的最大的事情就是煽动别人反对校长。他们校长把全部家当拿出来发工资，想把半个北大的师资招到厦门大学去，就是为了把厦门大学搞得好些。鲁迅第一天去就讽刺厦门大学，说厦门大学是莫名其妙把一座大楼放在荒野里。他不但自己去了，还叫自己学生章廷谦去。他说："我的意见是：事已至此，你们还是来。倘令夫人已生产，你们一同来，倘尚无消息，你就赶紧先来，夫人满月后，可托人送至沪，又送上船，发一电，你去接就是了。但两人须少带笨重器具，准备随时可走。总而言之，勿作久长之计，只要目前有钱可拿，便快快来拿，拿一月算一月，能拿至明年六月，固好，即不然，从速拿，盘川即决不会折本，若回翔审慎，则现在的情形时时变化，要一动也不能动了。"学生还没有来，就说你要走的。对一个自己的后辈居然说，你快过来，孩子生了一块过来，没有生你先过来，赚了钱准备走。

到了那里，没有一个人和他关系好。《两地书原信·四十八》："此地四无人烟，图书馆中书籍不多，常在一处的人，又都是'面笑心不笑'，无话可谈，真是无聊之至。"《两地书原信·六十五》："在国学院里的，顾颉刚是胡适之的信徒，另外还有两三个，似乎是顾荐的，和他大同小异，而更浅薄，一到这里，孙伏园便要算可以谈谈的了。我真想不到天下何其浅薄者之多。他们语言无味，夜间还唱留声机，什么梅兰芳之类。"顾颉刚浅薄吗？鲁迅什么都看不惯。他认为浅薄的这些人都成了大家，学术的成就都超过他。他1927年致章廷谦："獐头鼠目而赤鼻之'学者'，……近偶见该《古史辨》，惊悉上面乃有自序一百多版。查汉朝钦犯司马迁，因割掉卵脬而发牢骚，附于偌大之《史记》之后，文尚甚短，今该学者不过鼻子红而已矣，而乃已浩浩洋洋至此，殆真所谓文豪也哉。"鲁迅还看不惯校长："我所不满意的是校长，所以无可调和……他对我虽很恭敬，但我讨厌他，总觉得他不像中国人，像英国人。"这个校长林文庆是医生，是孙中山的秘书，自己把新加坡的庄园卖掉，不要工资，把钱全捐出来，帮陈嘉庚办这个大学。他又是信奉孔孟，又接受西方的东西。鲁迅要走的时候，林文庆两次给他饯行，请他不要走，结果鲁迅还是走了，走的时候留下了一封辞职书，说“我非君子”。后来这封辞职书在厦门大学展览出来，完全是流氓口气。马寅初来演讲别人去欢迎，请鲁迅一同吃饭他不肯去，说：“我固然是北大同人之一，也非不知银行可以发财，然而于‘铜子换毛钱，毛钱换大洋’的学说，实在没有什么趣味。”他看不起马寅初。到底鲁迅有多大本事？从他的文章、翻译的东西等来讲，和周作人都不能比的。他就是杂文尖刻锋利，别的地方没有什么成就。

1927年，鲁迅到上海，没有工作，蔡元培给他介绍了工作，做大学特约撰稿人，一个月300块大洋。鲁迅拿了三年半，不用上班，不用开会，但是按规定三年里面要有一本学术著作。但是鲁迅没有，蔡元培还想留他，但是别人不同意，后来就把鲁迅撤掉了。鲁迅的学术成就比不上别人，但是人家听戏他也看不起，搞历史的、地理的、博物馆的，这些人后来都有学术成就，但是鲁迅都看不上眼。这就是别人一定要和他“同”他才满意。

苏东坡和王安石、司马光的矛盾焦点也正是“同”还是“和”的问题。苏东坡《答张文潜县丞书》：“王氏之文，未必不善也，而患在好使人同己。……地之美者，同与生物，不同于所生，惟荒瘠斥卤之地，弥望皆黄草白苇，此则王氏之同也。”鲁迅的文笔犀利，很了不起，但是他要别人都同意自己。王安石有这个缺点，鲁迅也有。鲁迅不但看不起读书人、看不起校长，对弱势群体也看不起：“听差懒极，不会做事也不肯做事，邮差也懒极，星期六下午及星期日都不办事。”（《两地书原信·四十三》）“你看厨房多么可怕。这里的仆役，似乎都和当权者有些关系，换不掉的，所以无论如何，只能教员吃苦。即如这厨子，是国学院听差中之最懒而最可恶的，兼士费了许多力，才将他弄走，而他的地位却更好了。”（《两地书原信·一〇八》）我查了一下鲁迅在厦门大学的135天里面，到人家家里吃饭，到外面店里吃饭，有五十几次，这是多么好的条件。那个时候一般家里保姆的工资，一个月是一两块钱，当时人家结婚，给的贺礼是一块钱，鲁迅给自己家的保姆给得多，也只有两块钱。

到1930年，鲁迅说：“贱胎们一定有贱脾气，不打是不满足的。……此外，大约有几个人还须特别打上几棍，才好。这两年来，水战火战，日战夜战，敌手都消灭了，实在无聊，所以想再来闹他一下，顺便打几下无端咬我的家伙，倘若闹不死，明年再来用功吧。”鲁迅要斗，哪一天不斗就不舒服。相反，苏东坡从黄州回来的路上，儿子苏遁死了，看到衣架上还有儿子的小衣服，他写首诗记这件事，写得很动情。苏东坡也将小的事情入诗，连洗澡搓背都能写，“轻手轻手，居士本来无垢”。司马光提拔苏轼，苏轼第一件事情就是去看王安石。王安石当时在金陵把皇帝送的庄园转送给寺庙，自己住在一个破屋子里面。苏东坡去看他，王安石骑着个小驴子回来后，和苏东坡谈得很开心。王安石劝苏东坡就留在这里和自己做邻居。苏东坡写了一首诗：“骑驴渺渺入荒陂，想见先生未病时。劝我试求三亩宅，从公已觉十年迟。”苏轼是说我早就应该跟着你了，跟着你一起变法，你也不至于这么老吧。实际上苏东坡也不可能真的跟着他变法。但是王安石第二年就去世了，这是苏东坡对一个老人的临终关怀。王安石一定会觉得子瞻原谅他了。苏轼让一个人临死的时候知道别人原谅自己了，知道自己是为了国家才改革。苏东坡对迫害他的人宽容的例子很多很多，而鲁迅到死还说“一个都不宽恕”。这完全是不一样的境界。

关于鲁迅兄弟失和的原因，我写了一篇三万字的考证文章。我是用福尔摩斯式的推理来写的。我没先给杨先国老师看，我先给刘定一老师看，他是数学老师，我要他帮我看看逻辑上有没有问题。福尔摩斯说过，如果所有的可能都不成立，剩下来的东西即使你再不相信，也是事实。有个材料是很过硬的，就是 1923 年 7 月 19 日周作人写给他哥哥的绝交书：“鲁迅先生，我昨天才知道——但过去的事不必再说了。我不是基督徒，却幸而尚能担受得起，也不想责难——大家都是可怜的人，我以前的蔷薇的梦原来都是虚幻，现在所见的或者才是真正的人生。我想订正我的思想，重新入新的生活。以后请不要再到后边的院子来，没有别的话。愿你安心、自重。七月十八日，作人。”周作人称哥哥为“鲁迅先生”，不认他是哥哥。这件事情和“到后边院子里来”有关系。从这封信中可以读出周作人内心世界的痛苦。他和哥哥一直很好，现在有个事情无法忍受，无法克制自己，以至于这样。

最后，我再讲一件小事。鲁迅在自己的文章《兔与猫》中，承认自己是猫的仇敌，要用毒药药死它们。他不但这样说，也是这样做的。他的邻居曾回忆过一件事：有一次鲁迅逮住一只猫，把它放到洗澡盆里想把他煮死，因为性急，就拿刀想刺死它，没刺死又叫仆人拿了开水把猫活活烫死了。这刊登在1949年前的报纸上，我见过这张报纸的照片。

今天就讲到这里吧。谢谢大家的耐心！

|互动环节|

张慧腾： 黄玉峰老师的课一直都非常有激情，而今天我们看到，黄老师的激情背后是有理性在支撑的，这种理性在于黄老师一遍一遍地举证一些具体的材料，也在于他要找数学老师看他逻辑论辩的过程，这种理性也是值得我们关注的。各位老师有没有什么问题可以和黄老师一起交流？

某老师： 黄老师您从《还我琅琅书声》到《语文教学的"叛徒"》，到《教学生活得像个人》，这个过程中一直贯彻了"独立之精神、自由之思想"。路可能是艰难的，到底是什么支撑了您的这种追求，让您一直有这种激情？

黄玉峰： 其实也没有做什么事情。但是我确实喜欢教育，有责任还原一些东西，就是求真。我曾经还原李白，还原杜甫，还原苏东坡，但是我最想还原的是曾经作为我精神之父的鲁迅。我反复读、读得最熟的书是两个人的。一个是毛泽东，《毛泽东文选》我读了十遍以上，到现在你随便说一段，我就知道在哪一卷哪篇文章里面。还有就是鲁迅的文章，全集读了两三遍。突然有一天觉得很上当，我被蒙蔽了。我爱吾师，我更爱真理。我写文章的风格都受他们影响，有仿毛癖、仿鲁癖，文章一写就有一些特殊的气势。包括《教学生活得像个人》这本书，有人说黄老师你书里有的话讲得太厉害了。这本书能出，是因为一位老先生，当时95岁的吕型伟先生请我写一本书作为"上海教育丛书"其中的一本。我说很忙，他说你一定要写。他给我讲了几句话：人云亦云不云，老生常谈不谈。我又加了一句：道听途说不说。就是要写自己的话，对不对不管。他又说了一句话，你要让我看得到。95岁的人这样说，意思就是你要赶快写。所以我就花了半年不到的时间日里夜里写，写到生病住院。写出来，他们审查，说这一章不行，那一章不行。比如有关鲁迅的两章就被删掉了，说和教育关系不大。删掉就删掉吧，我现在比过去平和多了。接下来，说这一段话太尖锐了。实际上我的文风里面有一点鲁迅的影子，删来删去删得很多，大概删了几万字。最后我的后记名字是“我可以不说真话”，他们说这个不好，你的意思难道是说的是假话。我说不是的，我的意思是，我说出来的都是真话，但我有些真话可以不说。我说如果这句话再删掉我没办法出了。他们说请吕老看看。正好，叫吕老拍板的时候我碰到南京师大附中的王栋生，他说我帮你改一改，改成“我还有许多真话没有说”。我说蛮好的，如果吕老让改，就改这句。结果吕老说你们已经改了黄玉峰很多东西了，这句话就给他留着吧。包括书名，原来是“让学生活得像个人”。他们就说，这是什么意思呢？过去的学生不像人？后来改成“教学生活得像个人”，我觉得这倒是挺好的。教学生活得像个人，还可以理解为老师的教学的生活也要像个人。出版前很多人都来修改，都把我的东西磨掉了。磨掉了也挺好的，人读什么书就会像什么人，特别是幼年读什么书，文笔就照他那边去的，要改是改不过来的。我自己现在到了退休的年龄了，我觉得当然要说点真话，当然要为教育做点事情，人活着实际上价值就在于做事情。我就是这样想的，也没有什么大不了的，就这样走过来了。但是有一点，人要多想想，不是想想自己，而是想想我们苦难的国家，这点是最重要的。

张慧腾：黄老师的这样一种对语文的执著与深爱、对求真的追求，让人深深地感动。还有哪位老师有问题吗？

黄玉峰：可以提出问题来交流，我倒希望听到不同的观点，我希望别人反对我，有反对我才有进步，因为这样我才会思考。否则我自己认为对，人家不这样认为。当然我讲的时候尽量把证据拿出来。

张慧腾：下午过来的时候，我就在问黄老师这个“不随”有什么含义，那时候黄老师跟我讲“不随”还有一个意思就是不随便。黄老师能不能再具体谈一谈。

黄玉峰：就是不苟同啊。不苟且，不附和，不随波逐流。我在《说文解字》里面查，里面没有这个“随”字，这个字是后起的。我觉得一个是随和，一个是跟从。从众心理在中国是很普遍的，“文革”的时候从众，现在其实还是从众，网民也是从众的，人如果没有自己的观点是很可怕的。教师要有自己的观点，那样你才能培养学生有自己的观点。

杨先国：作为语文老师，黄老师在教书上具备了很好的底子。我和黄老师接触久了，让我最感动的是他对学生的真正的爱。我觉得在座的青年教师要学习的话，可能更多地要学这一点。黄老师字也好、画也好，作为一个语文教师，他的学养是很深厚的。黄老师倒是可以介绍介绍你是怎么学习的。

黄玉峰：其实我书读得很有限，特别是西方的教育理论性的东西，现在正在看，很多东西看了大吃一惊，他们思考得比我们深。要是懂英语就能直接看到这些东西，我就必须看别人翻译过来的，没有翻译我就看不到。我自己是看古典的东西比较多。因为我在复旦大学上现当代文学，所以在这方面也花了一点工夫。生病有一个好处，就是有时间看书。我“文革”的时候曾经生了一场大病，那时候我将《红楼梦》也看了好多遍，但是还没有想到要看四书五经，如果那时候看了，起点就不一样了，对传统文化了解会更深。也没有想到要背《诗经》，如果我那时候能用半年的时间把《诗经》背一下，我觉得我的文章会两样的。那时候我也读过、抄过《文心雕龙》，《道德经》也抄。我受过挫折，曾经被关在监狱里两年，这两年我当然会思考一些问题。出来后我就更加珍惜时间，看啊写啊什么的。我觉得读书的面要广一点，你可以读错的、不好的东西，这也没有关系。我现在看觉得鲁迅的东西就是不好的，但是当时读的时候觉得很好很好，读了还是得到了很多东西。现在你去看一看胡兰成的东西，他虽然是个汉奸，但是有自己的想法，文笔很好。周作人也是这样。汪精卫的诗写得多好啊，也可以看。当然，如果你能有计划地看一点东西会更好。我教书四十几年了，一年看几本，积累起来也有一些了。每个人肚子里要有一百本书，不是看过就忘的那种，而是能成为你底色的书，那样就好了。可以找来一点书目的东西看一看，过去读书都讲书目。张之洞写了一本《书目答问》，你可以照着去找几本来看。看一本书不要轻易放过，要看就看出背后的东西来，就要查一些相关的东西。如果觉得这本书特别好，那这一个月就专门看这本书；如果觉得不好就扔掉。这是个一点点积累的过程。你们是富翁，还有很多很多时间，可以来做这个事情。如果用二十年时间，可以提得很高。何况，很多年青教师都很聪明，比我聪明得多了。

杨峻岩：黄老师的报告、讲座，我都来听。有他这么一个老师，我们语文界活泼多了，生动多了，精彩多了。他的“不随”精神，很值得我们学习。但是我想，我们是中国的语文老师，也不能不考虑主流价值观。主流价值观和“不随”的精神，这二者矛盾不矛盾，我们在教学当中怎么处理好，我想这是一个问题。黄老师过去作报告更尖锐，现在平和多了。他这种精神我是非常欣赏的，也是我缺少的。但是我还是要讲，我们也不能不贯彻我们要贯彻的东西。所以这个问题黄老师再给我们讲两句吧。

黄玉峰：杨老师是我很尊敬的老前辈，他特别好的是能容忍我说话，有的人不让我说话。前两天上海市中学校园文化论坛，要我谈谈校园文化，我是讲得很“厉害”的。我觉得一个人要讲真话，中国的问题这么多，就是因为没有人出来讲真话。现在有两种选择，一种是杨武，一种是杨佳。杨武事件发生后，南京的一个写杂文的老师问我有什么看法，我说了七个字：我就是那个男人。他说你说得好，我们都是那个男人。社会上出现了这么多不公的现象，我们能说什么呢？我们教师、知识分子都不说，那还是知识分子吗？我们不敢说，但是我们心中要明白，不能因为这是主流媒体就不敢讲话了，这是党的观点就不敢讲话了，党也应该听听我们的意见啊。四年前，我在上海市委干校作报告，讲中国古代的吏治。我刚刚作完报告，我们学校王书记就接到电话，说你们学校有个黄玉峰是不是，他给我们作的报告讲得太凶了。书记问有什么出格的东西吗，打电话的那个局长说，“没有，我们觉得他讲得挺好，我们是应该听听这样的话。”这说明我们应该说一点真话给他们听听。我们要说真话，影响下一代，当然我不会用今天这样的讲法。我的学生确实受我的影响很大，他们会思考，不人云亦云。但是我反对极端的方式，比如如果发生游行，我绝对不允许我的学生参与。我对他们说，如果你们要游行，你们从我身上踩过去。什么道理呢？这不是学生应该做的事情。过去鲁迅骂政府，我们到现在还肯定他。今天如果我们骂一骂政府，骂一骂主流媒体，又怎么样了？什么是知识分子？不是识几个字就是知识分子了。所谓知识分子要有批判精神、怀疑精神。所以我对自己的定位是希望自己成为一个知识分子，希望自己成为一个有良知的知识分子。我的能力很小，也有很多很多缺点，但是我希望自己成为一个对我们社会有点好处的人，将来回忆起来，觉得自己总算还做了一点事情。我是很有分寸地在讲话，我觉得这个话是很真诚的，是为了政府好，为了这个党好。如果这样下去的话，不是用讲话来批评你，而是用别的方式，不是用批判的武器，而是用武器来批判，那就是大家玉石俱焚。如果我也不讲话，你也不讲话，那怎么办？所以我的想法就是这样，每个老师要有责任感，要有担当精神。

张慧腾：从黄老师身上，我们看到一个知识分子的责任感、知识分子的良心。黄老师经常教导学生要记住一句话：为天地立心，为生民立命，为往圣继绝学，为万世开太平。黄老师自己也是一个践行者。我觉得可以用两个词概括黄老师：一个是“自觉”，他对自己的身份有一个明确的定位，对自己的职责有一种坚持；另外他也在“觉他”，觉天下有情，希望我们作为语文教师的每一个人，也在启示那些学生，让他们逐渐成长，成为社会的良心。

引领基础教育走出平庸*

各位同胞：

上午好！

六十年来，复旦附中风雨兼程，经过几代人艰苦卓绝的努力，成就了今天的辉煌。赢得了好声誉，被誉为真正的名校！就读复旦附中成了多少孩子的梦想！这是为什么？

不光是因为升学率高，而是因为国权路三百八十三号还保留着一方净土，在这里，我们的孩子们能过上“人”的日子！

为迎接校庆，附中人展开了大讨论，集全校师生员工的智慧，把“静学、远思、高迈、笃行”作为校庆的主题词。

什么叫“静学、远思、高迈、笃行”？那就是读书做人，拒绝平庸！

当今社会，教育是重灾区，教育已经成了争夺资源的斗兽场。

我们复旦附中将负起名校的责任，引领基础教育走出平庸，战胜平庸。

一个寓言说：鹦鹉见山中起火，就潜入水底，浸透翅膀，飞而洒之。有

* 在复旦附中六十周年校庆大会上的讲话。

人问:“这点水有何用?”鹦鹉说:“这是我们的故土，不忍心看着它被毁了。”

眼下，教育专制主义、功利主义的大火正在我们的故土燃烧。中华教育到了最危急的关头，我们怎能熟视无睹。

我们复旦附中的每一个人都愿意做一只小小的鹦鹉，为拯救我们的民族，撒上一滴水!

这样，也许我们的子孙，可能会有美好的明天!谢谢!

成为大写的、堂堂正正的人*

女士们，先生们：

之所以这样称呼各位，是因为今天是你们的毕业典礼，又是你们十八岁的成人仪式。你们已经不是孩子，而是成人了！成人有成人的权利，成人更应该有成人的义务和责任。

女士们、先生们！今天我很高兴在这里，代表高三年级教师与大家说几句话，感谢学校领导给我这个机会和荣誉。

同学们，在我的感觉里，你们似乎是前天刚进复旦附中的，昨天为高考而忙碌、而拼搏，今天你们却要走了，走向明天。时间过得真快啊，正如南宋词人蒋捷在《一剪梅》中写的："流光容易把人抛，红了樱桃，绿了芭蕉。"

这两天，我一直在想，告别时，送给大家一个什么字？我曾经想到过现成的一个"杂"字，就是今年高考作文题的那个"杂"。我想告诉大家，健康需要杂，人吃五谷杂粮才健康，不要挑食，不要偏食；读书应该杂，应该博，要文理融通；交友不妨杂，应该善于和各种个性、各种层次的人交朋友；思想也

* 2006 年在复旦附中高三毕业典礼暨十八岁成人仪式上的发言。

应杂，要善于汲取各种思想资源，兼容并包，海纳百川，融会贯通，方能成其事，方能成其大。在“杂”的基础上才能精，才能专。我还想与同学们谈杂之美，杂之理，杂之趣。人生因“杂”而丰富，生命因“杂”而美丽。但我终于放弃了这个字。因为它只是概括一个过程，一个求索的过程，没有阐述终极目标、终极关怀。那么，送什么字呢？我想了很多很多，但一直犹豫不决。

昨天半夜两点，我突然醒来，有一个字从我的脑海里跳出来，顽强地表现自己。我决定把它送给诸位，那就是“人”，就是那一撇一捺的“人”字。

以鲁迅先生为代表的中国一代又一代的优秀知识分子，曾经历了多少艰苦卓绝的探索和奋斗，还不是为了“人”，为了“立人”，为了中国人活得像个“人”，能成为这大写的人，堂堂正正的人。

大写的人应该有独立的精神、自由的思想。他们不是奴隶，更不是奴才。清华大学二校门里竖着一块碑，是中国知识分子的典范陈寅恪先生为王观堂先生写的纪念碑。最后几句可谓石破天惊：“先生之著述，或有时而不章。先生之学说，或有时而可商。惟此独立之精神，自由之思想，历千万祀，与天壤而同久，共三光而永光。”一个真正意义上的知识分子，不仅应该有科学知识、人文知识，更应该有科学素质、人文素养。知识不等于素养，没有科学素质、人文素养的人不是真正意义上的知识分子，称不上大写的人。

一个大写的人还应该充满爱心。孔夫子说“仁者爱人”。“仁”字是单人旁加两横，意思是要处理好两人之间的关系，其最高准则就是“爱”。能处理好两人之间的关系，扩而大之，就能处理好与一切人的关系，把大爱施于一切人。

在我青少年时代，对我影响最大、至今成为我做人基本信念的，是一部小说和一篇童话。小说是《悲惨世界》，童话是《海的女儿》。《悲惨世界》这部小说表现了对人的理解、关怀、宽容和大爱，那米里哀主教的慈爱形象一直鞭策着我，召唤着我。《海的女儿》这篇童话所表现的是对人的向往、对美好事物的信念。美人鱼为了成为“人”，执著地追求着；为了精神上成为“人”，为了爱，她又宁可放弃人形，成为大海的泡沫。其实，正是在成为泡沫的一刹那，她才成了真正的人。直到今天，美人鱼的形象还深深地影响着我，成为我人生的行为准则，成为我生命的底色。

爱是一种浪漫的东西，不能太现实。在如今这个社会里，有时人实在太功利、太现实了。我们是复旦附中毕业生，我们是否可以有时跳出来，多一点浪漫的追求，多一点浪漫的情怀，不要太世俗了。

那么如何才能成为一个真正意义上的知识分子，成为真正的大写的人？如何才能具备这种浪漫的情怀？我以为，我们每个同学，不管将来学什么专业，从事什么职业，都不要放弃文学。巴金老人有一段话非常精彩：“我们有一个丰富的文学宝库，那就是多少作家留下的杰作，它们教育我们，鼓励我们，要我们变得更好、更纯洁、更善良，对别人更有用。文学的目的就是要人变得更好！”

“要人变得更好”，这话说得多么朴实，多么平易，多么亲切。

读书的目的就是为使“人变得更好”，这是读书的出发点和归宿。

我愿与同学们共勉，一生都与好书为伴，与文学为伴，把自己塑造成真正意义上的知识分子，真正的大写的人。

女士们、先生们！你们十八岁了，你们已成人了，作为莘莘学子中的佼佼者，你们有义务、有责任，把前辈的“立人”梦想进行到底！

最后，希望同学们常回家看看。有好的信息来报个喜，有不舒心的事跟母校谈谈，有需要帮助的找母校说说。母校永远会记住你，永远欢迎你的到来。

祝各位好运。

今天，我就讲到这里，谢谢大家。

我只想站得直一点 *

各位年轻教师：

下午好！

今天我们随便聊聊，由于时间关系，我们讲到哪里就到哪里。

根据著名的美籍德裔学者赫布曼的理论，你们正处在“教师生存期”。这个时期的你们一面有着憧憬，一面又有很多的困惑。刚刚进入学校，将来的路怎么走，五年怎么走、十年怎么走、二十年怎么走，怎么成为一个比较优秀的、比较成功的教师，大家肯定是在想这些。你们在教学中会碰到很多很多问题，比如说教师与学生的问题、教师与家长的问题、教师与领导的问题，备课中教材问题、教法问题以及自我提高、自我修炼的问题，这些问题都会困扰我们。我本来很想请大家提问，然后有针对性地说说，鉴于你们都很忙，我就闭门造车自己想了一套。好在以后有机会可以继续聊。

首先，我想谈谈对教育的一点想法。去年学校为我搞了一个“黄玉峰语文教学思想研讨”活动，总结了我的一些想法和做法，出了几本书，其中一本叫

* 2011 年在复旦附中青年教师学习班上的发言。

《教学生活得像个人》，这是我的教育理念。这个书名有两个含义：一个是“教学生——活得——像个人”，我们教育的最终目的是让学生成为一个人；第二个是对我们教师而言，“教学生活——得像个人”，我们教师首先要像个人。现在由于种种原因，教师活得并不是非常舒坦或者说也不是很有尊严。社会上对教师的评价还不高，有的甚至说现在社会上有三条蛇：一条黑蛇、一条白蛇和一条眼镜蛇。黑蛇是警察城管，白蛇是医生，眼镜蛇就在指我们教师。这是一种对我们教师的不好评价，但也不是空穴来风。由于种种原因，社会逼得有些教师走得不大正。比如，有位前景很看好的教师，拼命地搞家教，对应试教育推波助澜，搞得太过分。搞家教我完全能理解，但他搞得太过分，在这条路上走得太远了，结果走不出来了。后来学生有反应，社会有反应，各种反应来了……他的发展就没有了，现在后悔莫及。

教师生命的价值就在于把学生一个个培养成人。如果说工作仅仅是为了钱，那这个工作也就没多大的价值了，因为人活着毕竟不光光是为了钱。钱是需要的，但不是最终目的。

你们刚刚进入的教学阶段正好是赫夫曼所说的“教师生存期”，是应该好好规划自我。这个生存期怎么打算？首先是生存，接下来是发展。

碰到困难挫折的时候怎么办？我想谈谈我的看法，我今天谈话的关键词是两个字——坚持。咬定青山不放松！

我自己四十多年是坚持着走过来的。先讲一件事，我最近带着学生去了一次台湾。在飞机上，外面下着雨，我看书累了，眼睛花了，打了个瞌睡。醒来后我写了首诗，记录当时的心情。下面我边念边解释一下：

万里碧空一线青，（这是我在飞机上看出去的天空颜色）

坐抚诗卷雨中行；（飞机在飞，人在雨中行走）

眼前迷雾方知老，（眼睛有点花了，想再怎么“老夫聊发少年狂”也意识到了年纪，我过去从不用这个老字的，人到了一定的时候就开始用了）

笔底惊雷却逞能。（讽刺自己竟然还要逞能）

三尺讲台难作别，（我是多么留恋讲台）

百年志士敢忘情;(一百年来中华民族的有识之士，为振兴中国教育的努力可歌可泣，我怎敢忘记)

坡翁箴语耳边唱:(此刻耳边响起东坡诗句)

自爱铿然曳杖声！（苏轼的别号就是从下面这首诗里来的:“雨洗东坡月色清，市人行尽野人行。莫嫌荦确坡头路，自爱铿然曳杖声。”这首诗写的是他在黄州外出劳作，那天刚下过雨，回来时月亮很亮，他的竹杖打击石头的声音很响亮。想起自己的经历，决心坚持独立的思考，独立的精神。“自爱”二字就写出了他当时的心态。)

所以我这时就想起了苏轼。我觉得每个教师都应该学学苏轼。每次带新班，我总是给学生开两本书，一本是林语堂的《苏轼传》，一本是林语堂的《生活的艺术》。大家可以看看。

做教育是很幸福的事，我总觉得世界上最好的职业就是教师。二十世纪上半叶，大学生留学回来，几乎没有没从事过教育的，胡适、林语堂、李四光都做过教师。天地君亲师，中国人骨子里是敬重教师的。有的人一辈子做教师，同时又是大学者。我们做教师，要考虑怎么把我们的专业、爱好和我们的职业联系起来。

我到台湾去，最有感触的是他们学校培养人和我们培养人不一样。比如说他们学生早上一来便打扫校园，每个人拿着扫把、拖把还有水桶在打扫，我就想起朱伯庐先生的“黎明即起，洒扫庭除”。现在大陆很多学校都把这个承包给物业了，我们只要分，不重人的养成，缺少了这块东西。台湾却在做，他们很重视对人的培养，相对来说他们彬彬有礼，中国的传统文化在那里得到了继承。

我特别拍了这张照片，和我们大陆的女孩子相比照片中这个女孩子很不一样。她带我去看图书馆，她轻声地向我介绍他们学校的情况。我说我们拍张照吧，她说好的，走到我身边我有种非常温暖的感觉，她很大方地贴在我的身上，然后就对着镜头摆了一个非常自然的姿势。我觉得这就是淑女形象。我们应该培养知识分子，把男孩子培养为有阳刚之气的男子汉、绅士，女孩子就应该培养淑女的气质。

我曾在教学上作了很多的探索。回忆起来我是1967年做教师的，那年我记得我到松江的农村报到，是11月28号，天很冷，刮很大的风，我在常熟路乘车，路上要用一个半小时，下车后，一个人也没有，只有一座小山，叫小机山。然后沿着河走到公社革命委员会，里面有一个老先生。我说我是来报到的，他抬起头，从老花眼镜的上方看了我一眼，嗯了一声，在本子上写了名字，就算完事了。然后他说："徐庄那儿好像缺个教师，你就到那儿去吧！"一句话就把我分到了徐庄。人的命运有时就是这样神奇，那个老头，就成了我的上帝。他的鼻头一动，就决定了我几年的命运。徐庄是在松江和天马中间的一个地方，我当天就背着行李去了，大约走了一个半小时的田间小道。到了那边，校长说："我以为来的是个女的，来男的好。"接着给我分配了工作。那里的教师，一共就三四个，校长是当地人，没有文凭，不是正式编制，也教书。我去了，不但教初中的语文，而且教初中的英语、小学的图画课，还教初二和初三的体育课，接了好多好多课。上课是复式班，一排初三的，一排初一的，就这样教课。老实说，那个时候倒是挺有激情的，想把农村的孩子教好。我觉得，一个教师为人师表，要坚持处在一种阅读状态。我们那个时候不像今天，你们有那么多的书可读，那时候书极少，自己眼界也很窄。

我的教育有自己的特点，就是喜欢自由发挥，不太按照教案或人家的东西来讲，这样就自然会受到别人的批评。我是1986年到复旦附中来的，姜拱绅校长亲自到松江把我调来。刚来的时候，在复旦附中里同样有些人会对你有看法，你上课怎么可以这么上？你的做法怎么这样？怎么不按教参做？但有一点，我始终坚持自己的做法，相信自己这样做对学生是有益的。当然，要坚持自己的做法，不同流俗，肯定是要付出代价的，要有一点精神。我这里只讲两件事。一件大一点，一件小一点。

第一件事，姜拱绅校长在我报到前一天把我叫到他家里，对我说：黄玉峰啊，你要为附中服务二十年。当时我正好四十岁，二十年就是干到退休。我答应了。二十年中，我有很多机会去报社、电视台，那里的待遇当时远远超过学校，但我守住了诺言。一诺千金！

第二件事，也是我可以自诩的，就是几十年来我没有搞过一次有偿家教。几十年中，有多少诱惑，有多少需求，我自己也很怕失去“童贞”，但到今天为止，我可以自豪地说，我终于坚持了自己的独立主张，不搞家教！当然我的这个坚守，主要是我爱教育，我离不开它。要作出一点成绩，总要有坚守。

语文本身有着很多很多的问题，那么我们怎么办？再举个例子，我坚持进行文化学旅和让学生写古诗。我们这届到浙江去，还没开学，我就带着学生去。我坚持带学生出去，已快二十年了，每年去 2～3 次。我带上一届学生去敦煌，去新疆，责任也很大，但是带出去后，学生会有很大的提高，学生之间的关系也会处得很好。我们一路上，车上，宾馆里，都在讲课。现在语文课不多，我们就自己争取。“读万卷书，行万里路”是很重要的，所以我把这个作为自己坚守的一项内容。下个月放假之后，我准备带着学生到山东去一次，拜三孔，爬泰山。

我一路上还带着大家写诗，下面是今年 8 月 16 日写给学生的一首诗：

老夫纵减当年勇，未减胸中数点红。

华夏何曾断理脉，白袍端合效坡公。

我把东坡的那句诗“沧海何曾断地脉”改成了“华夏何曾断理脉”，也就是说，希望中华传统的文脉在他们身上能够继承下去。我写了这首诗叫学生来和，当时在上海集训时，已经教了学生写诗的基本方法了，他们就纷纷写，每个人写一至两首，没有人不写，且举几篇：

少年当惜届时勇，青春不减旭日红。
愿承自古华夏脉，研史习文随黄公。

老骥雄心尚逞勇，杏坛春雨映山红。
绝学往圣终需继，他日九州畅玉风。

少年多有匹夫勇，热血抛颅满地红。
欲为中华传理脉，还需心静师黄公。

我带学生去古越绍兴，他们写：

义胆忠肝出远谋，良弓鸟尽一朝休。
龙山万古精魂祭，不及陶朱荡小舟。

轻舟缓缓载青衿，似镜清波映素心。
我愿长居兰渚畔，高山流水作知音。

还有一首诗写得更有意思。到绍兴的人，好像从来没有人去纪念马臻的，都不知道马臻这个人，我就带他们到荒凉的墓地上去，有个学生说：“见墓地荒凉不堪，几无来人。”不久，他去了北京，到了恭王府，拥挤非凡，于是有感，进行对比，并作此诗。

北风鼎沸亲王宅，南雨凄凉太守坟。
游客竟忘青史上，为民造福是何人？

他的意思是，人们记得荒唐的和珅，却忘记了为民造福的人。这首诗写得很有古风，很好。

复旦附中是一个很有传统的地方，是一个很好的平台，是一块风水宝地，我想如果不到复旦附中来，我的发展可能会完全不一样。你们是很幸运的，一分配就到复旦附中来。平台对于一个人的发展是很重要的。如果我在松江农村，要发展估计很难，当然现在有电脑、有多媒体、有互联网，容易知道外面的情况，还可以努力，我相信不管在什么地方都是可以努力的，但是毕竟复旦附中这个地方是可以造就人的。诸位应该从现在就立下一个志向：我应该怎么样在这个阶段做一些事情，应该怎么度过生存期、发展期，最后能够把复旦附中这样一个品牌做得更好。虽然我们的工作有压力，虽然我们的课程多，虽然我们自学的时间少，但都需要坚持。我那时刚刚从松江二中调入复旦附中，到外面开会，人家知道你是复旦附中的，位子都排得靠前了。这是一种尊重，为什么呢？因为复旦附中本身就是很好的品牌，在外面有着很好的影响。我觉得我们要在复旦附中的招牌上面添金，不要抹黑，每个人都有这个责任感。

今天，我想介绍一个人，大家认识这个人吗？稍微有些年纪的教师都认识这个人。他是我们学校最有名的特级教师——曾容。我是他最好的朋友，这张照片也是我帮他拍的，是在瑞典的诺贝尔颁奖的大厅中拍的。这双眼睛像鹰一样炯炯有神，数学老师都很怕他，现在著名的张建国老师也是他的徒孙。他对孙子辈特别关怀。学校李朝辉老师家在外地，要在上海买房没有钱，曾老师借了他 25 万，要知道那差不多是在十年前。他去世前说不要还了，李老师说一定要还的，他说一定要还那就把它作为奖学金。他的房子给了照顾了他一个月的小保姆。他没有妻子，没结过婚，最后就把一个一室一厅的房子送给了这个小保姆。当时很多人都反对，我却很理解他。他一辈子关怀弱势群体，他要通过自己的行为报答一下帮助过自己的人。这件事情很难做，学校是反对的。曾容是一个很聪明很“狡猾”的人，他偷偷地叫律师过来，不通过学校签了字，学校知道时已经晚了。所以后来有次我在学校里面作报告，在所有老师都在的时候，把这件事情说明了一下。曾老师是复旦大学的高材生，和谷超豪差不多是同辈的，是苏步青的高徒。他最终选择了复旦附中，后来是上海市数学学校校长。复旦附中在1953～1959年确实有一批复旦大学毕业的很厉害的高材生回来反哺高中教育。英文组有一个陈锡麒老师，是徐燕谋先生的学生，徐也是现在编英汉大字典的陆谷孙先生的老师，他的诗要比钱锺书好多了，钱锺书也说徐的诗比他写得好。还有这里的历史老师是巴金的妻子萧珊的同学，现在90多岁了。陈锡麟和陆谷孙是同辈，却选择在复旦附中教书，他诗写得比我好，文章也写得好。我经常和他交流，他虽然是搞外语的，但是中文非常好。复旦附中有着这样一批老师，几乎各个学科都有，还有像卢元、钱忠德是无锡国专的，后来还有张大文老师，每天早上来这里锻炼身体的地理组的陈国新老师，是北师大毕业的。所以复旦附中在那一阶段凝聚了一批很厉害的人。这些老一辈教师使得复旦附中的口碑很好。特别是曾容老师，他参加上海市的任何一个教学会议，在那里一坐，很多人都怕他，他会直接指出别人的错误。姜校长是一个非常非常会护才的人。复旦附中的传统是什么呢？大气、包容，对各种个性都包容。

我为什么说这个事情呢？我希望大家要有个性，要坚持自己的个性，坚持自己的特长，因为个性往往就是你的特长，你的个性如果淹没了，你就没有特长了。当你没有特长的时候，你就很平庸了。比如说有位语文老师上课，他跑来就唱歌，按过去的评价，语文课怎么可以唱歌？但我觉得这很好，这是你的才能，只要能让学生佩服你、尊重你、和你很亲，用什么方法都可以。不要只用一种方法，不要从书中套搬，关键是要有个人的魅力，你有魅力才能够吸引学生，才能让学生喜欢你教的这门科目。如果你是搞英文的，学生非常喜欢你教的英语，英文能力也会提高，不但考试考得好，也能学到西方人的那种洒脱和风度。我上面说的那位老先生听过闻一多的课，闻一多在教室中走，男孩子就会学着他的走法，那种风度很好，像林语堂拿着烟斗，那时的风度多好。这就是复旦附中，一直以来它都容纳各种各样的人。

你们现在进来了，你们怎样去塑造自己，也是这个问题。

我再讲一下曾容。他“凶”到什么程度？“文革”时他居然站在凳子上面监考，两个眼睛就像鹰一样盯着，你如果作弊，他会跑过去动手动脚，他就不让你考，直接拉出去，非常非常严厉的一个老师。但他有着一种大爱，对青年老师要钱就给钱，要什么东西寄什么东西过去，自己的材料、几十年来的教案全部给青年教师。他过世前半年，还在我们这里讲课，所以我对他是非常非常地尊敬。我自己也应该向他学习。人活着就这么几十年，最多一百年，能力固然有高有低，但是兴趣的发挥是很容易的，就靠自己挖掘。首先爱上教育事业，然后在教育事业中真正做好一点东西。曾容是一个堂堂正正的男子汉，他的故事很多很多，你们可以到数学组里去听听他的故事。他是我们学校真正的榜样，如果你们看到他，你们只要看一眼就会肃然起敬。这样的一个教师过世，对我们学校是一个很大的损失。

下面我想简单地谈一谈我对教育的理解。

我认为人就是教育的目的，没有其他东西，我们的目的就是最后把学生培养成人。怎样的人呢？有知识、有修养、有独立见解、堂堂正正的人。联合国教科文组织在 1972 年是这样界定教育的："培养自由的人和创造思维，最大限度地挖掘每一个人的潜力，这就是最后的目的。"教育的目的就是把每个人的潜力挖掘出来，每个人都有潜力，每个人都不一样，把他的潜力挖掘出来，就是我们教育的目的。你不能说每个人成绩都要好，那不行，不可能每个人成绩都好，不是每个人都要会写诗，都要能写出好的文章，这个人可以发展这方面，那个人可以发展那方面，把他的潜力挖掘出来，这就是教育。他是一棵草，就会很绿，能够绿满大地；他是一棵松树，他就能参天；他是一朵鲜花，他就会盛开。我们中国关于教育说得最好的一句话就是"致中和"。我们最终目的是要达到中和。中和是中庸最高的美学境界，是非常和谐的发展。要怎么达到中和呢？"天地位焉，万物育焉"，就是在这一点上也有很多"天命"的问题，命是没有办法的。

从事教育就要爱孩子，和孩子一起成长。我特别喜欢下面这张照片，我在厦门集美学村看到一群小朋友过来了我就拍了张照片，这是 2008 年的事情。你看多可爱啊。我们和学生在一起，我们培养学生是最幸福的事情。

教育是非常有趣非常生动的一件事情，它不是机械

的东西。你可以期待太阳从东方升起，而风却随心所欲地从四面八方吹来。学生是不一样的，不同的学生有不同的特点，你不能期待一个学生这样，那个学生也这样。所以教育是一种艺术，教育最好不要用科学来做，它有科学性，但它不是科学，它是种艺术。这句话我很欣赏，大家可以记住它。

教育的过程是激发的过程，要激发学生喜爱学习。比如我现在教学生写写文章写写诗，不让他们写应试文章，就让他们自由自在地写。最近我让他们写了一篇文章叫《色彩》，同学们把各种各样的色彩都写出来了，今天早上我在课上讲评时把每个人的文章都提了一下，因为每个人的文章都不一样。我们要激发他们写自己的东西，让他们自由自在地发展，不要用一个模式来框住他们。学生将来到任何时候想到要写首诗、写篇文章，如果能很自如地表达出来，我就成功了。我自己也是这样，跑到什么地方有感触就写首诗，上次去听四位老师的课写了八首诗，结束的时候送他们一人两首诗，他们很开心。我们要鼓励学生用文章、用诗去表达自己的想法与思想，好坏没关系。

教育还要特别注意一个问题，即教在课内、学在课外。教师固然要充分利用课内的时间让他们学到东西，但是真正的学习是在课外。我们讲《红楼梦》，不可能把《红楼梦》整本都塞给学生，但是我可以激发学生喜欢《红楼梦》，然后他们自己课外去看就好了。我只能讲一个角，这个角可以激发学生的兴趣，让学生发现《红楼梦》原来是宝藏啊，这么好的东西我不知道，我要去看看。他们看了之后我的教学目的就达到了，而这并不是我教他们的，我教在课内，学生学在课外。数学、外语，也都是这样。总之，我们在把学生的人格都提高之后，学生自己会去这样做。

教学中，有很多种教学的思维方式，其中最重要的我以为是以下这两种：

第一种思维是求本思维。课本知识里面有很多很多需要追根溯源的东西，学语文的要追到源头，搞数学的也要追源头，搞物理的还是要追源头，也就是说，教学要知本末。所以《大学》中说："物有本末，事有终始，知所先后，则近道矣。"

任何事情都要清楚它的本和末，否则你就会本末倒置，比如考试是末、基础是本。学生的培养也有本末的问题，其实小孩子是很简单的，有好的习惯就可以了。德育的本是修身，修身以后可以自爱，自爱之后亲亲，亲亲之后睦邻，睦邻以后亲仁，然后敬业，然后爱故土，然后泛爱众，然后爱国，最后是做世界好公民，遵从生态伦理。它有一个本，就是做好自己的事情，所以是修身、齐家、治国、平天下，这就是中国儒家的传统思想，就是要抓根。我举个例子，体育的本质是全民健康，但是现在我们不抓本而抓末，抓金牌，很多竞技项目老百姓根本不玩，全国就那两百个人在练，这时候再举全国之力争夺奖牌，就是为了末，就是为了名。所以说，我们思考问题的时候要从“本”方面思考，这很重要。

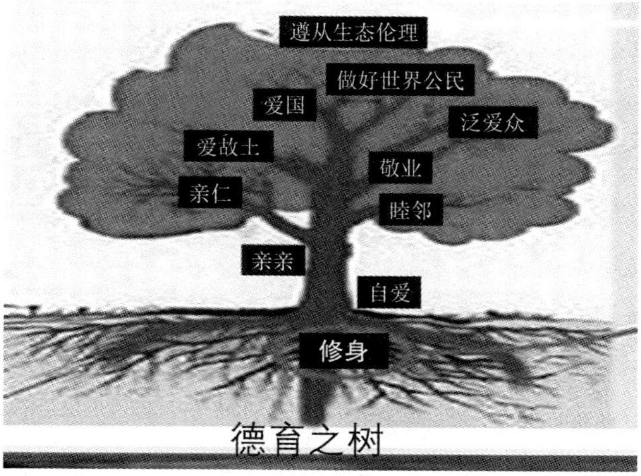

就语文教学而言，它的本是识字，更多的是记忆，所以让学生储存了很多很多的记忆，语文教学就成功了。你不需要分析，他自己会分析，记忆最重要。接下来是理解，然后是应用、分析、评价，再是创造。其他学科老师自己也要去设计，我的外语、物理、化学的本是什么，一步步走下去，这是你们要研究的。记忆就是博闻强志，理解就是一点就通，应用就是举一反三，分析就是鞭辟入里，评价就是入木三分，创造到最后可以达到鬼斧神工。因为经历了这个过程，很多同学一下子就能写出诗来。这次我带着 8 个学生去台湾，到最后发表感言，每一个学生都写了首诗，同行的其他人都惊呆了，怎么一下子就能写首诗出来。这就是鬼斧神工，你书读得多了、记得多了，自然就可以写出来。所以语文的根就是记忆，我们要培“根”，即韩愈在《答李翊书》中说的：“无望其速成，无诱于势利。养其根而俟其实，加其膏而希其光。根之茂者其实遂，膏之沃者其光晔。”我们要养“根”，我们要加油，如果不加油，基本的东西我们是抓不住的，所以大家要明白“根”的道理。

教育是不能大跃进的，不能“陵节而施，躐等而上”。小孩子就要像小孩子，大人就要像大人，要根据他的特点因材施教，这个大家道理都懂，我就不说了。

第二种思维是中庸思维。中庸思维是我们中国最最了不起的一种思维方式。中庸并不是代表着老好人。有一句话叫“极高明而道中庸”，你按照中庸思维去做事情是极高明的。煮蹄髈炖猪脚，你上课、做习题，要思考到底做多少习题是最有效的。我们画一张图，从 0 出发到 1 这是投入，这个地方已经是最有效的，接着如果再做个五遍十遍，反而是走了下坡路；你如果做得不够当然要做下去，在这个最高点你不是最最好的，但在这种情况下是最好的。大家一定要思考：你的教学到底是在怎样程度下最好。讲解与提问是重要的教学方式，有的时候就要讲，有的时候就要问，但这个东西你得处理，不能一天到晚讲，也不能一天到晚问。除了考虑教学，教师还要考虑提高自己的能力，如果天天在教书你就没有出息了。你要提高自己的能力，比如平时自己写写、画画、听听音乐，这都是在培养自己、提高自己。你需要摆正关系，思考怎么样平衡好，这是中国中庸的思维。这个思维在《诗经》里也有。《诗经》中有言：“缗蛮黄鸟，止于丘隅。”孔子加了一句话：“知其所止，可以人而不如鸟乎？”什么意思呢？缗蛮是鸟的叫声，这个鸟停在树上，你看它的窝不会筑在树顶上，筑在树顶上要被风吹掉的，它也不会筑在粗的杆子上，那样会被爬上来的猫等动物吃掉。它的窝筑的位置是最佳的位置，不会很高，又不会很低，这个地方叫“止于至善”。孔子就说了，人怎么能不如鸟呢，鸟都知道要选一个最佳的位置，人难道不能选择最佳的位置吗？这就是中庸思维。也就是要知其所止，止是停的意思，要思考停在哪里，不能再走了，再走过去就是过犹不及，这是很重要的度。

思维方式：中庸

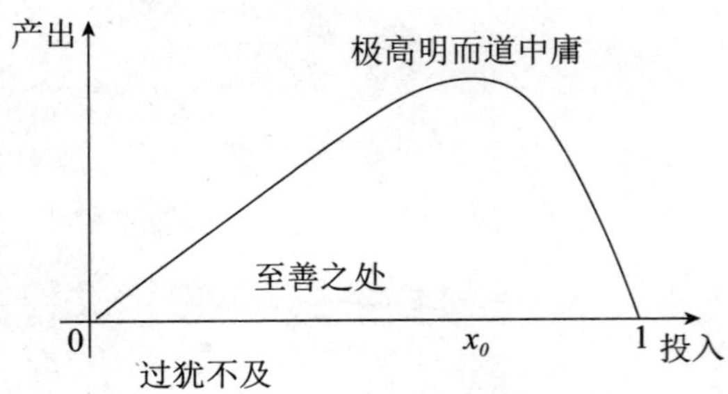

一种是求本思维，一种是中庸思维，大家考虑问题时要有这两种思维。当然还有很多其他的，我今天就讲这两个，如果能够做到，我相信大家会受益匪浅。

最后再说几句我对语文的看法。我认为大语文的外延与生活的外延是相等的。老师要向课堂要效率，要处理好教材，要思考哪些东西是可以教的、哪些东西是不需要教的。我们可以自己编制一些教材。这是向课堂要效率。在教法上要“教无定法”，要重语感、重积累、重语文实践，要做好精读和泛读，利用一切机会把语文学习延伸出去，绝不搞形式主义。这次我带学生去看了话剧，然后自己演话剧，我们搞篆刻、画国画、练书法、学采访等等，语文中有很多东西可以丰富，这是大语文。

复旦附中是一块很好的土壤。我们要在这片土壤中很好地生存、茁壮地成长，不但让学生成长，自己也要成长。在场的各位要积累，每天要去学点东西、修炼自我、反省自我，反思我做教师做得如何？我与学生说话有什么不恰当的地方？我哪里可以做得更好？我希望大家可以写写“教后记”，每天写点上课之后的记录。这样几年下来就是厚厚一本，三到五年你们会成为相当有经验的老师，十年之后你们每个人可以出一本相当好的书。复旦附中会给大家提供这样的条件，而冒出来要靠自己。我讲个小故事，今年六月份很多人被提前录取进入复旦大学，虽然还要参加高考，但是很多学生就随随便便对待，因为觉得反正都会进就不准备了。不过考试是要算在我们平均分里的。我们学校的平均分已经下来了，学校让我去和他们谈。我在教室里谈了两个问题：一个是我要祝贺你们提前进入复旦。第二个是我作为教师一分以喜一分以忧。喜的是这么多人被提前录取，忧的是这样我们学校的分数和名气要下来了。我说你们这样的做法我心里是很不高兴的，你们这叫“忘恩负义”“过河拆桥”，你们是凭什么进去的？是凭学长们创造了很多很多的条件，使复旦附中有很好的信誉，所以复旦大学老师认为我们是不错的，其他学校像你们这种水平的人是进不去的。为什么我们这么多人可以进去呢？是前人的努力，现在你们不管后人了，这不是没有良心吗？结果一个学生提问说，黄老师一直不太要名要利，你怎么讲出这样一番话来？我说我为什么不需要名和利？我如果没有名我就不会站在这里讲课，学校不会找我来和你们讲话，名是很重要的。一个人怎么会不要羽毛呢？我就是要羽毛干净，所以我不敢做坏事，我到复旦附中二十多年来没有做过家教。我为什么不要利呢，这就是我的要义。说了之后他们心悦诚服了。所有人都是要名要利的，问题是怎么得到，所以要注意修养的提高。

我想诸位进入复旦附中后还会面临多种压力，比如教学的压力、生活的压力，但你们还是要不断提高自己，要“自得”，将来做一个真正的好教师。到时候名也会有，利也会有。不过眼光不要太多放在利上面，房子小点不要紧，人过得舒服就是最大的自在与幸福。

举起双手迎接基础教育转型的到来 *

“复旦基础教育论坛”于 12 月 18 至 19 日在复旦附中整整进行了两天。这次论坛的主题是“复旦精神传承和基础教育的转型”。高效而紧凑的会议安排，诸多“子论题”云集，从院士到教育界官员，从教师到学生，人人都在思考十八届三中全会以后，基础教育将会怎样转型？教育界的形势将发生怎样的变化？形势变化了，我们怎么办？与会者都感觉到一种“山雨欲来风满楼”的紧迫，人们对教育界的前景都满怀着美好的憧憬。

教育界的乱象由来已久，教育改革的问题早已成为社会最关注的热点。从社会舆论对教育的批评，到近几年几乎是一年一个样的推进，动静越来越大。现在，量变已经酝酿着质的改变，中国的教育将迎来一个新的时期，传统的高考将同我们告别，教育领域的人们必须做好充分的心理准备。

十八届三中全会通过的《中共中央关于全面深化改革若干重大问题的决定》，其中关于教育改革的一段内容说：“推进考试招生制度改革，探索招生和考试相对分离、学生考试多次选择、学校依法自主招生、专业机构组织实

* 2013 年在“复旦基础教育论坛”上的发言。

施、政府宏观管理、社会参与监督的运行机制，从根本上解决一考定终身的弊端。……逐步推行普通高校基于统一高考和高中学业水平考试成绩的综合评价多元录取机制。探索全国统考减少科目、不分文理科、外语等科目社会化考试一年多考。”这段话意味着根本性的改革真正被提上了议事日程。教考分离、考招分离、多次选择、自主招生、不分文理、多元评价、考试社会化等等，这些新概念，将不是停留在口头上、书面上、文件里，而是实实在在摆到了我们面前，与我们息息相关。

在这样一个特殊时期，不论学生、家长和教师，心情恐怕都有些复杂，有人惶恐不已，有人跃然欲试，有人五味杂陈。触动利益比触动灵魂也许更让一部分人震惊，改革真正触及一大批学生的命运的时候，势必会掀起一阵波澜。联想起晚清西太后对科举制度实行改革时，全国出现了大量的读书人自杀事件。那些一生都在为旧的应试制度而奋斗的人，一旦无法适应新的形势，就以为再也找不到出路。今天，那些头脑清醒的学生、家长和教师，都应该做好准备，成为改革的弄潮儿，不要学那战国时代的尾生，顽固地紧抱着那根旧柱子，被洪流淹没，成为牺牲品。

复旦联盟的本次教育论坛，就是在这样的形势下召开的。我有幸参与了这次论坛的全过程，聆听了所有的报告和讨论后，有一些想法，与诸位共享。

教育的目的是点燃每个学生心中的火把

这次与会主讲的嘉宾各有各的背景，但无一例外地都强调人的发展，指出当今教育的最大问题就是把这核心价值淡化甚至抛弃了。与会者一致指出，说到底，教育的最终目的还是为了人，这几乎是古今中外教育家的共识。一位校长引用了康德和英国哲学家、教育家怀特海话说：“什么是教育的目的，人就是教育的目的。”“学生是有血有肉的人，教育的目的是为了激发和引导他们走自我发展之路。”

复旦大学杨玉良校长在论坛致辞中提出：“未来十年和二十年，只要不发生重大错误，中国成为经济大国是没有问题的。对现在教育界来说，我们追求有更多的人能活跃到世界的舞台上，而这和现在学校教的那些工具性的专业知识关系不大，更多要看一个人整体的高度。”复旦推行通识教育理念已经多年，在这方面，复旦大学和复旦附中一直保持着清醒的认识和引领社会舆论的志向。

对于培养人才，杨玉良校长提出了十六字的基本方针："人文情怀，科学精神，专业素养，全球视野"。这十六个字勾勒出一个理想的知识分子应有的素养。所谓"人文情怀"是一种内在的气质，一个人的精神最基本的东西不是人文知识的堆砌，而是人文关怀。所谓"科学精神"也并非科学知识的堆砌，而是一种求真求实的态度，要反对弄虚作假，提倡实事求是。所谓"专业素养"，就是说我们每个人必须在广博厚实的基础上，有专业的追求。杨校长说，我们不能一味空谈，我们要有专业，而且要精。所谓"全球视野"就是不能固步自封，要不断提升自己的高度。"全球视野"是对整个人类要有大悲悯、大关怀，要有跨越不同文化进行沟通交流的能力，对人类文明、对世界的重要文明要有足够的了解，对不同文明要有足够的宽容度，不能抱着"非我族类，其心必异"的思想。杨校长风趣地举例说，有些人看到缠着"白头巾"的人，就指指点点，不懂得尊重人家的信仰习俗，凭着成见说三道四，说到底还是无知。

当杨校长说到不要抱有"非我族类，其心必异"的思想时，我内心几乎可以用"震撼"两个字来形容。我想到了一个"大"字。中国字很有意思，"大"字的形状其实就像一个人。《说文解字》有专门的解释："大，人也。道大，天大，地大，人亦大。故大像人形。"可见真正的人，应该是舒展开来的大写的"人"。也只有顶天立地、自由舒展的人，才称得上是"大"。这十六字，便是达到"大"的境界的真言。

要做到"大"，并不容易。一个拥有人文情怀的人，才能是博学的、开明的。那些被奉为人文主义先驱的巨人们，彼得拉克也好，达·芬奇也好，伏尔泰也好，哪一个不是百科全书式的人物。中国的苏东坡，经世道德，书画文章，烹饪医卜之道无一不通。林语堂说过，苏东坡是一位有现代精神的古人，这个现代精神，其实就是人文精神。

这样的人，胸中有大丘壑，因为博大，自然也变得宽容。凡是真正有大学问大气度的人，没有一个人是狭隘的。文艺复兴时代的人千方百计从阿拉伯人那里翻译希腊、罗马的思想，唐宋两朝的中国大量地引进佛经和其他外来文化。吸收、了解别人的东西并不会削弱自己。今天，翻开一本美国《时代》杂志，头版最突出的往往是世界的某个角落正在发生的不平之事：非洲的艾滋病，菲律宾的台风，格鲁吉亚的动荡，柬埔寨历史遗留的疮痍……不管美国人的价值观是否正确，他们至少时刻关注着世界的每一个角落。也许这就是我们和强国的差距。中国不乏青年人要振兴中华，要中国崛起，还要“中国不高兴”，这没错，谁不希望自己强大，受人尊重呢。可是，想成为强者，就要和强者一样思考。整天拼命喊着“我很重要”“要让全世界听话”，却不关心别人，这正是狭隘的表现。不关心别人，别人也不会来重视你。如果有一天，我们的青年不只是把看问题的立足点放在自己身上，甚至也不仅仅是放在自己国家身上，而是真正关心这个人类世界的时候，自己也就自然变得“大”起来，别人也自然能尊重你。这就是我对杨校长所说的“全球视野”的理解。同样的，科学精神也是如此，和唯科学主义不同，那些真正有科学精神的人并不迷信科学技术，而是能实事求是，用严谨和开放的心态去思考世界上各种各样的现象，还能够容得下科学知识暂时解释不了的空间。这样的人，其“专业素养”也能达到顶峰。

台湾复旦中学的段台民校长在发言中也强调了人的博大。他打了一个比方，说人好比一棵树，一棵树只有树干不行，少了科学，少了艺术，少了历史，不可能枝繁叶茂。人在最初都只是一粒小小的种子，但是这种子里蕴含着潜能，只要天性不被湮没，就可以抽出遮天蔽日的丰硕枝条。这是教育永恒不变的目的。这次会上各路专家集中讨论了基础教育在新形势下的出路。我想，说到底，这出路就是人的发展，就是激发人的潜能，用杨福家校长的话说，教育的目的是点燃每个学生心中的火把。

“博雅教育”的内涵

接着，关键问题就是采用什么办法来激发、点燃。现实的弊端要怎么改才有出路？与会学者的回答是四个字：博雅教育！杨院士本人就是复旦老校友，曾师从卢鹤绂先生。在回忆自己的成长时，他动情地说，“博雅教育是复旦精神的精髓。世界上所有重要的大学，都是把做人放在第一的。耶鲁大学从1828年开始就提出‘做人第一，做学问第二’的口号，它们的学生进校两年内没有进行专业的学习，先是进文理学院，学习许多‘无用之学’，积淀人文素养，明白做人的意义，寻找自己的理想。”我想，这正应了孔子所说的“行有余力，然后学文”。

杨福家院士还说，一个学校的文化品位往往能从校园环境中看出端倪。某次他参观一所外地高中名校，该校门外有九十米长廊，贴了九十位学生的照片；再看校园里，还贴着一百余名学生的头像。校长得意地介绍：“外面贴的是考进清华北大的学生，里面贴的是考进全国其他一流大学的学生。”他们活生生地从学生里分出一批“人上人”来。就这群人里，还要分出个三六九等级，颇有安排“三十六天罡星，七十二地煞星”的架势。在这样的做法里，“人”消失得无影无踪，学校眼里除了分数，什么都没有。

为此，杨院士特别以国外一些名校的题字和塑像作为例子来谈校园文化。如，耶鲁大学有一座塑像的基座上写着：“我唯一的遗憾是，没有第二次生命献给我的祖国。”哈佛大学最有名的塑像是他的创始人约翰·哈佛，铜像上悬美国国旗，像基镌刻三行字：“约翰·哈佛”“建校者”和“1638”。一般铜像都是要人敬仰缅怀的，但是在哈佛，全校所有人都知道这个像的别名“三个谎言”。因为第一，铜像其实并不是哈佛本人，只是找了一个相貌英俊的人做模特；第二，哈佛也不是最早的建校者；第三，哈佛并不是 1638 年建校。不过，即使“三个谎言”早就众人皆知，铜像还是原样放在那里，这是在提醒哈佛人要追求真理，永远葆有质疑的精神。而在普林斯顿大学，有一排没有上半身的塑像，提醒学生永远不要丢弃自己的“头脑”。

杨福家院士说，家长总担心自己孩子输在起跑线上。其实我们还真是输在了起跑线上，但是，输的恰恰不是知识，输的是为人。看看校园文化的差距，我们输的不是一点半点。杨福家院士说，学生的不同主要是“火种”的不同。只要找到了“火种”，就成功了一大半。这依然是那句经典的老话，夸美纽斯早就说过，头脑不是个等待被灌满的桶子，而是个要被点燃的火炬。所以一切形式的改革都要围绕着“点燃火种”的目的进行。杨福家院士回忆自己从教经历，说苏步青校长坚持要他给本科生上课，而且主张小班化教育，一定要有质疑、有讨论，不追求答案，而是追求思维。杨福家院士甚至说，在大学里“一天只要一节课，其他时间自己去钻研”就行了。他提到自己去国外考察，发现发达国家的名校有个特点，社团特别多，哈佛大学就有两百多个社团。学生对社团的认真和热情丝毫不弱于课堂，很多考生就是冲着某社团来的，那真正是发挥学生自主性的平台。

在同样的理念下，台湾复旦中学的段台民校长则是从现代教育技术的角度，介绍了具体的能够“点燃”学生的教育技术。他着重介绍了如今全球流行的“翻转教育”：借助现代信息技术，学生可以先看教学视频，再来课堂上探讨自己的问题和看法。他还具体谈了讲授法、阅读法、视听法、示范法、讨论法、演练法等等。种种方法，归根结底还是在为“点燃火种”服务。

评价体系亟须“进化”

上海市教委基教处的倪闽景处长主要谈了教育评价标准和方法的问题。这确实是一个大问题。教育的问题说到底，还是指挥棒的问题，指挥棒直接可以决定教育是“天堂”还是“地狱”。倪处长谈教育评价，却并不主张评价太多。他打了个幽默的比方，说评价好比是为猪称重，称重本身并不会让猪胖起来，只会让猪越来越瘦！

这个比方正中很多问题的症结。学习是要沉下心来的，就像树苗的生长一样，需要不加打扰的空间和时间，而评价，无论何种形式的评价，却无论如何都是一种骚扰。所以两千年前的《学记》早就说过，“未卜禘不视学，游其志也；时观而弗语，存其心也”。意思是说，考试是很严肃的事情，没有举办隆重的仪式，不轻易考试，这样做就是为了让学习的心志能有自由探索的发展。古人就知道要给予学生自主空间的道理，在探讨合理的评价标准之前，应该有尽可能减少对教学本身干扰的意识。

在讲清这个道理之后，倪处长展示了现代背景下新的教育评价标准：绿色指标。绿色指标的概念现在被越来越多的部门引进。与 GDP 不能以牺牲环境和国民幸福为代价一样，学习的评价也要在呈现学习成绩的同时，顾及学生的兴趣、负担等等“可持续”的指标。

说到负担问题，倪处长特别指出，其实这个指标也并非越低越好，甚至睡觉的时间也该讲究“中庸之道”，也并非越长越好。本来，精英都应该有负担，勤奋、专注、均衡都是成功的必须要素。在将来，精英们的负担只会越来越重，关键是负担要有意义、有效率。因此我们的评价标准，不能机械地看负担轻重。

这次在评价改革方面，有一个较大的动作，提出一个自选题的方案。即在学业水平考试的基础上，每一科加试一张自选题试卷，难度超出普通学业水平的考试，作为高校自主录取的依据。考生可以自主选择，考还是不考这张试卷。这种学业水平考加试的形式，是为了响应十八届三中全会提出的改革理念，比较接近于西方国家的招生制度。

我有幸参与了如何在水平测试中使用加试卷的讨论，且见过数学、语文多个方案。其中一份语文的方案，采用文章摘要、概括、资料搜集并且结合论述题写出自己观点、看法的考试形式。和我以前提出的“三个多少，两个怎么样”（读了多少，背了多少，懂了多少，文章写得怎么样，字写得怎么样）理念比较接近，我以为这是比较合理的考试形式。当然抡才大事，绝不能有半分轻忽，正式方案还得严加讨论打磨。

设立“文理学院”是一个创新

“春江水暖鸭先知”。正如杨福家院士提出的，一个真正好的学校，要产生思想，影响整个社会。我们要做的，就是让思想传递，推动这个社会的教育转型。

复旦附中得风气之先，早在今年年初就在酝酿成立“文理学院”。郑方贤校长说：“十八届三中全会提出教育综合改革方向前，复旦附中就已在设想、设计模式。未来，在学生自愿的情况下，文理将不分科，学生将得到培养，三年内安心完成学业，不用再思考一年半以后选什么学科。”

在19日上午的分组讨论上，吴坚常务副校长向与会者介绍了复旦附中的具体实施方案，引起了强烈的反响，来自各地的校领导无不对附中超前的思考而感到敬佩。我在听了吴副校长的阐释后，深深地被感动。这是令人振奋的信息，使我看到了基础教育领域的努力和希望。

在介绍了具体实施方案后，吴坚副校长特别指出，探索文理学院的培养模式，会遇到很多问题，比如师资问题。为此，学校将特聘大学教师和外聘教师参与教学，与本校教师组成导师团队，其比例是40：10：50。

我们常常听到，人们以上面没有具体说法为由，拒绝主动改革。这次复旦附中的先行，证明在教育第一线的教师和领导是最有发言权、在现行体制内也不是完全无所作为的。那种唯上唯本、战战兢兢不敢越雷池一步的精神状态，其实是对教育现状的冷漠。

两天的论坛虽然结束了，但留给我的思考是长远的，留给我们的任务更是艰巨的。它给我们每个教师提出的任务，还需要一个一个扎扎实实地去落实。曾子曰："士不可以不弘毅，任重而道远。仁以为己任，不亦重乎？死而后已，不亦远乎？"

作为复旦附中一员，我深深地感到责任之重大！让我们举起双手，迎接基础教育转型的到来！

中编

人间自是有情痴——我的艺术生活

在“黄玉峰、崔意桂联袂写字展”上的发言

来宾们：

上午好！

感谢各位的光临，来看世界上最差的一个书法展览。大家可能注意到我们这次展览的名字叫“黄玉峰、崔意桂联袂写字展”。为什么叫写字展呢？本来杨先国老师要我们搞的是“书画展”，他觉得光是书法太单调，于是就加了几幅画。其实懂画的人一看就知道，我们都是不会画画的人，写的字，也谈不上书法。也许我夫人的字还有点法，因为是我教她的，要有法。而我自己则是天马行空，没人教也没人限制，于是没有法。

写字和书法不一样，书法不能讲功利，是纯粹的艺术追求，写字则有工具性。我写字是有点目的的，为了上课板书好看，为了送人、交友。我夫人的字从来不拿出来，也不上课，也不交友，纯粹是为了玩。所以她的字是真正的书法，我不过是写字。我曾经想把这个展览叫作“书法写字展”，但是又觉得这样太啰嗦了，而且别人要误解，于是索性叫“写字展”。

其实写字、画画确实有很多好处。其他的不说，主要能够处理好二气。一是可以消气，在家里当我生气的时候，妻子就对我说，写写字吧。当我写完一

篇字，气也就消了。当她生气的时候，我也同样说，你去练练字吧，于是气也就消了。第二个好处，就是能够养气。《文心雕龙·养气》中说做任何事情都要有气。写字时把心静下来，渐渐地就培养出身体里的真气。古人说，每临大事有静气。有了静气什么事情都能够做好，我只知道写字的好处就是这两点。

真的感谢今天有这么多人来，天又这么热，真是各路诸侯，济济一院，非常感谢大家。我想了一个法子来表达我的感谢，在进来的时候，大家都写了名字，登记了领奖编号。为此我写了七幅字，我们请 ×× 老师来给我们摸彩，把这七幅字赠给幸运的来宾。

这七幅字每幅都只写了三个字。为什么写七幅字呢？这个“七”字，通吃茶的吃。每一幅上都是三个字：吃茶去。这“吃茶去”是唐朝的赵州禅师从谂和尚的一段公案。有两位僧人从远方到赵州柏林禅寺向从谂和尚请教什么是禅。从谂禅师问其中的一个，“你以前来过吗？”那个人回答：“没有来过。”从谂和尚说：“吃茶去！”赵州禅师转向另一个僧人，问：“你来过吗？”这个僧人说：“我曾经来过。”从谂和尚又说：“吃茶去！”这时，寺庙里的监院好奇地问：“禅师，怎么来过的你让他吃茶去，没来过的你也让他吃茶去呢？”赵州禅师称呼了监院的名字，监院答应了一声，禅师说：“吃茶去！”从此赵州柏林禅寺就发源出“禅茶一味”。不管是来过也好，没来过也好，懂也好，不懂也好，都吃一杯茶。茶道就是禅道，人生就像茶一样，很平淡，我们要懂得享受。

当然这次我不可能送很多，但如果朋友们、来宾们喜欢，有需要，只要打个电话，我都可以赠送给大家。

最后，特别感谢杨浦区教育局的领导，感谢复旦附中的领导，感谢各位嘉宾。

（2010 年）

我的游戏人生 *

各位江苏同仁：

上午好！

举办者要我谈谈自己的业余生活，我就随便聊聊吧。

人生如一场游戏。

从小我就是一个调皮的孩子。我曾因爬上桑树采桑椹而摔成骨折，我曾因抓蟋蟀把邻居家的水缸掀翻，我曾为找一粒玻璃弹珠钻到垃圾箱里。大概是十岁那年，我被一位大我两三岁的大朋友挑唆，用桔子皮扔一位怀孕妈妈的大肚子，她真的气愤极了，追到我家，向我母亲告状。母亲连连赔不是，送走大肚子后，就开始大哭。她哭得很伤心，哭了很长时间，我低着头跪在她身边，请她别哭。到天黑时，她不哭了，一言不发，向后门外的小河走去。我吓得大哭起来，抱着她的腿，讨着饶说："我以后再不会这样了，你别去死！"母亲终于没有投河。而我从此确实变了，再也不去耍野，总是静静地在家，把无穷的精力用在看书、写字、画画上了。那时，我的爱好很广泛，看到什么都想学。

* 2009 年在江苏省教师培训班上的演讲。

我家附近的一间茅屋里住着一位孤老，他大约六十岁。我后来才知道他当年是国民政府里的一个高级文书，还在中学教过书。平时，他在邮局门口代人写信；春节里，在银行门口设摊写春联。他写的一手赵体漂亮极了，我便站在边上看他写，一站就是半天，十分羡慕。后来我跟到他家里，在他的茅屋中，他给我讲"蒹葭苍苍，白露为霜"，给我讲"郑伯克段于鄢"，给我讲"大江东去"，也给我讲"红了樱桃，绿了芭蕉"。他大概好久没机会给人讲课了，讲得那么投入、激动，热情四射，旁若无人。也许他在发泄积压已久的内心苦楚。一路听下来只见茅屋梁柱上的灰尘，簌簌落下，落在他花白的头发上。他长得很美，是个谦谦君子，虽旧衣烂衫，却气象不凡。我的耳畔至今还常常回荡着他的吟咏声。

见我有兴趣，他便教我写字、画画。也许只是为了驱散心头的寂寞，他教得很认真，有时把住我的手写。他给我讲顾恺之的《洛神赋图》，给我讲王羲之的《兰亭集序》，给我讲阎立本的《步辇图》，还给我讲黄宾虹的《夜山图》、吴湖帆的《青绿山水》。他还告诉我，自己与黄、胡这些大家有过来往。他从古到今，无所不晓，我那干涸的心灵，似乎承受了一场霖雨。

就这样，我开始爱上了书法、国画、诗歌和篆刻。我的课余时间几乎全被它们占了，一到休息天就跑书店，跑图书馆，看展览会。我几乎天天写诗，胡乱写了一百多首，还手抄成一本诗集，名为《歧羊集》。当时老师批评我，不让写这些东西，我感到迷茫，如歧途亡羊，就自刻了一方印，曰"歧羊斋"。这些东西后来在"文革"中全被抄走了。

我还常跑古玩店。有一次，我在广东路古玩店看到一幅画，画面上只有一朵含苞待放的兰花，只觉得画面特别美。上面题了一行字，曰："明月欲满光难铸"。下面的落款为"吴昌硕"。我不明白这句诗的意思，明明画面上没有月亮，怎么提到月亮？回去问他，他告诉我吴昌硕是国画大师，这句诗的意思是说，十四的月亮是最明亮的，但即使十四的月亮映照，也难以铸造出这样美丽的兰花。他问我这画卖多少钱？我说五元。他说，如果你父亲肯的话，你可以买下来。我问，会不会是假的，他说，不会。我向父亲要了钱，第二天赶到广东路，这画已被人买走了。我看到边上有俞曲园写的隶书对联，特别喜欢。况且我知道俞曲园是鲁迅的老师章太炎先生的老师，于是买了下来。可惜这幅对子在搬家时遗失了。我只记得那上面的“香、国、上”几个字的笔法。我现在写隶书时，常常会出现这几个字的用笔方法和结体。

这位孤老在“文革”中死去了，我至今不知道他的名字，只知道他姓米，管他叫米老师。我母亲说，刚解放时，米老师给她们扫过盲。

因为喜欢东走走西看看，后来我又认识了一位叫陈全霖的前清秀才，还认识了一位少年宫的国画老师郑洪。陈老师教我写馆阁体，郑老师教我画风云图。郑老师1949年以前在上海城隍庙画扇子，他擅画龙虎，风从虎，云从龙，还把自己的书斋名为“风云阁”。当时在城隍庙卖画要站住脚是不容易的，他实在有些真功夫。

他们俩也在“文革”中先后死去。他们都无偿地教过我，对我寄予很大的希望。可惜，我的兴趣多变，浅尝辄止，没有一个劲地钻下去，如今只能是业余写写画画玩玩罢了。现在，我是复旦大学书画篆刻研究会理事，每逢节日，开笔会，常常去献献丑。

我的父亲是个京剧迷，又是个评弹迷，不过只是爱听，会跟着哼几句，还谈不上票友。他是道地的浙江绍兴人，本来爱越剧、绍兴大班。他告诉我，他年轻时有个朋友叫张春帆，是很会写戏的，后来我才知道张春帆其实是越剧十姐妹的经纪人。父亲后来不知为什么爱起京剧、评弹。我十多岁时，几乎天天晚上见他躺在床上听京剧、评弹。耳濡目染，我渐渐地也爱上了京剧、评弹。我特别爱听程砚秋的《锁麟囊》，一板一眼，悠长缠绵，似乎要把我的魂都勾去了。

后来，评弹成了我最喜欢的曲艺。我印象最深的是1965年高考前一个星期，我听说张鉴庭、张鉴国在演《芦苇青青》，便不顾父亲的反对，自己买票去听。那苍凉悲壮、激越慷慨的调子，真可以响遏行云。我至今耳畔还时时响着他们的声音，出现他们的形象。扬振雄、杨振言的《大红袍》，我也是情有独钟。那独特的唱腔、细腻到极致的说表，把人物刻画得栩栩如生。此外，还有蒋月泉的《庵堂认母》，严雪亭的《杨乃武与小白菜》，蒋云仙的《啼笑因缘》……我的很多历史知识都是从这些戏曲中来的。我有个好习惯，听了一个故事就要去查书，于是七拼八凑，历史知识在我心中丰满起来了。有了碟片后，我便从当当网上购买了一大摞。

如今，我已过花甲之年，不知不觉已经从教四十一年。回顾自己的教学生涯，觉得这些孩提时的业余爱好和贪玩的性格，给我的教学带来不可替代的乐趣——哪怕教学再紧张，我都会腾出时间“玩”。有时是别人逼着我“玩”，有时是我主动找乐子“玩”。

2006年，我六十岁。怎么“玩”一把呢？我便想到溥心畬用血抄经为母祈祷的旧事。于是决定每天早上五点起床，焚香沐浴，在洒金扇上抄《心经》。一百天抄了一百把扇子。生日宴会那天，便搞了一个活动，把扇子一把一把送给来宾。亲朋好友拿到扇子，心花怒放，我也其乐无穷。

生日那天清晨，我还学着从评弹中听来的古人仪式，去河边放生。我买了好多鲫鱼、甲鱼，冒着严寒来到游人稀少的黄兴公园湖边，一条一条、一只一只地放下去。放完后，我与妻子还定睛看着水面，享受观赏如鱼得水的乐趣。不料，只见一条鱼像箭一样地从十多米外直冲我游来，到了我们的面前对着我们一跃而起，然后悄然而去。我与妻子高兴地跳了起来，正在高兴时，又见一条更大的鲫鱼，如鱼雷那样向我们奔来，到了我们面前不到二米，又是一跃而起！这时我们的幸福感，几乎到了沸点。两条有灵性的鱼向我们“磕头”，它们在感谢我们！这是多么神奇、多么有趣的事啊！说来别人也许不相信，但却是完完全全真实的。

凡听过我的课的学生，都说我的课生动形象，说我的声音有穿透力，再累也不会走神。这都是得益于我对评弹和京白的效仿。我还参加了复旦大学评弹团。不久前，我约了一个同事，雄心勃勃地准备在学校举办的文艺会上演唱蒋调《宝玉夜探》，我想自己虽说嗓子条件差，但穿上一袭长衫，粉墨登场，让同学们笑话笑话，提供一些茶余饭后的谈资也是极有趣的事。可惜，在预选时，因为水平实在太差，被否定了。不过我还是很高兴的。

除了书画、戏曲，旅游是我的最爱。只要有机会，我便朝外面跑，国内国外，天南地北，几乎跑了个遍。古人云“读万卷书，行万里路”，我虽不敢说读了万卷书，但“行万里路”是绰绰有余了。我的旅游，有时还很有计划，就说这一两年，为上好《边城》，我去了凤凰城；上安徒生的《光荣的荆棘路》，总觉得不过瘾、不踏实，于是我去了北欧，到了安徒生的故乡丹麦；为了上好《一碗阳春面》，我又去了日本；为了与学生谈韩剧，我去了韩国济州岛。越南、新加坡这些周边地区更是跑了个遍。我在上海电视台《文化中国》主讲《中国古代科举制度》《说李白》《说杜甫》《说苏轼》，于是便去了浙江、四川、河南、湖北。除了黄州赤壁，我还特地与常州苏轼研究会联系，去了常州、宜兴、湖州，几乎沿着苏轼的人生足迹走了一遍，一面走一面核对苏轼的年谱，背他的诗词，真正触摸了历史，获得了历史的现场感。我还与一二青年教师夜游赤壁，晨过雪堂，在东坡经常去的寺庙里，看到了罕见的东坡梅花石刻，老僧陪我们秉烛欣赏，当时便写了一首词，现抄录于下：

亥年岁暮，予赴黄州，游鄂州之西山古灵泉寺，此寺东坡曾游百回。老僧引予观东坡老梅石刻，时值黄昏，室暗不见五指，电灯已坏，老僧便燃烛映照，予登立长桌，轻拂尘丝，细读跋文，颇有感焉。遂成一小词，以记其事云。

小睡千年鼻息浓，底事唤回春梦？
抚碑秉烛认平生，艳妆革履客。
问汝何方僧？
尘寰俗心我亦有，未闻如此营营！
风流尚有多情人，海棠醒了否，
携卿听我涛声。

——调寄《临江仙·拟老梅口吻》

写好后，便通过手机发给学生、诗友，同学朋友纷纷唱和，得和词十余阙，下面抄录二首。

和黄师拟老梅口吻，学生佩云作，供一笑：

曾是苏门诗酒客，荒郊古寺消磨，千年听惯鬼夜歌，多情本寂寞，风流总蹉跎。不见今昔寻访客，空余光影如梭，小舟已逝海波涸，海棠睡未醒，犹自梦东坡。

友人詹辉灵的和词更妙：

玉峰先生探东坡梅花碑，戏以老梅口吻，作临江仙一阙见赠，余无缘得见此碑，想是物有灵性，心意相通，合而为一，也未可知，因和之。词云：

几番花信无寻处，探得横斜疏瘦。

一段梅格遗此文，信是雪精神，孤标似老僧。

鸿爪偶留误千年，

何曾忘却营营，为报问腊秉烛人。

冷香凝傲骨，铮然作铜声。

我还有一个爱好，就是游泳，平时一有机会就下水。读中学时，我是学校游泳队的队员。1967 年 7 月 16 日，我曾横渡长江。去年 10 月 1 日，我与年轻教师去崇明湿地玩，见一群民工子弟在河里游泳，我也情不自禁，脱衣下水，游了几圈。上岸后，与他们一起合影留念。

我 54 岁时，高万祥、李镇西说我是“五四青年”；我 61 岁时，王荣生、程红兵说我是“六一儿童”；如今我 63 岁了，我现在的学生在背后叫我黄爷爷了。人的生理年龄是不饶人的，不过，“童心”却可以永远保持的。龚自珍曾叹息“童心”之可贵、“童心”之难保，他有一首诗写道：“少年哀乐过于人，歌泣无端字字真。既壮周旋杂痴黠，童心来复梦中身。”

身为一个教师，多么需要童心！有童心才能永远进取，有童心才能永葆爱心！有童心才能做个好教师。我愿自己“童心”永驻，我愿自己永远是个“玩”童，就像当年跪在母亲跟前时那样！

人生苦短，我现在虽然还在教学第一线，但在杏坛执鞭的日子毕竟不多了。回顾我的教学生涯，充实的业余生活，给我以极大的益处。对我来说，将来即便退休了，我似乎还有做不完的事，不会感到失落和寂寞的，因为游戏还没有完！

记得有位哲人说，人的区别在业余生活。

信夫！

在婚礼上的讲话（一）

各位来宾：

晚上好！

很高兴能为这个隆重的婚礼作证婚人，这是我一年来第三次为我的学生证婚。我很高兴我2000届的学生正一个一个成家立业，完成人生的结婚大事。

新郎高凌云不是我教的最好的学生，但是我教的最可爱的学生之一。我记得在读书的时候，他就是班里的体育委员，能武能文，在学生时代他发表过一篇很有分量的关于足球的文章。到今天，人们读到这篇文章都啧啧称羡。

高凌云性格开朗，好交朋友，因此，他有很好的人际关系，有许多许多朋友。这大概得之于他的父亲的遗传。我和高凌云的父亲也是好朋友，在高凌云读书的时候我们经常聊天，他是一个很称职的父亲。他与孩子的感情很深，他在孩子面前既是平等的，又是有尊严的。“多年父子成兄弟”，他与高凌云就像兄弟一样，享受对酒当歌、天伦之乐。

新娘林姬来自海南。海南是一个美丽的地方，苏轼先生曾经在那里生活了好多年，哺育了一代又一代的文人学者。正因为有着自然和人文的优势，那里才能钟灵毓秀，孕育出这样水灵灵的姑娘。当他们第一次到我家里来时，我就感觉到他们是天造地设的一对。

在准备这段讲话时，我的电脑屏幕突然跳出了奥巴马在芝加哥竞选集会上的演说，那实在是精彩，我建议大家都去看一下。他把他的妻子和两个女儿都带来了，在还没有开始讲话以前，他就拥吻了自己的孩子和妻子，这是一个多么美好的家庭！我想，奥巴马的行为，其实在向美国人，同时也在向世界暗示：家庭的美满是最重要的。

在这个美好的时刻，我想起这样一段话：少女之美，美在无瑕；稚子之美，美在无邪；志士之美，美在无私；勇士之美，美在无畏；恋人之美，美在无猜；友人之美，美在无忌。

那么夫妻之美，美在哪里呢？夫妻之美，美在无我，美在无理。“无我”容易理解，就是夫妻的关系，首先要想的是对方而不是自己。

那么，为什么说要“无理”呢？难道夫妻之间是不应该讲道理的吗？是的，是不应该讲理，夫妻之间，讲的应该是情。公说公有理、婆说婆有理，一旦夫妻之间评起理来，那他们之间的关系也就可想而知了。所以说，夫妻之美，美在无理！

我深深地祝愿，高凌云和林姬，他们的小家庭，就像奥巴马一家那样，和睦、美好、向上！同时，我深深祝愿在座的嘉宾都有一个美满向上的家庭。

今天，本来我的儿子黄光立也要来参加这庄重的仪式，遗憾的是，因为出差未能出席，他要我转达他的祝愿！

为了祝贺这神圣的婚礼，我特意写了一副对联送给两位新人，请允许我夫人和我一起打开这副对联。

最后，我再次祝愿高凌云和林姬幸福美满、天长地久！

不要忘记六十年以后，当你们带着一大帮孙子孙女来到这里时，告诉他们：有一位老人，我的老师，在 2012 年 9 月 8 日这一天，做我们的证婚人，他的名字叫——黄玉峰。

谢谢各位！

在婚礼上的讲话（二）

各位来宾：

晚上好！

我很高兴，被邀请作为陈莹、吴非婚礼的证婚人。陈莹、吴非两人都是我的学生，他们是同班同学，我记得他们一个坐在第一排，一个坐在最后一排，一个像石头那样沉默，一个像小鸟那样欢快。

两人好像从来没什么交往，我压根儿没有想到，他们会走到一起的。看来他们的结合是天赐的。我现在非常相信，有一种超自然超人为的力量在主导，那是不可抗拒的命运，陈莹和吴非就是这样不可抗拒地走到一起来了。

不信，我讲一个故事。

今天早上，我翻看了十四年前班级的刊物《读书做人》，在第一期上，就有陈莹的两篇文章。一篇叫《今夜晚睡》，一篇叫《爱情、生命》，吴非一篇也没有。可吴非在十四年后给我的邮件里却无意识地提到了《今夜晚睡》和《爱情、生命》。后来我又翻了《读书做人》的合订本，共一百四十篇文章，其中陈莹有十一篇，《阳光与绿海的华尔兹》《女孩的抽屉》《情系阁楼》《十八秋》《发呆》《浅读张爱玲》等，再一找，吴非一篇也没有。大概吴非的文章版面都是陈莹替他写了。

你们看，他们一个爱文科，一个重理科，似乎无关，但如今走到了一起，这是不是天意？完全是天意，是天赐良缘！

不过，在学生时代，吴非也注意过陈莹这个姑娘。吴非在给我的邮件上说："在我眼里，陈莹同学一直就是一个很美好的形象。我最早最早注意到她还是在高中的时候，有一次班委选举，她拿着块手帕紧张到发抖。当然后面什么都没发生，我也没往那里想。"

然而，就是这一次注意，在十几年后发了芽。后来他们在网上又"见面"了。真正的开端是世博会，吴非主动陪陈莹去看世博会，那时他们开始真正的交往。

令我感动的是，吴非心里还有这样的一段话："今年年初，我们两个一起复习备考博士研究生的那段日子，我负责回家带点菜，吃完以后就开始看书，累了就轮流睡会儿，到点了，由另一个人叫醒，直到早上，她做点早饭，吃完了就上班。很累，但是我们相互照顾，相互鼓励，最后都考上了。"

吴非高中毕业后进入上海大学生命科学学院生物工程专业学习。大学毕业后的第一份工作是在一个港资生物公司做基因芯片方面的技术员。他经过了很多挫折，他的淳朴接受了社会的考验。现在，吴非在他的领域，已经成为佼佼者，但他还是那么低调、朴实、厚道、刻苦。

尤其让我感动的是，在如今这样恶浊的社会里，吴非还保持着一颗高贵的善良的心、一颗平常心。虽经社会的打磨，仍没有失去它的光芒。他在信里说了这样一段话："我觉得，高中给我埋下了一颗种子。毕业以后它开始发芽生长，而且经历些风雨。对我来说，这颗种子就是'不要为钱活着，不要为迎合某些人的心意活着，要活得独立自由，要去寻找意义，要活得有价值'。"

陈莹在高中毕业后进了华东师范大学，是华东师范大学的三好学生、优秀毕业生，接着又直升成为中文系现当代文学硕士研究生。

她写过好多书，与她的导师一起编了好多教材。她不愧为复旦附中真正的才女。今年陈莹又同吴非一起双双成为博士生。

这一对夫妻是多么令人羡慕！为此，我写了一副对子送给两位新人，请我的夫人拿上来：

非凡艳遇吴中子，

莹烁伟业陈后人。

我把他们这次重新在网上相遇，称艳遇，相信他们不但自己能闪耀出夺目的光彩，成为各自领域的带头人，而且能传递给下一代。

最后我有一个小小的要求，六十年以后，当你们白发苍苍带着你们的儿孙，来到这国际会议中心时，不要忘记告诉他们，2012 年 10 月 2 日，也就是中秋节后的第三天，你们在这里举行婚礼，有一个叫黄玉峰的老师，在这里为你们作证婚人！他说了很多美好的话，现在全部成了现实。

这就是我的祝愿，祝今天到会的和没有到会的同学老师、亲朋好友，身体健康，天天快乐！

人间自是有情痴，不随黄叶舞秋风*

——浅谈苏轼的多情与不随

林语堂说，苏轼是一个有现代精神的古人。这话绝非随口而言，而有着深刻的内涵和充分的根据。现代人不一定有现代精神，而古人也未必没有现代精神。现代精神包括了博爱、自由、独立、平等等等核心理念，这些理念在苏轼的所作、所为、所言中，有着极其生动的体现。

作为教师，我在教学中经常用苏轼的例子来感化学生，通过诵读苏轼的诗词，通过创作诗词，来提高学生的现代精神素养。

苏轼是一个有着大爱的人。儒家经典《大学》里说："物有本末，事有终始。知所先后，则近道矣。"按照传统文化的孝悌为本、亲亲为大的原则，苏轼的爱首先是由孝敬父母、友爱兄弟开始，渐渐推广到对朋友、同事、学生、领导、不相识的陌生人、已经去世的士兵、平民百姓，乃至无感情的植物、石头都有一种发自内心的爱。

他爱父亲，他的第一份差事是到凤翔做通判，他用一年的积蓄，买了吴道子的画孝敬父亲，因为他知道，这是父亲最喜欢的东西。直到晚年，他还梦见

* 在上海市写作学会年会上的演讲。

父亲亲自教他的情景，他写诗道："夜梦嬉游童子如，父师检责惊走书。"

苏轼受母亲的影响更大，他曾写了一篇文章，题为《记先夫人不残鸟雀》，生动地记录了母亲仁慈的行为给他留下的深刻印象。他深情地写道："由是观之，异时鸟雀巢不敢近人者，以人为甚于蛇鼠之类也。'苛政猛于虎'，信哉！"

苏轼兄弟俩的感情是最动人的。"但愿人长久，千里共婵娟"，那首家喻户晓的《水调歌头》就是写给他弟弟子由的。

兄弟俩曾相约，退休以后在一起，永不分离。那几首漂泊时兄弟的互赠诗，确实动人，如：

逍遥堂后千寻木，长送中宵风雨声。
误喜对床寻旧约，不知漂泊在彭城。

乌台诗案中，他写给弟弟的"绝命诗"，更是令人难忘：

与君世世为兄弟，更结来生未了因。

他被贬到儋州才几个月就写下了《闻子由瘦》《和陶停云四首》《次韵子由月季花再生》《次韵子由浴罢》《十二月十七日夜坐达晓寄子由》等几十首诗赠给他的弟弟。关于他们兄弟情深的故事，实在可以写一本大书。

对妻子，苏轼也是一往情深。那首不知使多少人落泪的《江城子》，陶冶了多少读书人的心灵：

十年生死两茫茫，不思量，自难忘。千里孤坟，无处话凄凉。纵使相逢应不识，尘满面，鬓如霜。

夜来幽梦忽还乡，小轩窗，正梳妆。相顾无言，惟有泪千行。料得年年肠断处，明月夜，短松冈。

他的第二任妻子王闰之是个农妇，可苏轼也对她倾注了全部的爱意，他赞美王闰之：

小儿不识愁，起坐牵我衣。

我欲嗔小儿，老妻劝儿痴。

儿痴君更甚，不乐愁何为。

还坐愧此言，洗盏当我前。

大胜刘伶妇，区区为酒钱。

他在王闰之的墓志铭中写道：“……妇职既修，母仪甚敦。三子如一，爱出于天。”他愿意：“……已矣奈何，泪尽目干。旅殡国门，我实少恩。惟有同穴，尚蹈此言。呜呼哀哉！”

对他的侍妾，苏轼同样情深意长。那首《西江月·梅花》实在写出了前无古人后无来者的美：

玉骨那愁瘴雾，冰姿自有仙风。海仙时遣探芳丛，倒挂绿毛幺凤。

素面翻嫌粉涴，洗妆不褪唇红。高情已逐晓云空，不与梨花同梦。

他为朝云建的亭撰写的对联，可以看出他内心的痛楚：

不合时宜，惟有朝云能识我；

独弹古调，每逢暮雨倍思卿。

对于子辈，苏轼有许许多多诗篇，这些是在杜甫、李白等大家的作品中很少见的：

我似老牛鞭不动，雨滑泥深四蹄重。

汝如黄犊走却来，海阔山高百程送。

寂寂东坡一病翁，白须萧散满霜风。

小儿误喜朱颜在，一笑那知是酒红。

人皆生子望聪明，我被聪明误一生。

惟愿孩儿愚且鲁，无灾无难到公卿。

苏轼曾说过“眼见天下无一个不好人”，他的朋友很多，“玉皇大帝到卑田院乞儿”，都可以是他的朋友，如杭州和尚参寥子、常州诗人钱世雄、道教奇人吴复古、同乡道士陆惟谦等。

他被贬到黄州，与当地的太守关系也极好。黄冈的遗爱湖，就是根据他的《遗爱亭记代巢元修》一文建造的：

公既去郡，寺僧继连请名。子瞻名之曰遗爱。时谷自蜀来，客于子瞻，因子瞻以见公。公命谷记之。谷愚朴，羁旅人也，何足以知公。采道路之言，质之于子瞻，以为之记。

太守离任了，他还写了这样深情的文字！

被贬儋州，他又和少数民族打成一片：

半醒半醉问诸黎，竹刺藤梢步步迷。
但寻牛矢觅归路，家在牛栏西复西。

在那里，他还关心教育，培养了海南第一个举人姜唐佐。姜唐佐赴考前他送了两句诗：

沧海何曾断地脉，白袍端合破天荒。

他承诺当姜唐佐中举后写完全诗。可惜当姜唐佐中举后去答谢东坡，东坡已作古了。这首诗最后由苏辙完成。

为什么能如此？东坡在《书东皋子传后》中，不经意地写了出来：

常以谓人之至乐，莫若身无病而心无忧，我则无是二者矣。然人之有是者接于予前，则予安得全其乐乎？故所至，常蓄善药，有求者则与之，而尤喜酿酒以饮客。或曰："子无病而多蓄药，不饮而多酿酒，劳己以为人，何也？"予笑曰："病者得药，吾为之体轻；饮者困于酒，吾为之酣适，盖专以自为也。"

人家说他是"劳己以为人"，他却说"盖专以自为也"。

对死难的兵民，苏轼也给予莫大的同情，请看他的《惠州祭枯骨文》：

尔等暴骨于野，莫知何年。非兵则民，皆吾赤子。恭惟朝廷法令，有掩骼之文；监司举行，无吝财之意。是用一新此宅，永安厥居。所恨犬豕伤残，蝼蚁穿穴。但为藁冢，罕致全躯。幸杂居而靡争，义同兄弟；或解脱而无恋，超生人天。

现代精神中有一大特点就是“宽容”。众所周知，东坡与王安石有着很大的政治分歧，可当王安石老病时，他强忍刚死了小儿的悲痛照样去探望他，对他进行临终关怀：

骑驴渺渺入荒陂，想见先生未病时。
劝我试求三亩宅，从公已觉十年迟。

章惇连连迫害他，可当章惇落难时，苏轼却写信去安慰：

某与丞相定交四十余年，虽中间出处稍异，交情固无增损也。闻其高年寄迹海隅，此怀可知。但以往者更说何益？惟论其未然者而已。

有人把这封信称为“人道主义宣言”，不是没有原因的。

真正的大爱，不仅爱人，也爱物。看苏轼是如何移情于海棠花的：

东风袅袅泛崇光，香雾空蒙月转廊。
只恐夜深花睡去，故烧高烛照红妆。

当他离开黄州时，听到远远传来的鼓角声，他写道：“黄州鼓角亦多情，送我南来不辞远。”“我记江边枯柳树，未死相逢真识面。”“他年一叶泝江来，还吹此曲相迎饯。”江边的柳树请您记住，只要我不死，总有一天我会来看你们的，到那时你们可要吹着这个曲子来迎接我哦！

何等多情！何等仁爱！这就是苏轼！

多情、仁爱，是苏轼最大的人格标志！

如果说，只有爱而没有独立的精神、自由的思想，没有为民请命的勇敢，那还不是苏轼。苏轼之所以是苏轼，就是因为他有那种不随的精神。

“不随”就是独立的精神、自由的思想。西方因为有着这样的不随之士的努力，才有今天的民主政治。西方的不随之士，在古希腊莫过于苏格拉底，在古希伯来莫过于耶稣；在德国有马丁·路德，在英国有约翰·密尔，在法国有启蒙三杰；还有现代自由主义哲学家哈耶克、罗尔斯、波普尔、汉娜·阿伦特……都为民主献出了自己的一生。

可别忘了在九百多年前，我们的苏轼就发出了“我本麋鹿性，谅非优辕姿。”的向往自由的呼唤。

他不顾一切地争取着自由的话语权：“好诗冲口谁能择”“门前恶语谁传去，醉后狂歌自不知”“罗网应不到沙鸥”。

他宁可孤独，也不愿放弃自己的独立不依的高洁：“拣尽寒枝不肯栖，寂寞沙洲冷。”

东坡的名号，本身就是独立宣言：“雨洗东坡月色清，市人行尽野人行。莫嫌荦确坡头路，自爱铿然曳杖声。”

他与王安石、司马光的矛盾根本焦点——是同还是和：

> 王氏之文，未必不善也，而患在于好使人同己。……而王氏欲以其学同天下！地之美者，同于生物，不同于所生，惟荒瘠斥卤之地，弥望皆黄茅白苇，此则王氏之同也。

> 昔之君子，惟荆公是师。今之君子，惟温公是随。所随不同，其为随一也。老弟与温相知至深，始终无间，然多不随耳。

苏轼与王安石的矛盾焦点之一——是先富国还是先富民：

> 陛下以为税收甚重，以臣所见，今税敛为不重。

> 先富民，后强国，安万民，厚货财，省费用，节用廉取，少冗兵冗费。

他竟敢直接责问皇上：

> 今天下以为利，陛下以为义；天下以为害，陛下以为仁；天下以为贪，陛下以为廉。……孔子曰：“百姓足，君孰与不足？”……臣不知陛下所谓富者，富民欤？抑富国欤？

他竟敢敬告至高无上的帝王之尊：

夫天下者，非君有也，天下使君主耳！

故天下归往谓之王，人各有心，谓之独夫。

这同八百年后胡适之所说的“宁鸣而死，不默而生”有何区别？这同胡适之所说的“上帝尚且可以批评，何况国民党孙中山”有何不同？这就是“不随”，这就是现代精神！

学习苏轼，是继承优秀传统文化的一条便捷之道。为此，我在教学中大量涉及苏轼的诗歌文章，并让学生学着写诗写词。在这个过程中，优秀的传统文化自然地流淌进孩子们的心灵，润物无声！

为了让他们直接触摸历史，我带着他们走进苏轼，到常州、徐州凭吊苏公。在寻访回来的车上，我先写诗一首，要求同学们和之：

十六日赴常徐学旅车上口占一绝

老夫纵减当年勇，未减胸中数点红。
华夏何曾断理脉，白袍端合效坡公。

下面是几首学生的和诗：

少年当有少年勇，壮志满腔如火红。
继往开来承理脉，还来不忘告坡公。

（郑禹欣）

少年当惜届时勇，青春不减旭日红。
愿承自古华夏脉，研史习文随坡翁。

（徐海容）

少年却恨徒有勇，惜取壮年读轼公。
千日寒窗自有乐，极寒苦梅笑苍穹。

（李冲超）

少年渐现初犊勇，豆蔻梢头始见红。

总角定当延理脉，虚心遣字和黄公。

（周　末）

他们渐渐学会了写词，下面是孩子们写的诗词：

永遇乐·中秋感怀

任奕欣

苍穹孑立，中秋月圆，思绪万千，念世间万物皆无定数，惟知足常乐已矣，故作此词。

璧月初晴，松涛波澜绕，思意相扣。树下团圆，清茶汩汩，此景非常有。熙烟柔舞，风荷碧影，曾几度佳期候。人心若，苍寒藻荇，天天绿年年又。

千山暮雪，夕初云绛，雁过天湖颦皱。纵瞰人间，嫦娥玉兔，念绿肥红瘦。今来古往，一生万事，宛似白云苍狗。更应看，林林总总，知足乐否？

沁园春·中秋

张玉清

桂满香园，又是中秋，皓月映人。遍是团圆景，欢声笑语，备鱼煮酒，白果五仁。游子思乡，旅人伤感，佳节圆月尤恼人。何其幸，吾尚非游子，莫要伤神。

嫦娥不尽孤独，懒对镜梳妆拭泪痕。望人间喧闹，悲凉难抑，举杯欲饮，玉兔敲门。此夜非凡，人仙同庆，恍感今世似永恒。极乐也，醉眼朦胧下，似幻犹真。

我们还在冬日登上泰山，要求每人写七绝或七律，其中必须有“雾霾满目昊天黄”一句：

登泰山

滕凯欣

雾霾满目昊天黄，遥望寿丘裹素妆。

自古仁心怀五帝，从来诚挚敬三皇。
静听寒鸟甚寥落，回看满山犹剑霜。
残壁仅存人寂寂，无宗无信心薄凉。

徐海容近期刚考完试，网上到处传拜孔子孟子祈求考试通过，恰逢到孟府孟庙，颇有感慨，故以此为题和诗：

雾霭满目浩天黄，齐鲁但闻寒雨响。
孔孟庙前再三拜，为博佳绩祈上榜。

我用各种方法启发引导他们学诗：请写七律一首，始终必须有“骨”“心”两字，如：雪阶巍巍励俗骨，梵音隐隐洗尘心。下面是郁非凡同学的作品：

泰山游情

踱步玉清天地间，奇思幻意自难言。
虔心许愿山神庙，拄杖苦攀冰雪前。
师友相偕情意暖，芳华奇彩漫心弦。
古贤风骨应犹在，化舞晶莹散山峦。

总之，我以为，学习苏轼，首先要像苏轼那样提高自身素质，但真正做到以苏轼为标杆，尤其要学习他的多情与不随。

下编

人生有味是清欢——我的专题研究

人生有味是清欢 *

——苏轼的幸福观和实践及其对当今的启示

正当我们把 GDP 奉为至高无上的圭臬，并为成了全球第二大经济体而沾沾自喜时，却遭遇了“有钱人不幸福，穷人更不幸福”的尴尬。而这时主流世界的价值标准，早已悄悄改变。不丹王国提出了“国民幸福总值”（GNH）的概念。以“幸福总值”代替生产总值来衡量一个政府的绩效，已经被世界各国广为接受。不丹研究院院长卡玛·乌拉说：“物质进步不转化为精神享受就毫无意义，工业产品、现代服务、医疗保障、教育体系、文化娱乐、旅游……所有美好的东西，其实都是手段，这一切都是为了国民的幸福”，“GDP，只占幸福的 1/72”。于是，除了赚钱，现代人迫切需要更多的东西，来充实那剩下的 71/72。

那么，这剩下的 71/72 的东西是什么？

2000 年，法国举行了世界千年伟人评选活动，评出 12 个伟人，苏轼是中国唯一的入选者。

他凭什么当选？在人们心目中，苏轼是一个文豪，他悠闲自在，平日读书

* 在甘肃张掖中学给全体教师作的讲座。

写字画画，闲来喜欢研究吃喝，还爱找和尚开玩笑。他未曾遭逢乱世，没有冲锋陷阵、叱咤风云的事迹，为什么选上他？

国人的不解，正源于潜意识中对英雄伟人和对幸福的思维定势。我们赞誉战斗英雄，我们崇拜富豪大款，认为他们才是伟人，那才是幸福。我们不明白什么是真正的伟人，我们不明白真正的幸福来自何方？

被评为千年伟人的苏轼正可以回答这个问题，从他身上，我们可以找寻到中国传统文化中的 GNH。

亚里士多德在《尼各马可伦理学》中有一句格言："幸福，是人的终极目的。"一个真正成功的人，一定是一个能从生活中感受幸福的人。虽然在北宋还没有 GNH 的说法，但东坡却具有一套完整的关于幸福的理论，东坡的一生又是他幸福理论的生动实践。

西方人说，施比受更有福。苏轼的本职工作是"公务员"，从为他人服务、为社会作出有建设性的贡献中，东坡获取了极大的欣慰和满足。

翻阅苏轼的经历，我们禁不住要为宋代地方官的责任范围之广、朝庭对官员的素质要求之高而惊叹。苏轼似乎总是有用不完的活力、出不完的创意，他简直把"做官"也变成了一门艺术。

东坡的一生，有丰富的从政经历，他曾任凤翔、杭州、徐州、颍州、汝州、登州、扬州、密州、湖州、定州、黄州、惠州、儋州的地方官，也曾任帝师、副宰相、国防部长。他在凤翔改革"衙前"劳役的一刀切政策，结果"衙前之害减半"。在徐州，他组织抗洪救灾，苦战七十余日而保全徐州城。洪水后，百姓缺柴少炭。他查阅文献，勘探地质，终于发现了可以替代木柴的煤，当时称为"石炭"，还写了一首《石炭》诗："岂料山中有遗宝，磊落如磐万车炭。流膏迸液无人知，阵阵腥风自吹散。根苗一发浩无际，万人鼓舞千人看。……"科学发现的快乐感洋溢可掬。他在杭州太守任上抵御瘟疫，捐资办了中国历史上第一家慈善医院"安乐坊"，收容贫苦的病人。西湖淤泥水草，雍塞不通，他积极疏浚、美化，修筑长堤。"堤成，植芙蓉、杨柳其上，望之如画图，杭人名为'苏公堤'。"（《宋史·苏轼列传》）

不论是自己分内的事，还是分外的事，他都主动扛起来。被贬黄州，看到当地的溺婴现象，他组织慈善基金会，补助生孩子的家庭。被贬到天涯海角的儋州，他托人从中原带来种子，教当地人种谷，推广黄州的“秧马”技术，搞机器插秧。他大办教育，培养了海南有史以来第一个进士；还积极宣传，反对歧视女人和少数民族……他正是在奉献中体验到人生的乐趣！

人一生中最多的时间是用在工作上的。能在工作中享受乐趣，对一个人来说是何等的幸福。

写作是苏轼第二个创造无穷乐趣的源泉，是他生命价值的体现。苏轼曾对朋友坦言：我一生之至乐在执笔为文之时，心中错综复杂之情思，我笔皆可畅达之。我自谓人生之乐，未有过于此者也。他的文风力求自然畅达，不作苦吟诗人。他说：“吾文如万斛泉源，不择地而出，在平地滔滔汩汩，虽一日千里无难。及其与山石曲折、随物赋形而不可知也，所可知者，常行于所当行，常止于不可不止，……”他写得很开心，读者读得也开心。著名的《江城子·密州出猎》完成后，苏轼曾格外高兴地写信给友人：“近却颇作小词，虽无柳七郎风味，亦自是一家。呵呵。数日前，猎于郊外，所获颇多。作得一阕，令东州壮士抵掌顿足而歌之，吹笛击鼓以为节，颇壮观也。”文中“呵呵”的笑声，是发自内心的愉悦与自信。

独乐乐不如众乐乐。人际关系的和谐，也是幸福的必要条件。

首先，家庭生活和亲密关系对幸福感的重要性，在心理学上早已被验证了。甚至有学者把幸福定义为：和你所在乎的人都能保持良好关系。

苏轼一生大起大落，受尽挫折和苦难，但他终于走过来了，除了个性旷达外，一个重要原因，就是他有着丰富的感情生活，有一个和美的家庭。

苏轼从小成长在天府之国，书香门第，小康之家，家庭和美、健康，得到祖父、父亲、母亲充分的疼爱与教育。

他和弟弟苏辙的手足之情更是令人动容，他曾叹“嗟余寡兄弟，四海一子由”，可见其珍惜。东坡许多最为动人肺腑的诗篇，都是写给苏辙的。如《水调歌头》“但愿人长久，千里共婵娟”，又如他在狱中的“绝命诗”：“是处青山可埋骨，他年夜雨独伤神。与君世世为兄弟，更结来生未了因。”东坡被捕后，苏辙上书要求以自己的官职替哥哥赎罪，作《为兄轼下狱上书》，后来他因为哥哥的原因被贬筠州。东坡六十大寿，弟弟送上一个放生池作为寿礼；苏辙六十大寿，哥哥则送上南方珍贵药材、香料、手杖。兄弟二人和睦无间，维持一生。东坡死后，苏辙一手承担丧事，还卖了自己的屋子，把钱交给东坡的儿子苏迈。东坡遗愿，要苏辙作墓志铭，苏辙写了一篇感人至深的文章，说哥哥“抚我则兄，诲我则师”。

东坡与儿女的关系也十分和谐。他对子女的教育总是以鼓励、称赞为主。我们常常看到他夸赞、鼓励儿子的记录：苏轼每读小儿子苏过——历史称之为“小坡”的诗，就满面喜色，翘起大拇指骄傲地说苏过文章“粲然可观”，还自吹“无此父岂有此子”。他被贬海南时，长子苏迈赶来送行，苏轼作诗：“我似老牛鞭不动，雨滑泥深四蹄重。汝如黄犊走却来，海阔山高百程送。”他的儿子们对父亲也是赤诚孝心。苏轼被贬，苏过为了照顾、陪伴老父，居然与妻子儿女分离七年之久；东坡被贬海南，苏过陪同，与父亲日日唱和。这在今天是不可想象的。人在顺境中，需要家庭成员与之分享；在遭到挫折时，更需要家庭的情感支持。有这样的儿子，东坡何等幸福！

东坡一生有过三次婚姻。

他的元配妻子王弗贤淑体贴，精明而内敛，与苏轼坦率、耿直、豪放的个性正好形成互补。苏轼交友没有心机，妻子为他担心，就躲在屏风后面，为丈夫“把关”。她特别聪明，看人极准，是苏轼的得力助手，可惜红颜早逝。苏轼千里迢迢运灵柩回乡，把她和自己母亲葬在一起。还在妻子墓前种了一千棵松树，悲痛地长号：“呜呼哀哉！余永无所依怙。”在她去世整整十年后，苏轼还梦见这位元配夫人，写下著名的《江城子・十年生死两茫茫》。

第二任妻子王闰之秉性柔和。她为苏轼生了苏迨与苏过两个儿子，对王弗所生的苏迈也视同己出，苏轼赞她“三子如一，爱出于天”。苏轼还有一首《小儿》诗，也是写王闰之：“小儿不识愁，起坐牵我衣。我欲嗔小儿，老妻劝儿痴。儿痴君更甚，不乐愁何为。还坐愧此言，洗盏当我前。大胜刘伶妇，区区为酒钱。”他自惭不够超脱，赞扬自己的妻子比刘伶的妻子善解人意。在《后赤壁赋》中，那位“有斗酒藏之久矣，以待子不时之需”的体贴夫人，就是王闰之。

朝云本是王闰之为东坡在杭州买的丫环，最后她成了苏轼晚年精神上的真正挚友、最能理解他的人，苏轼甚至尊她为“天女维摩”。只有朝云会说苏学士的肚子里装得“一肚子不合时宜”，令苏轼捧腹大笑不已。朝云在广东惠州得传染病身亡，年仅三十四岁。苏轼照遗愿把她葬在惠州西丰湖边，为她建了“六如亭”，并亲题楹联：“不合时宜，惟有朝云能识我；独弹古调，每逢暮雨倍思卿。”

这三次婚姻，都是成功美满的。尽管外界条件不如意，三位伴侣都不幸早逝，但亲情与爱情，苏轼都得享了。真是大福之人！

苏轼曾对弟弟说：“吾上可以陪玉皇大帝，下可以陪卑田院乞儿。眼前见天下无一个不好人。”这不是虚言，苏轼的交友极广，有人统计过，在书上有名字的朋友就有上千个。

他和政治上的对手司马光、王安石的私交都很好。王安石落魄后，苏轼不计前嫌，特地去看望，还写了一首很动人的诗，感谢和安慰王安石：“骑驴渺渺入荒陂，想见先生未病时。劝我试求三亩宅，从公已觉十年迟。”

而朝堂之外的朋友更是遍及三教九流。苏门四学士，苏门六君子，至于和尚、道士、歌妓都可以结为知己。

东坡被贬岭南，许多挚友不远万里前来探望。最感人的是七十三岁的老朋友巢谷，竟从四川眉山徒步万里，看望苏轼兄弟。巢谷先到雷州见到苏辙，两人“握手相泣，已而道平生，逾月不厌”。他坚持要跨海再去见苏轼，谁知路上行囊遭窃，在追讨窃贼途中竟不幸病故。东坡闻此噩耗，大恸失声。这些朋友令苏轼在被陷害、被背叛、被凌辱的时候，也从来不失对人性美好的信念。可见，有众多知心朋友的人是幸福的人！

人生道路不可能永远平坦，风风雨雨伴着人的一生。在顺境时有颗平常心，在逆境时才会有好的心态。只有内心充实的人，才有能量去抵御外界的暴风骤雨。东坡曾经总结自己一生的遭遇：“问汝平生功业，黄州惠州儋州。”这可以理解为自嘲，是反话，但也未尝不能看作是真话：黄州、惠州、儋州，正是苏轼修炼的阶梯。

黄州是苏轼人生的低谷，却是他艺术的高峰。“乌台诗案”，九死一生，这是命运给他的第一次打击，但也是第一次给了他一个机会去沉淀、反思、酝酿。东坡正是在黄州达到圆通境界的。在这里，诞生了一批质量空前的诗文。《赤壁怀古》，前后赤壁赋，还有著名的《定风波》等词，都是在黄州诞生的。当他吟出“也无风雨也无晴”的时候，那些是是非非已经伤害不到他了。他觉得越活越年轻，他高唱："谁道人生无再少？门前流水尚能西！休将白发唱黄鸡。"

到了惠州，那是他第二次磨练。他在惠州写的《记游松风亭》很说明问题："余尝寓居惠州嘉祐寺，纵步松风亭下。足力疲乏，思欲就亭止息。望亭宇尚在木末，意谓是如何得到？良久忽曰：'此间有甚么歇不得处？'由是如挂钩之鱼，忽得解脱。若人悟此，虽兵阵相接，鼓声如雷霆，进则死敌，退则死法，当恁么时也不妨熟歇。""此间有甚么歇不得处"，让他在岭南瘴疠之地安之若素。心一歇下来，就能找到逆境中包含的美好的景色了："罗浮山下四时春，卢橘杨梅次第新。日啖荔枝三百颗，不辞长作岭南人。"

"非人所居，药饵皆无有"的儋州，曾被李德裕称为"生度鬼门关"。远贬儋州，是政敌存心要置苏轼于死地。苏轼自觉此去恐难活着回来，初时的心情自然是有些悲凉："某垂老投荒，无复生还之望，昨与长子迈诀，已处置后事矣。今到海南，首当作棺，次便作墓……"但很快他就想到权当一次公费旅游吧："九死南荒吾不恨，兹游奇绝冠平生。""此心安处是我乡"，在这天涯海角也像在故乡一样："他年谁作舆地志，海南万里真吾乡。"不让他住官舍，他就自己造房子。米价奇贵，买不起，他就吃牡蛎甚至烤蝙蝠吃。他入乡随俗吃芋头，花样翻新搞"玉糁"，还得意地说："香似龙涎仍酽白，味如牛乳更全清。莫将南海金齑脍，轻比东坡玉糁羹。"每到一个贬谪之地，再怎么受尽折腾，最后离开的时候，他都依依不舍，作诗留念。离开黄州的时候，他动情地说："黄州鼓角亦多情，送我南来不辞远。……我记江边枯柳树，未死相逢真识面。"

当他最后一次被平反，要离开海南岛时，他和当地认识的朋友惜别，不但没有得意，竟说自己本来就是海南人，这次回归中土，反而像是远游。"我本儋耳氏，寄生西蜀州。忽然跨海去，譬如事远游。"苏轼对贬谪之所都怀有一颗感恩的心，把它们当作第二故乡。

林语堂说："只有苦中作乐的回忆才是最甜蜜的回忆。"他又说，苏轼最值得我们学习的是"无可无不可"的良好心态。黄州、惠州、儋州是苏轼失意的地方，可是，正是这三个阶段，使他的人生变得更精彩更圆满，把一个文人苏子瞻硬是锤炼成了伟人苏轼！

胡适说：你看一个国家的文明，……看他们怎样利用闲暇的时间。爱因斯坦说：人的差异在于业余时间。我们看苏轼是怎样打发业余时间的，便可理解这两位伟人所说的话的含义了。

苏轼在业余时间做得最多的事是读书！

“读书之乐乐何如，绿满窗前草不除。”读书之快感，真正的读书人都深有体会。马斯洛将认知需求和审美需求都列入人的高级需求当中。孔子感慨“古之学者为己，今之学者为人”。这一苦一乐差别很大：“为己”是高级的精神享受；“为人”是痛苦、是负担。

东坡自己总结得好：“腹有诗书气自华”。读书让人的气质升华，得到极大的满足感。不过，读书使人快乐并不意味着读书可以随随便便，不需要刻苦，不需要死记硬背。实际上，在父亲的严格督促下，苏轼从小的学习强度就很大，长篇大段的背诵是家常便饭。苏轼六十多岁在海南岛，曾做过一个梦，梦见父亲在叫他背书，他一口气把很长很长的文章都背了下来。五六十年前读的书，还能在梦中背出，醒来还“心有余悸”，作《夜梦诗》：“父师检责惊走书。……起坐有如挂钩鱼。”经过这样的训练，苏轼能把《后汉书》从头到尾一字不落地背下来，晚年有的时候无聊，就做游戏，请人拿着书找《后汉书》中的任何一句，苏轼就接着把它背下来，再到后来，减到提示三个字，再减到两个字，甚至一个字，照样朗朗地大段背下去。尽管苏洵没有采用过什么“快乐教学法”，但是苏轼后来因童年的“死记硬背”打下的功底而发挥的自由创造性、获得的快乐，是无穷无尽的。可见读书本是个死去活来的过程，只有“死去”才能“活来”。学习的快乐，不应该是学习过程中的一场热闹，而是求得真知的喜悦。可惜，我辈从小没有这样的积累，无法享受个中快乐！

不过，苏轼毕竟是有个性的，他读书也绝不仅仅是死记，而是自有一套心得。他把他的方法总结为“八面受敌读书法”，这个诙谐的名字就很有苏轼的风格。他说：“如欲求古今兴亡治乱，圣贤作用，且只作此意求之，勿生余念。又别作一次求事迹文物之类，亦如之。他皆仿此。”他读书是看了一遍又一遍，不同角度，百看不厌。

他甚至还敢于为了文章需要杜撰典故，而且是在科举考试里！他的《刑赏忠厚之至论》，为了论证“慎刑”，就杜撰了一个唐尧的典故，博得考官欧阳修的赞美。这种活学活用的读书法，给他带来了无穷的乐趣。

东坡读书，既能进，又能出，其快乐为何如！

一天有24个小时，最合理的时间安排，大约是8小时的睡眠，8小时的工作，8小时的娱乐休闲、爱好发展。无论再怎么热爱工作，没有业余生活的人生也是乏味不完整的。

苏轼是个极爱玩的人，而且他的每一样业余爱好都能登峰造极：诗词文书画“五绝”全部卓然成家，洋洋大观。林语堂说他是“才华横溢，神完气足”，非虚誉也！

艺术爱好能令人忘记现实，沉醉在一个至善至美的境界中，能够疗愈人的精神创伤和痛苦，使人产生积极的心境，这是得到了现代心理学和医学的证实的。苏轼深谙此理。有一次，他在岭南写信给米芾说：“独念吾元章迈往凌云之气，清雄绝世之文，超妙人神之字，何时见之，以洗我积岁瘴毒耶！”。

他自己的书法居于苏黄米蔡“宋四家”之首，《寒食帖》被誉为“天下第三行书”。但是，无论达到怎样的高度，他对艺术的态度始终是陶冶和怡情，抱着一种“玩”的心态。他享受这些爱好，却不曾走火入魔。他喜欢酒后乘兴作书，在海南时他告诉后辈：“仆醉后，乘兴辄作草书十数行，觉酒气拂拂，从十指间出也。”又说：“我书意造本无法，点画信手烦推求。”他说自己是“无法”，是“意造”，是根据自己的意思感觉创作。他又说，“书初无意于佳，乃佳尔”，写字不要过分追求好看，当你无意于追求好看的时候，才是真正的好看了。这真是道出了艺术的真谛！别人的褒贬他也不甚在意，说起自己的字他是谦逊的：“吾书虽不甚佳，然自出新意，不践古人，是一快也。”他不追求什么“大师”称号，只求“出新意于法度之中，寄妙理于豪放之外”，如此便心满意足。

苏轼玩艺术玩得很潇洒，他没有苦自己。在艺术史上，为了虚名和负气勾心斗角甚至伤天害理的记载都屡见不鲜。唐朝的宋之问，为了一句“年年岁岁花相似，岁岁年年人不同”的诗，可以杀死亲侄子。隋炀帝杨广为“空梁落燕泥”一诗传世，竟开杀戒。就是现代的大师、艺术家们，为了一个什么称号、什么头衔，憋屈愠怒甚至郁郁而终的都屡见不鲜。“艺术”到了这个地步，带给人的不是开心是痛苦。越是像苏轼一样，有平和开朗的“玩”的心态，在追求艺术境界的道路上反而能走得很远。

除了艺术之外，旅游运动，医疗美食，养身瑜伽，音乐古玩，佛经禅理，诙谐幽默，他样样精通，堪称十项全能。他甚至还是中国冲浪运动的先驱：在徐州有一个地方叫“百姓洪”，水流湍急，掀起巨浪，苏轼叫船夫设计一种小舢板去冲浪，还写了长诗《百步洪》：“长洪斗落生跳波，轻舟南下如投梭。水师绝叫凫雁起，乱石一线争磋磨。……”

这么多的业余爱好，太过璀璨夺目，以至于人们几乎忘了他的本行是做官。和李白杜甫不同，他从不曾放弃过对本行的负责。丰富的业余生活使他精力旺盛、心情愉悦，进而在主业上发挥更大的创造力，这是一种良性循环。

心理学调查显示，有宗教信仰的人的主观幸福感和对人生的意义感，总体上高于无信仰者。马克思说：“宗教是被压迫生灵的叹息，是无情世界的心境，正像它是无精神活力的制度的精神一样。宗教是人民的鸦片。”为了减轻痛苦，人是需要一点精神鸦片的；为了生活得开心愉快，人是需要这智慧树上的花朵的——即便它不结果。

苏轼在被贬期间，阅读了大量的佛经，研究佛学。佛教帮了他大忙。有了一颗佛心，不用归田退隐，便可自我调节，随缘自适。有一天，苏轼到天目山与方丈“谈空说有”，突然听到外面传来婴儿的啼哭声，就问老和尚，这是什么声音。老和尚说这就是打雷声啊！苏轼突然顿悟，当你站在是非之上时是非就不存在了！于是写诗一首：“已外浮名更外身，区区雷电若为神。山头只作婴儿看，无限人间失箸人。”

道家思想也给了他一把助力。苏轼小时候看庄子的书，就曾叹息道：“吾昔有见于中，口不能言。今见庄子，得吾心也。”庄子鼓盆而歌，看淡生死的故事，特别触动他。他喜欢的陶渊明，“死去何所道，托体同山阿”。

佛家和道家一样是把死看作生命的另一种形式。把生死看淡之后，烦恼便消解了大半。他在海南，常常看儿子苏过与人下棋。他把人生的成败得失也比作下棋，他说譬如下棋，“胜固欣然，败亦可喜，优哉游哉，聊复尔耳”（《观棋》）。这正如庄子说的：“且未得者，时也；失者，顺也。安时而处顺，哀乐不能入也。”学佛与学道，使他的诗歌充满了理趣。

死，人人都要遇到，死得安详是一种福气。

元符三年（1101 年）苏轼在常州病笃。和孤独地在当涂采石江边死得不明不白的李白、凄凉地在一叶孤舟中去世的杜甫不同，苏轼最后的日子是和家人在一起，子孙绕膝。苏轼死也是死得幸福的。七月十八日，他将三个儿子叫到床前，交待后事，说：“吾生无恶，死必不坠。”回顾一生，光明磊落，自信能升入天国。二十三日，苏轼从昏睡中醒来，看到径山寺长老、他的老朋友维琳冒暑从几百里之外前来探病。两人对榻谈心，维琳一直陪伴着他。二十六日，苏轼做了最后一偈：“大患缘有身，无身则无疾。平生笑罗什，神咒真浪出。”

维琳不懂“神咒”的典故，苏轼要解释，话已讲不清，就用笔写了三十一个字作解释：“昔鸠摩罗什病急，出西域神咒三番，令弟子诵以免难，不及事而终，后二日属纩。”苏轼信佛，却并不迷信。从鸠摩罗什的事他看到神咒之类，纯属虚妄，他宁愿顺其自然从容面对死神。这三十一个字成了绝笔。二十八日，疾病恶化，他呼吸渐渐微弱，进入弥留状态。这时，他的子孙家人，他的朋友，都守在床边。最遗憾的是，弟弟苏辙不及赶到。

维琳长老贴着他耳朵大呼：“学士不要忘了西方极乐世界！”苏轼微弱地回答：“西天也许有，我着力不得。”钱世雄也凑近耳畔大声：“你平生已到这个境界了，现在更须用力。”苏轼又答道：“还是听其自然，用力就不对了。”说罢，便阖目安然逝去。

这是一个完人的死法。苏轼热爱生命，活得精彩，死得无憾。

苏轼死了，离开了他热爱的人世间，到另一个世界去了。他一生生活如此丰富多彩，做了这么多好事善事趣事，写了那么多好诗好词好文，写了那么多好字好画，给后人留下了这么多的遗产，他的人生是应该无憾了。

GNH 注定要比 GDP 掀起更多学术内乃至学术之外的争议。所以，研究苏轼的“完美人格”的意义，在于帮助解答两个问题：第一，如何衡量幸福？第二，如何提升个人幸福感，幸福是否可以学习？人文主义把“幸福”定义为“伴随自我实现而产生的一种满足的体验”。也就是说，获得幸福感的过程和使自己臻于完美的过程是一致的。修炼自己的过程，就是追求幸福的过程，就是自我不断完善的过程，就是幸福指数不断提升的过程。

从现代心理学的角度分析，苏轼可以被当作一个典型案例，他的“幸福模式”是有规律可循的，也是可以为普通人所模仿、习得的。

人文主义心理学的先驱马斯洛曾经以历史上和当代的“理想人物”为研究对象，认为有“理想型人格”存在，那些达到“自我实现”境界的人，尽管有身体外貌、文化背景、宗教信仰、社会经济地位等等的差异，却具有许多共通的心理特征，而且有跨文化、跨时空的恒定性。拘于文化空间所限，西方的人文主义心理学的研究多集中于西方历史上的伟大人物。人文主义定义下的“理想人物”，并非着眼于他们为社会和他人作出了多少贡献，而是看这个人是否已经“竭尽所能”“充分成长”“成为自己”。换言之，是看他们是否可以作为幸福人生的典范性人物，尽管他们在实现个人幸福的过程中，会自然而然地对社会产生积极的建设性作用。马斯洛列举的历史上“理想人物”的案例包括托马斯·杰弗逊、斯宾诺莎、爱因斯坦等等。我们不难发现，这些人和苏轼有许多相似的人格特点：多才多艺，思想独立，富于幽默感，具有永不衰退的创造和欣赏能力，支持民主或者有民主倾向，等等。以杰弗逊为例，这位美国历史上最有智慧的总统，他是土地测量师、建筑师、古生物学家、哲学家、音韵学家和作家，懂得拉丁语、希腊语、法语、西班牙语和意大利语；还对数学、农艺学和建筑学，甚至小提琴等感兴趣；他热爱生活，热爱教育，热爱自然，在政治上极有作为，却对名利毫不挂怀。这和苏轼的人格模式几乎如出一辙。

苏轼是属于世界的。

但是，苏轼首先是中国的。苏轼的模式，是中国的文化土壤中孕育的成功模式。苏轼的成功，证明了中国人可以活得很开心。而他的自我实现之路，将帮助我们回答一个今天迫在眉睫的问题：中国人到底要怎么样才能活得幸福？

首先，一些基本的需求是必须有外在保障的，即生存需求、安全需求、爱与归属的需求，受尊重的需求。北宋王朝是一个相对富庶、稳定的时代。虽然也会有天灾人祸，但毕竟没有普遍的饥寒交迫、民不聊生。苏轼出生在小康之家，在整个童年生活中，温饱、安全都是无忧的。可见，童年经历对人格的形成非常重要。即使在以后的颠沛流离甚至缺衣少食的情况下，他的乐天性格都始终不变。但是，当经济收入达到一定水平后，金钱和幸福的关联可以忽略不计，而内在的精神建构的提升空间是无穷无极的。

其次，有一个温馨的家庭保障是非常重要的，家庭可以稳定地满足人的爱与归属需求。有研究显示，整体上已婚者的主观幸福感高于独身者，须知这里的“已婚”是包括幸和不幸的婚姻的。苏轼的三次婚姻，固然是遇到了三位好妻子，但他自己对婚姻和家庭的认真经营，践行中国传统的“父慈子孝，兄友弟恭”，为自己的幸福打造了一个坚实的后盾。

还有一点，宋朝自太祖赵匡胤始，就有一个尊重知识分子的传统，不会因言杀文臣。这也是为什么苏轼在被定下“诽谤新政”“愚弄朝廷”的大罪之后，仍能逃得性命的原因。就算是罪臣，其人格也不会受到过分的凌辱，廷杖之类绝对没有。已有大量的研究表明，自由与幸福是相关的。越自由的国家，人民的幸福度越高。哪怕是一些小事，比如在养老院里，让不让老人自由选择每天晚上放什么电影，都能显著地影响他们的健康和寿命。人本主义心理学家弗洛姆所说：“对威胁与允诺之结合的屈从，便是‘人’的真正堕落。”当然，从主观方面看，马斯洛说：“维护人的自我与付出人的自我都是需要勇气的。”苏轼选择了“不随”，也就是选择了幸福。

在四种基本的需求得到满足的前提下，自我发展的需求会自然萌生，而且成为一种强大的驱动力。在这个动机的驱动下，人的潜能是不可遏制的。首先是创造的本能，马斯洛断言：“音乐家必须演奏音乐，画家必须绘画，诗人必须写诗，这样才会使他们感到最大的快乐。”在创作中人会产生一种如痴如醉，称之为“巅峰体验”的快感。像杰弗逊做总统百忙中还每天抽空练几个小时的小提琴；丘吉尔一生热爱绘画，他回忆说，每当遭受重大打击的时候，总是“绘画艺术之神前来拯救我”。

苏轼无疑是天才，但并不是每一个天才都能像他一样把所有的潜能都发挥出来。再说，不是天才，照样可以获得这种幸福。

再有就是宽容、善良、乐于助人等种种美德，社会心理学上称之为“亲社会行为”。它不但可以带给助人者强烈的自我效能感，甚至可以促进大脑的多巴胺——即所谓“快乐物质”的分泌。苏轼说自己平生两大嗜好，一是酿酒，一是合药，都不是为自己。看到别人酣然陶醉，他比自己醉了还高兴。看到别人沉疴消散，他仿佛也身轻体健起来。这是有科学的依据的。

我们看到，苏轼的言行，无一不合乎传统儒家传统，兼具释、道之理，却又无一不合乎现代精神和人本主义的原则。无怪乎林语堂宣布：苏轼是具有现代精神的古人。我们更可以说，苏轼精神是具有普世价值的中国精神。中国的传统文化，是可以滋养健全的、幸福的、完满的人生的。

但我们今天比苏轼幸福吗？

苏轼在《记承天寺夜游》中感叹："何夜无月？何处无竹柏？但少闲人如吾两人者耳。"幸福有的时候就在乎这片刻的"闲"。今天，社会发展了，物质空前丰富了，可是"闲人"却越来越少了。近年，中国的国民生产总值超过了日本，成为世界第二大经济体，但是，发展付出了巨大的代价。数据显示，2003年环境污染和生态破坏造成的经济损失占当年GDP的15%，而反映收入分配公平性的基尼系数超过0.4的临界点，说明贫富差距严重，社会面临失衡的威胁。频发不断的社会性丑闻，正是这些数字的注脚。富士康事件、硕士生自杀、白领过劳死……

套用鲁迅谈论天才的名言，我们不但需要幸福者，更需要培养幸福者的土壤。"幸福"的诞生，是需要社会环境支持的。茨威格早就指出，那些最伟大的人物的诞生时间并不是均匀的，他们往往会挤在一段最短的时间内，仿佛避雷针的尖端集中了整个大气层的电流一样，这就是"群星闪耀时"。比如西方十四世纪的文艺复兴，又如中国的盛唐。如前所分析的，苏轼得以自我实现，和他的时代背景不无关系。

今天"追求幸福的权利"已经成为基本的人权，改善社会环境就成了当务之急。我们需要一个局势稳定的、基本民生得到保障、容许个人自由发展的社会。我们不妨这样问：今天的中国，能不能诞生新时代的东坡？能不能容许更多的人自我实现？这个指标，或许比生产总值更能指示社会的进步。

社会无非是一张关系的网络，当人与人的关系变得和谐的时候，GNH便不再是难题。

中国人崇尚一副对子："养天地正气，法古今完人"。今天，我们要以什么样的人为榜样，我们应该树立怎样的伟人观？

西方人赞誉所谓"文艺复兴式人才"。自无所不通的达·芬奇以降，如歌德、富兰克林等等，"专家""学者"甚至"百科全书"的头衔，都不足以概括他们。哲学、天文、物理、医学、建筑、军事、水利、地质、艺术、政治……各方面的出类拔萃，可以自然地整合在一个完整的人格中。他们被称为"人"的奇迹。从人文主义的视角看来，这样的人才可称为"伟人"，因为他们真正展现出健全的、美好的"人"，使我们看到人性的美好、尊严和丰富。在人类面临物质丰富而精神匮乏的今天，这样的伟人，更有无与伦比的意义。

我们今天最大的敌人，不是侵略者，也不是贫穷，而是精神的狭隘和内心的贫乏，我们迫切需要再一次的“人”的觉醒。

跨越时空的，活得圆满的人，在历史上寥若晨星，但只要有一个，便是一座宝库。苏轼就是这样一座宝库。他是一个真正的“人”的典范，绝不逊色于西方的“文艺复兴式人才”。林语堂在《苏轼传》的序里，一口气写了苏轼十八个侧面，末了还加上一句“这还不足以道出苏轼的全部”。这正是一个“完人”，他既不失“文艺复兴”的精神，更凝聚了中国独有文化的精髓，完全是中国文化“原创”的伟人。苏轼的存在充分证明，我们的传统文化是能够孕育出真正的“人”的。没有东坡，这“完人”的谱系就不完整。

幸福归根结底还是自己的事，外部的改善永远不能成为幸福的充分条件。然而，幸福是可以学习的。这就是为什么传统文化要我们“法古今完人”。苏轼的一生，如一系列包罗万象的丛书。今天的中华民族最需要读懂的，是叫作“幸福”的那一册。

我愿热爱我们民族国家的有权之士、有识之士、有志之士，都能从东坡被评为千年伟人这件事中得到启示，并付诸行动！

说屈原*

我记得有一年上海高考语文试卷，有一道题目是对冰心的一首小诗写评论：“墙角的花，你孤芳自赏时，天地便小了。”这种考试总有所谓标准答案，出题者一定要学生批判这种“孤芳自赏”。有同学说这种洁身自好的精神总比同流合污好，结果却是一律大扣分，能及格就十分幸运了。现在想想，相比什么爱国主义情怀，这墙角的花儿，倒颇有点屈原的精神。在现实中，屈原的天地是小小的，但是很干净，特别美。

屈原的诗里，有两个字出现的频率特别高。一个是“余”。当然还有许多表达同样意思的“吾”“朕”“我”等等。还有一个是“独”，这两个字总是连在一起用。如：

> 吾独穷困乎此时也。
>
> 民生各有所乐兮，余独好修以为常。
>
> 哀吾生之无乐兮，幽独处乎山中。

---

* 2009 年在复旦附中为上海市第三期语文基地第四组学员作的讲座。

举世皆浊我独清，众人皆醉我独醒。

屈原不断地一遍遍强调“我很孤独”，但是看得出他很得意于这种孤独。他封闭在自己的世界里，一边怨恨，一边难以自拔地陶醉着，有点像纳西瑟斯那般自恋。在《离骚》和《九章》的大部分篇目中，满是他的自我表扬之词。

《离骚》那著名的四句开头，便开宗明义毫不掩饰地炫耀自己的身世多么高贵，家里是多么有来头：

帝高阳之苗裔兮，朕皇考曰伯庸。
摄提贞于孟陬兮，惟庚寅吾以降。
皇览揆余初度兮，肇锡余以嘉名：
名余曰正则兮，字余曰灵均。

意思是，我是传说中颛顼大帝的远代子孙，我在寅年寅月的庚寅日出生，生来与众不同。我的名字叫正则（平），字灵均（原），这名字是我爸爸起的，好得不得了，我不是一般人。

夸过自己的出身之高，他又开始赞美自己容貌之美，打扮得漂亮，是万里挑一的美男子，完全堪比纳西瑟斯：

扈江离与辟芷兮，纫秋兰以为佩。……
制芰荷以为衣兮，集芙蓉以为裳。……
高余冠之岌岌兮，长余佩之陆离。……
佩缤纷其繁饰兮，芳菲菲其弥章。……

这几句是说他带上高高的帽子和长长的佩饰，然后自己用荷叶做了衣服，用荷花做了裙子，又采了许许多多的香草挂满全身，香气扑鼻。当然了，他的美丽不光是靠衣服化妆品的雕饰，更是因为天生丽质，引来了别人的妒忌：

众女嫉余之蛾眉兮，谣诼谓余以善淫。

意思是，别的女人出于嫉妒，于是造谣中伤说我好淫。这里，屈原把自己放在和女人争风的位置上，有些奇妙。一般认为这是以夫妇关系比喻君臣关系，他对怀王的感情性质且不谈，但屈原对自己的美貌的确是十分自得，从许多地方还可以看出来。

就像纳西瑟斯一样，根据《离骚》的描写，屈原也在自己身边塑造出了几个美女。当然那些美女他都没有选择，她们的存在只不过是为了衬托他罢了。

忽反顾以流涕兮，哀高丘之无女。
溘吾游此春宫兮，折琼枝以继佩。
及荣华之未落兮，相下女之可诒。

这里说，我在上了天之后，虽然高高在上，却十分寂寞。于是我来到春神的宫殿，折来琼枝替换我原来的香佩，趁着琼花开得最鲜艳的时候，来到人间，寻找值得我送这朵花的女孩子。

吾令丰隆乘云兮，求宓妃之所在。
解佩纕以结言兮，吾令蹇修以为理。
纷总总其离合兮，忽纬繣其难迁。
夕归次于穷石兮，朝濯发乎洧盘。
保厥美以骄傲兮，日康娱以淫游。
虽信美而无礼兮，来违弃而改求。

这里说，我看中的第一个女子是宓妃，先让云神丰隆为我去寻找，让蹇修给我们做媒，解下我的佩囊作为信物。然而这个女人脾气太过捉摸不定，突然就变得乖违起来。她仗着自己长得漂亮就骄傲，天天无休无止地玩乐享受，虽然长得确实漂亮，却十分无礼，于是我抛下她改去追求别人。

览相观于四极兮，周流乎天余乃下。
望瑶台之偃蹇兮，见有娀之佚女。
吾令鸩为媒兮，鸩告余以不好。
雄鸠之鸣逝兮，余犹恶其佻巧。

你看，我上下四方地寻求着，在天上游走一圈又回到人间，我望着那高耸的琼台啊，看到了娀氏族的美女简狄。我想让鸩鸟给我做媒，但是鸩鸟却不答应。雄鸠叫着主动去给我说媒，我却还讨厌它轻佻取巧。

看来，这一次是媒人不好。连姑娘的面都没见到。问题是，诗人连对媒人都那么挑剔，就算他真的见了那美女，又会比对宓妃满意多少呢？

欲远集而无所止兮，聊浮游以逍遥。
及少康之未家兮，留有虞之二姚。
理弱而媒拙兮，恐导言之不固。
世溷浊而嫉贤兮，好蔽美而称恶。

想到远处去找，可却没有地方好去。只觉得世界一片晦暗，没有一个真正配得上他的佳人，只好无聊地游荡着。乘着少康还没成家，我想在他之前，留下那有虞氏的美女二姚。但是，我托去的媒人笨拙不会游说，恐怕他们不会说出推销我的话。再说这个世界是那么的混浊丑恶、嫉妒贤能，都喜欢说别人的坏话，掩盖别人的美。

到这里，屈原已经不相信媒人了，连说媒成不成功他都懒得再去管，反正注定是不成的。当然了，三次恋爱不成功，屈原绝对不会认为是自己的问题。屈原找到灵氛给他算命，灵氛这样说了一通：

曰两美其必合兮，孰信修而慕之？
思九州之博大兮，岂惟是其有女？
曰勉远逝而无狐疑兮，孰求美而释女？
何所独无芳草兮，尔何怀乎故宇？

灵氛说："你想一想，天下是多么博大啊，难道只有那么几个美女？快远远离开这里，不要犹豫了，真正想寻找追求美好的丈夫的女人，谁会放弃你屈原呢？天涯何处无芳草啊，你为什么一定要留恋故土呢？"

这种话，听着很适合安慰那些失恋后走不出来的人。但是，这些话是屈原自己写的，"灵氛说"就等于"屈原自己说"。这么一来，再看这话，如果不是酸葡萄心理，那就是极度自恋了。

求女不成，于是最能欣赏他的，还是他自己。他宣布，自己有着不亚于尼采的盖世才华，这自然是不用说的。

纷吾既有此内美兮，又重之以修能。

他说，“我天生就有许多内在的本质美啊，出生后又修炼出了一些优秀才能。”他认为自己在治理国家大事上颇有才华，于是说：

乘骐骥以驰骋兮，来吾道夫先路。

骐骥就是骏马，国君驾乘骏马才能驰骋，就好比用贤良之臣才能治理好国家。自诩为千里马已经足够骄傲，但这还不能满足屈原，他不是国君的马，他要做国君的引路人！“你驾着千里马，来吧，我给你引道开路！”他还认为自己做的事情，都是在继承古代的贤者，不是如今一般的凡夫俗子可以做到的：

謇吾法夫前修兮，非世俗之所服。

当然了，这样的人总是相信自己是不被理解的，于是：

虽不周于今之人兮，愿依彭咸之遗则。

我实在太优秀了，没有办法让现在的人接收，所以，我还是学古代的彭咸跳水自杀吧。为什么不周于今之人呢？很简单：我是如此漂亮聪明而美好，相比起来，别人又丑又笨又坏：

鸷鸟之不群兮，自前世而固然。
何方圜之能周兮，夫孰异道而相安？

这是说，我是老鹰，别人都是鸡，方和圆没有办法契合起来；我是好人，别人都是坏人。我之所以会碰壁，是因为只有我是对的，其他所有人都是错的。只有我是清醒的，别人都是昏昧的：

举世皆浊我独清，众人皆醉我独醒。

尼采说自己是太阳，光热无穷。而屈原说自己比太阳月亮还要明亮：

登昆仑兮食玉英，与天地兮比寿，与日月兮同光。

他在水边徘徊着，大声赞美着自己的美。如此全方位地自我表扬，让我们想到了《橘颂》中那株橘树，从叶子到花朵，从根部到果实，找不出一点不好。自认为完美的人，才会写这样完美的树。这样的性格肯定不会受欢迎。于是他死了，投水而死，他是中国的水仙花。

但是，实质上，在任何时代，人们都不喜欢自恋的人，包括现代。一个人如若被说成是“自恋”，多半会窘迫异常。“自恋”“自诩”“臭美”“自以为是”“顾影自怜”“搔首弄姿”“自吹自擂”……全都是贬义词。一个从小教育自己的孩子“虚心使人进步，骄傲使人落后”的民族，对于自我炫耀，尤其是对自己外貌打扮的公然炫耀，要容忍尚难，更不必说欣赏。

那么，屈原的那些自我表扬，到底有没有现实基础呢？屈原当然是有才干的：博闻强志，明于治乱，娴于辞令。自恋的人，一般总是有一定的资本，然而一旦他开始自吹自擂的时候，纵有再大的本事，别人也会侧目。何况他还喜好指使他人：

> 前望舒使先驱兮，后飞廉使奔属。
>
> 鸾皇为余先戒兮，雷师告余以未具。
>
> ……
>
> 为余驾飞龙兮，杂瑶象以为车。
>
> ……
>
> 麾蛟龙使梁津兮，诏西皇使涉予。

这里屈原给自己安排了人可以想象到的最大的排场：让月神望舒替他开路，让风神飞廉做他的跟班。让凤凰为他做前导，雷神给他做后勤。为他拉车的是飞龙和瑶池玉象，甚至命令蛟龙为他架桥。《离骚》是一场梦，在这场梦中，屈原和尼采所谓的“超人”是有相通处的。尼采认为，“超人”应当主宰平庸之辈，天经地义。连神仙瑞兽都可以随意呼来喝去，当年屈原在楚王的庙堂之上，是不是也像指挥那些凤鸟、飞龙、玉象一样，颐指气使的呢？

当时朝堂之上对屈原的排挤、反感一定是真的，但在他死后，百姓们对他的哀悼可能也是真的，但，这并不是对一个为民造福的爱国主义者和优秀政治家的怀念，只是对一位自恋又固执又孤独的可怜才子的怜惜罢了。

屈原是死在初夏的一个晴天。从他的绝命词《怀沙》中，我们仿佛还能看到五月初五汨罗江畔现场的一点情形：

> 滔滔孟夏兮，草木莽莽。伤怀永哀兮，汩徂南土。

初夏的阳光还很明亮，草木也长得旺盛。一切看起来安静美好，屈原却伤心地独自向南方走去。

> 眴兮杳杳，孔静幽默。郁结纡轸兮，离慜而长鞠。

那一天很安静，眼前的天地看起来苍苍茫茫的，可以望到很远的地方，周围却安安静静，听不到一点声响。愁眉不展的屈原，已经抑郁了很久，到底什么时候才能解脱。接下来，他再一次地申诉，申诉的内容和《离骚》中差不多，无非还是他如何蒙冤遭屈，社会如何黑白颠倒，自己如何不甘同流合污、不惧以死明志等等。这些话他已经说了许多遍，但这一次，他是真的预备付诸行动了。

当然，在死前，他又一次歌颂一下自己：

> 文质疏内兮，众不知余之异采。
> 材朴委积兮，莫知余之所有。
> 重仁袭义兮，谨厚以为丰。
> 重华不可逻兮，孰知余之从容！

郭沫若对这几句话的翻译可谓精彩到位：

> 我文质彬彬，表里通达，谁都不知道我的出众。
> 我鸿才博学，可为栋梁，谁都不知道我的内容。
> 我仁之又仁，义之又义，忠诚老实以充实自己。
> 舜帝已死，不可再生，谁都不知道我雍容的气度。

眼看天色似乎有些暗了，屈原这时也慢慢来到江边。大限将至，生命就要走到尽头：

进路北次兮，日昧昧其将暮。

舒忧娱哀兮，限之以大故。

这时候，他说出了最后的绝命词：

世溷浊莫吾知，人心不可谓兮。

知死不可让，愿勿爱兮。

明告君子，吾将以为类兮。

意思是，这污浊的世界没有人理解我，和他们也没什么好说的。我知道死是不可回避的，我也不想再爱惜身体。已逝的先贤们啊，我这就随你们去了！据司马迁说，屈原在作完这首《怀沙》诗后，就投江自尽了。有人问，屈原既然这样看重自己，自命不凡，又怎么会如此不自爱，竟会想不通而自杀。其实自杀是自恋的一种极端形式，水仙纳西瑟斯的归宿，和屈原的命运何其相似。平常我们说，你总要去适应社会，不可能让社会来适应你。然而对自恋到一定程度的人而言，任何的妥协和迁就都是不可能的。他们不可能接受“好死不如赖活着”的劝说，宁愿一死来成全自己。这是一种对自己的溺爱：爱到宁愿死，也不肯让自己的心意有一丝一毫的委屈。

“死”的音符，在《离骚》中反复奏出，每一次都强调着那种死不改悔的执拗倔强：

亦余心之所善兮，虽九死其犹未悔。

……

宁溘死以流亡兮，余不忍为此态也。

……

屈心而抑志兮，忍尤而攘诟。

伏清白以死直兮，固前圣之所厚。

不独《离骚》，在《涉江》《抽思》《思美人》《惜往日》等许多诗中，屈原都反复地提到死：

宁溘死而流亡兮，恐祸殃之有再。

宁逝死而流亡兮，不忍为此之常愁。

我们可以看到，屈原的自杀绝不是一时冲动，而是经过深思熟虑后的行动。甚至连自杀方式，都是精心选择过的：

临沅湘之玄渊兮，遂自忍而沉流。

不毕辞而赴渊兮，惜壅君之不识。

宁赴湘流，葬于江鱼之腹中。

水仙的归宿是自沉于水，这是最纯洁清白的死法。过去无法到天上去死，如果能办到，也许有人愿意死在天上，这从当时文人悼念徐志摩的诗里就可以看出。这里不妨举两句黄炎培的诗“料得神州无死所，故飞吟蜕入寥天”，意思是诗人在天上死，是最合适的归宿。自屈原之后，中国文人就有了一种投水情结。投水自杀成了一种文化意象，在文人笔下好像有一种特殊的美。李白就写过。当时有个来自日本的留学生阿倍仲麻吕，汉名晁衡，和李白是朋友。他在回国路上，不幸遇到风暴覆船。李白听到了他溺死的消息，作诗悼念他。

日本晁卿辞帝都，征帆一片绕蓬壶。

明月不归沉碧海，白云愁色满苍梧。

晁衡九死一生幸运地抓住几块漂浮的木板，最终获救了。但是这首哀愁而美丽的诗，却成了名篇。“明月不归沉碧海，白云愁色满苍梧”这两句写得实在浪漫，美得让人忘记了悲伤。难怪后人会不顾李白是得病而死的史实，非要编造一个传说，说李白是在一个月夜泛舟，醉酒，为了在水中揽月，才落水而死。似乎只有这样的死法，才配得上诗仙的身份。

在文学作品里，每当写到纯洁的少女、纤弱的才子的死亡，也总是安排投水情节，让他们“质本洁来还洁去”。比如《孔雀东南飞里》里刘兰芝的“举身赴清池”，就好像《哈姆雷特》里的奥菲利亚，如花瓣一般缓缓沉没。巴金《家》里的鸣凤，更是突出的例子。郁达夫的小说自《沉沦》而始，主角往往是一些困苦的知识分子，凡是死亡的，几乎无一不是投水。

首先要明确一点，屈原之死，无关于爱国主义。我们不妨和两千多年后的陈天华作对比。一样是蹈水，陈天华是为了唤醒民众，确实是为国为民。看陈天华的《绝命书》：

> 欲我同胞时时勿忘此语……“坚忍奉公，力学爱国”。恐同胞之不见听而或忘之，故以身投东海，为诸君之纪念。诸君而如念及鄙人也，则毋忘鄙人今日所言。……诸君更勿为鄙人惜也。……曷若于今日死之，使诸君有所警动。去绝非行，共讲爱国，更卧薪尝胆，刻苦求学，徐以养成实力，丕兴国家，则中国或可以不亡。此鄙人今日之希望也。……

而屈原的死，完全是出于个人的不满。这在《离骚》中已经讲得很明白：

> 已矣哉，国无人莫我知兮，又何怀乎故都?
> 既莫足与为美政兮，吾将从彭咸之所居。

他说，算了吧，这个国家里没有人懂得我，我又何必留恋故乡呢？既然没有值得让我来发挥政治才能的机会，我还不如学古代的彭咸，投水自杀吧。

这里他并没有要唤醒谁，也不是要做什么牺牲，只是对现实失望透顶，自寻了断。问题是，既然这样，屈原的精神还值得提倡吗？为国而死，当然是可敬可佩的，那么为己而死呢？

文人、艺术家，为了“洁身”“遁世”而自杀，历代都有。随便举一些例子，就足以触目惊心。王国维、傅雷、老舍、海子、顾城……这些人的死，往往让普通人觉得不合时宜、不可理解。

如果我们把眼光放远一点，走出国门，还有死在自己的枪口下的凡·高，跳楼自杀的杰克·伦敦，用裁纸刀割喉的莫泊桑，口含煤气管自杀的川端康成。以一般眼光看来，他们并没有处在非死不可的穷途末路。茨威格最是奇特，他死于纳粹投降前夕。当时他住在战火不曾袭及的南美，过着衣食无忧的生活，却与妻子一同自杀。他在遗书中表示，虽然明知道光明会来，却依然选择死，并不是看不到希望，而是一天也不愿与肮脏同在。

同样的黑暗，别人都可以生活下去，他们偏偏活不下去。屈原是这一批人共同的原型。似乎并不能说屈原的自杀，就高于海子、三毛的自杀，就高于因为失恋的哀怨而选择不归路的青年。对屈原式的死，应当怎么评价？人的生命到底在多大程度上属于自己？人有没有权利支配自我？当受到侮辱的时候，当感到委屈的时候，当别人要求你活下来而自己却认定生命已经没有延续的意义的时候，人有没有权利选择死？这是一个问题。

现在每次有自杀轻生的报道，往往引来非议。轻生者不是被批评心理素质太差，就是被说不孝。中国自古讲究“身体发肤受之父母，不敢毁伤”。就算受了一点委屈，你怎么可以就这样放弃社会责任，让父母家人伤心？在西方，传统上认为，人的生命所有权属于上帝，也反对自杀。在传统的天主教时代，凡自杀者甚至不允许以正常体面的方式下葬。个人自由和社会责任，在争夺着对我们自己的支配权。最终的权衡还是在每个人自己，只要心安就好。所以从社会公益的角度，我们绝不应该提倡向屈原学习。

汉字中的文化基因*

继“国学热”之后，近来又悄悄地兴起一股“汉字热”。中央电视台的汉字大赛创造了连主办方自己也没有想到的收视纪录，上海教育电视台的《我爱汉字美》也得到普遍的好评，类似节目也纷纷跟进。这说明大众似乎已经厌倦了各类选秀节目，他们把自己的关注、热情和崇敬转移到了知识文化上。这也反映出，我们现在太缺乏传统文化的滋养了，以至于只要稍微办得不错的相关节目，就可以令人瞩目。

和拼音文字不同，汉字并不一定要组成词汇、句子才有意义。单个的汉字，就兼容了音美、形美和意美。北京奥运会时，一个篆书的“京”字就能化身为一套最完美的徽标设计，而这仅仅是“形美”的一方面而已。这种高度的凝练浓缩，使得每一个字都有满满的容量和内涵。一字一历史，一字一故事，我们的汉字，是一种能以小见大的“全息”语言。所谓的全息，即是说一个小小的部分就包含了整体的全部信息。现代生物学发现，生命的密码都藏在“基因”里，只要撷取一个小小的细胞，无论是来自头发稍还是脚后跟，都可以解

* 2012年在上海市干校学习班上的演讲。

读出这个生命的全部信息，而且这些信息可以通过叫作DNA的物质代代相传。我们汉民族在生理上继承了祖先的基因，在文化上，同样领受着先人的馈赠。而这同样代代相传的文化基因，就藏在我们每天使用的汉字里。

和生理的基因一样，文化的基因融化在血液里，融化在每一寸身体发肤里，影响着我们每一个人的一言一行。那么，这是怎样的一种基因呢？曾经，在那些要废除汉字的人来看，这是“有病”的，有“结核病”，是“落后”的，甚至是“吃人”的。他们试图摆脱它，却发现脱不了、洗不掉。

今天，我们再一次审视自己的文化基因，发现它很美，丰富而纯粹。随着教育的普及和计算机输入技术的进步，汉字复杂的图案形式，已经不再是缺陷，而愈发散发出令人着迷的青春魅力。

那么，我们的文化基因里究竟蕴含了怎样的一种价值观，这种价值观有没有可能在新的时代继续指引我们？要回答这个问题，我们必须先确定的是，现代的我们需要关注的价值是什么？当年鲁迅等人认为旧礼教“吃人”，而相对地提出“立人”。康德说人是一切的终极目的。一个文明的社会，必然应当以人为本。一种文化，究竟是吃人还是立人，这是一个判断的指针。

今天我想通过几个字，解读这些字里所包含的文化密码，重新回顾一下我们的祖先对天地人生的看法和思考。借着这几个汉字，审视一下传统文化和现代文明的兼容性。我们先从“人”字谈起，再来说“仁”“义”“礼”“智”“信”“孝”“和”这些字当中包含着的价值观。

天地之间“人”为大。我们先讲一个“人”字。甲骨文里“人”字是一个侧面的形象——，仿佛一个劳作的人的剪影，仿佛是在从旁边观察。人是这世上唯一能够跳出主观的视角来反省和思考的生灵。古希腊德尔菲神庙前刻着一句神谕：“人啊，认识你自己”。造出这个侧面的“人”字的时候，我们中华文明的祖先和世界上其他的许多智慧文明一样，开始思索“人”为何物。《说文解字》里对“人”字的解释是令人震撼的：“人，天地之性最贵者也。”这个说法是来自儒家思想。儒家经典中，处处可见从根本上的对人和人性的肯定。《尚书》中说：“惟天地万物父母，惟人万物之灵。”《论语》中记载孔圣人知道马厩着火，首先问的是“伤人乎”，而不问马的损失。

中国文化肯定人的高贵和伟大，所以伟大的“大”，也是根据人的形象所造的——。“大”字是一个正面站立的，展开四肢的人。这个字的创造更加明确地传达了我们祖先的一种信念。要知道古人并非没有见过“大”的东西，别说巍巍高山浩浩河川，就连地里的一头牛，也比人要“大”得多。那么为什么创造“大”字的时候要以“人”为模特?

《说文解字》对“大”字的解释是：“大，天大地大人亦大，故大象人形。”这个说法，却是出自道家思想。老子的《道德经》说：“道大，天大，地大，人亦大。域中有四大，而人居其一焉。”老子说，人和天、地、道（宇宙最高的规律）是并列的，并称为“四大”。

看来，当年造字的祖先对“大”的理解，超越了物理空间上的大和小。他们看到了人的思想和精神上的伟大，于是把人提到了这样高的地位。儒家也有类似的宣言，《中庸》说道：“能尽人之性，则能尽物之性；能尽物之性，则可以赞天地之化育；可以赞天地之化育，则可以与天地参矣。”这个“参”通“叁”。也就是说，能尽人性，就可以和天、地并列为三。儒家不但颂扬人性，而且提倡充分地发展人性，认为人性的光辉可以与天地日月同光。

法国哲学家帕斯卡尔说过：“人只不过是一根苇草，是自然界最脆弱的东西；但他是一根能思想的苇草。用不着整个宇宙都拿起武器来才能毁灭他；一口气、一滴水就足以致他死命了。然而，纵使宇宙毁灭了他，人却仍然要比致他于死命的东西更高贵得多；因为他知道自己要死亡，以及宇宙对他所具有的优势，而宇宙对此却是一无所知。”曾经有无数人被这段话中闪耀的对人性的赞美感动。其实，这个涵义，早已经包含在我们祖先按“人”的形象所造的这个“大”字当中了。

和“大”字类似的，是“大丈夫”的“夫”字——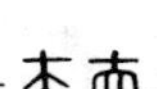。《说文解字》解释说：“夫，丈夫也。从大，一以象簪形也。”在人的头上插了一根簪子，更显得郑重。古代男子二十岁成年，就要盘起头发，插一根簪子，象征他不再是个男孩，而是一个“大丈夫”了。清朝的段玉裁为说文解字做了注，里面有一句话耐人寻味：“从一大则为天。从大一则为夫。于此见人与天同也。”大意是说：这“天”字和“夫”字只差一点点，都是一个“大”字加一个“一”字，一横上来一点就是天，下来一点就是夫，这说明人和天是相通的。

可见我们的祖先在思考“人”的同时，也始终在思考“人”在天地之间的位置，并在造字中体现出来。

我们再来看“天”字——。《说文解字》对“天”的解释是：“天，颠也。至高无上，从一大。”“天”在我们的文化当中，不仅仅意味着头顶上方的一团空气，更代表着“至高无上”。

“天”的象征意义，是令人深思的。因为天在人的头顶，叫人谦卑地仰望。而这样的高高在上，是有些人所深恶痛绝的。在专制制度下，“天”似乎就意味着压制：臣的天是君，子的天是父，妻的天是夫。在皇权社会，皇帝代表至高无上的天，称“天子”。如果皇帝发怒叫“天威震怒”，皇帝有赏赐则叫“天恩浩荡”……但是，这种对“天”的解读，并不是自古而然的。实际上，在经典里，对“天”自有另一种理解。《尚书》说：“天视自我民视，天听自我民听。民之所欲，天必从之。”这是以民为本的思想。司马迁的《史记》这样讲：“王者以民为天，而民以食为天。”这是民生的思想。汉朝的《说苑》这样讲：“君人者，以百姓为天。百姓与之则安，辅之则强，非之则危，背之则亡。”这是代表人民利益的思想。

“至高无上”的概念本身是有意义的。无论是国家、民族还是个人，都需要有信仰，没有信仰是很可怕的。但是，以什么为“至高无上”，这可以随着社会的进步而不断地探索和商榷。事实上，古人已经给出了他们的思考和答案。

“人”的头上是青天，与之相对，脚下踏的是大地。请看“立”字——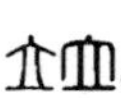。人，堂堂正正站在大地上，这个字是站立的“立”。“立”字，反映出中华文化务实的一面。先立足于大地，然后再仰望星空，眺望四方。儒家最常用这个“立”字来唤起人们的责任感和使命感。孔子说“三十而立”，意为人到了一定的年龄就要能够独立成就一种事业，负起责任。《左传》中说的三不朽，指的是“立德、立功、立言”，这三个“立”成了后世很多人一生所追求的终极目标。

为了达到人的终极信念，达到社会的和谐，中国传统道德特别强调——仁、义、礼、智、信——“五常”。

我们先来说五常之首：“仁”——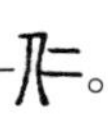。“人”加上“二”，说明“仁”是人与人之间相亲相爱的一种关系。也有人说，“仁者兼爱”，“仁”是博爱。在孔

子的思想中，“仁”是至高无上的完美道德，是要用生命来成全的。所以他说：“志士仁人，无求生以害仁，有杀身以成仁。”我们平时说“不成功便成仁”，这个成仁就是“杀身成仁”的意思。

那么“仁”到底是什么含义呢？这个问题太深了。记录孔子言行的《论语》里，“仁”就出现了 109 次，每次有人问他“什么是仁”时，他会给出不一样的答案，这说明“仁”的内涵是很广的。孔子对“仁”最精炼的解释，就是“仁者爱人”。仁就是爱，这个解释是最简单，也最有普世意义的。孔子说，“智者乐，仁者寿”。就是说善良的人、有爱心的人、心态好的人，会比较长寿，他生命的质量也要比成天勾心斗角、尔虞我诈的人来得高，因而也活得更崇高、更有意义。

我们再看“义”——義。“义”是上“羊”下“我”。“羊”是一种美好吉祥的动物，代表“善”。凡是和“羊”有关系的，如美好的“美”、祥和的“祥”、善良的“善”，都是好字。下面的“我”是什么意思？“我”这个字属于假借字，本来不是表示自己。我们看到右边有一个“戈”，大动干戈，金戈铁马的“戈”。凡是带“戈”的字都和战争、武器有关。比如战争的“战”，吕布用的方天画戟的“戟”，“兵戎相见”的戎，等等。所以“我”字本来也是兵器的一种。兵器表示威严，“羊”下有“我”，表示这是一种善的威严。

比较一下“仁”和“义”的区别。“仁”是像春风一样的温和、亲切，安慰人心。而“义”像带有锋芒的宝剑，斩除邪恶。孟子说，“仁”是源自人的“恻隐之心”，就是同情、体恤别人的心理。“义”是源自人的“羞恶之心”，那是嫉恶如仇，无法忍受不公平不公正的心理。孟子说过“舍生取义”，所以说是“孔曰成仁，孟曰取义”。因为侧重点不同，孔子和孟子的风格也不一样。孔子给人的感觉是温和的，孟子就犀利得多。孟子会直接对国王说：“用政治杀人和用刀子杀人没有区别。外面有人饿死在路上，王宫里的马却都喂得肥肥的，你这是带着野兽在吃人！”如果换了孔子，估计不会说得那么直接。

说到仁义，那又不可避免产生一个问题：对敌人也要讲仁义吗？其实，这也是从古到今都有争议的问题。古代有一个著名的案例，就是所谓的“愚蠢的宋襄公”的故事。

宋国在春秋时期是一个不大不小的国家。但是宋国国王的爵位是最高的，宋襄公是公爵，当时最厉害的春秋五霸之首齐桓公也不过是个伯爵。但是爵位高不等于实力强大，想在群雄争霸的春秋时代做出点事业来，一要靠实力，二要靠机智。所谓的机智，其实也不乏阴谋诡计、邪门歪道。那时讲究的是实用主义，只要能达到目的，很多人是不择手段的。就算讲仁义道德，一般也只是摆摆场面，实际上还是靠拳头说话。可宋襄公偏偏是个例外，他是真的相信仁义道德的。也许是因为他爵位高，而且他祖上是商王朝的后裔，算起来比周天子的资格还老，所以有一种贵族情结。就像西方中世纪的骑士风度一样，头可断，仁义道德是不能不讲的。在那个时代，宋襄公这样的国王就成了稀有动物，甚至成了笑柄。

有一次，宋国和楚国打仗，宋襄公御驾亲征，宋国的军队打出一面旗，上面写了“仁义”两个大字。到了战场上，宋国的军队已经列好了队形，楚军才开始过河。宋襄公的哥哥子鱼对宋襄公说：“我们趁楚军渡河到一半的时候杀过去，定能取胜。”宋襄公却指着战车上的“仁义”之旗说：“人家连河都没渡完就打，那算什么仁义之师？”等到楚军全部渡完河，在河岸上布阵时，子鱼又劝宋襄公说：“趁楚军还乱哄哄地布阵，我们发动冲锋，也还能取胜。”宋襄公又说：“不行！人家还没布好阵，你便去打他，这太不光明正大了，不仁不义。”宋襄公的话才说完，楚军已经布好阵，列队冲了过来，宋军大乱。宋襄公是个仁义的人，所以身先士卒冲在最前面，却陷进了敌阵，还被箭射中大腿。因为宋襄公平时最讲仁义，对待下属非常好，所以他的属下拼死保护他逃得一命，但那杆“仁义”大旗，早已不知丢到何处去了。这次战败，宋国元气大伤，宋国的上上下下都骂宋襄公蠢，宋襄公也不生气，但还是很固执地说：“仁义之师要以德服人，公平交战，不能乘人之危去打别人。而且君子不伤害已经受伤的敌人，不杀年迈的老兵，不虐待俘虏。”子鱼听了，哭笑不得，说你这叫打什么仗，还不如直接向敌人投降算了！大家都说，宋国人脑子不好，想用“仁义”来战胜别人的刀枪，这不是傻吗？宋襄公确实是傻，其实他说的公平交战、不杀老兵之类的，也不是他自己发明的，而是古代传统两军交战的规矩，是君子风度的象征。但是那个时候仁义道德早已沦丧，谁把仁义当真谁倒霉。历史是以成败论英雄。不过，如果我们换一个角度看，宋襄公傻得可爱，他有值得佩服的一面。在世风日下的时代，他还守着君子风度，有一种知其不可而为之的精神。现在有学者为宋襄公翻案。从结果来看，他确实失败了，但他至少让我们看到，道德并不是一个神话，是有人坚信、有人奉行的。如果把遵循仁义道德的人视为愚蠢，把破坏规矩的人当作聪明，那么我们就难免有一天会买到伪劣的商品，吃到有毒的食物。这就是为什么说有时候手段甚至比目的更重要。现代文明提出“程序正义”这个概念，不是没有道理的。

说完仁义我们再说说“礼”和“智”。

礼，禮的左边是示字旁,“示”是一个祭台，说明“礼”和神圣的东西有关。右边呢？是一个装得满满的容器。这种容器叫作“豆”，是一种高脚的碗，祭祀的时候拿它来盛祭品。祭台加上祭品，“礼”就是在面对神灵或者祖先的时候要做的一系列郑重恭敬的行为。礼貌礼貌，“礼”和“貌”都是外在的，不像仁和义是内在的。有人说，做给别人看的东西不重要。其实，行为和内心是会相互影响的。所以孔子说:“克己复礼为仁。”遵守“礼”是“仁”的一个条件，对别人有礼，显示出来的其实是自己的格调高下。季札、宋襄公，他们就是守礼的典型。这很可能和他们贵族的身份、从小受到根深蒂固的贵族教育有关，所以不屑于做违背礼节的事。所以孔子又说:“不学礼，无以立。”

据说，二战时英国的国王爱德华有一次去视察一个贫民窟，走到一个破烂得快要塌倒的房子前，房子的主人是一个老太太。国王很郑重地问老太太，“请问我可以进来吗？”法国的皇后，在大革命的时候被抓起来要砍头。就在她走上断头台的那一刻，不小心踩到了就要砍下她的头的刽子手的脚，她马上说了一声:“对不起，先生。”所以贵族气质是藏不住的。礼就是高贵的表现，冯友兰先生说过:“礼使人的情感净化、雅化。”净化就是变得温良，雅化就是变得高贵。礼是秩序、规范、制度。不能设想，一个社会如果没有礼，将成为什么状态!

有人说，封建礼教是吃人的，其实那也是一种误解。在那个社会发展阶段，在那个体制下，“礼”还是起到了稳定社会秩序的作用，有秩序总比无序要好。任何社会都需要秩序，都需要礼。一旦礼崩乐坏，给社会给人民带来的便是灾难。

何况，传统文化中的礼，是非常人性化的。《礼记·乐记》中，对于礼的概念作用乃至于要掌握的度，都说得很清楚:“乐者为同，礼者为异。同则相亲，异则相敬。乐胜则流，礼胜则离。礼义立，则贵贱等矣。乐文同，则上下和矣……乐由中出，礼自外作。……”这段话的意思是说，乐是发自内心的，礼是外加的；乐是人的内心需求，礼是人的外部约束；乐体现出各人的同，礼体现出各人的差别；因为有相同的方面所以大家可以相亲相爱，因为有不同的地方所以大家应该相敬如宾；乐过分了，距离太近了，就会太随便；礼过分了，距离太远了，就会有隔阂；礼乐适当，那么上下贵贱都能和睦相处了。这说明，我们的祖先对礼乐的由来、目的、使用，早有准确的理解，有度的把握。

“智”是个后起字，原来的字是“知”。孔子说“知者乐水，仁者乐山”的时候，用的就是知道的“知”。我们看这个字，一个“矢”加一个“口”,“矢”就是箭。出口如箭为“知”，就是言辞犀利、准确，一语中的。后来再加上一个“日”，就是现在智慧的“智”，表示像太阳一样明察秋毫。

“礼”和“智”配合在一起，才显得既有风度又不迂腐。所以古人把“智”也当作“五德”之一。《世说新语》里讲过一件事，说东汉的时候，有一个人叫陈寔，他和朋友约好在正午见面，朋友迟到了，陈寔等了半天等不下去就先走了。走了之后，朋友才姗姗来迟。陈寔的儿子陈元方当时才七岁，在门外一个人玩。那朋友就问陈元方：“你爸爸在吗？”元方很有礼貌地回答说：“我爸爸等了您很久您没有到，已经先走了。”谁知那朋友大发脾气说：“这家伙真不是人啊！和我约好一起走，却丢下我一个人跑了。”七岁的陈元方反应很快，马上说：“你和我爸爸约在正午见的，你迟到了，这是无信；当面骂别人的爸爸，这是无礼。”把对方说得哑口无言。陈元方也不管他，头也不回地进屋去了。别看这孩子小，这话说得有礼有节、一针见血，让人没法怪他无礼。这就是“智”。

当然，“智”并不是那么简单，从处世到治国，处处需要“智慧”。“智者乐水，仁者乐山”，“智圆行方”，这些话把智与仁、智与礼的关系说得十分明白的。

我们再来看诚信的“信”字。信和诚，分不开。诚，是“言”字加一个达成的“成”字。凡是说出来的话都要达成，都要实现，就是“诚”。

 人言为“信”。“言”是什么意思？我们看形状，这是人的舌头。所以有时候“信”也可以指舌头，“白蛇吐信”的“信”就是蛇的舌头。舌头是说话的器官，人言为信，就说明“信”是指人说话的时候要遵守的规则。

诚信对现代人来说可能是最敏感的一个道德名词了。我们好像已经习惯了欺骗，习惯了互相防备，现代人警惕性都很高。老人摔倒了，只有大声说是“我自己摔的”，才有人敢上前帮忙，归根结底就在于诚信的缺失。

有人很痛心，说中国人难道素质就不如别人吗？难道我们的民族天生缺乏诚信吗？应该不是，我们从古至今就有无数诚信的箴言，小学生写作文都能一引一大串。孔子说过，“人无信不立”，“人而无信，不知其可也”，能够用自己的行动来实践诚信的人也不少。

季札，就是这么一个人。春秋的时候，各国争霸，应该是一个兵不厌诈的时代。有一次他奉国君的命令，出使晋国。作为外交大臣，他随身佩戴了一把非常贵重的宝剑。在出使的路上，他路过了一个小国——徐国。出于礼貌，当然也要去拜访一下人家的国君。徐国的国君最喜欢宝剑，他一眼看到了季札的宝剑，眼神就不动了。但那是别人的东西，总不好意思开口讨。徐国国君这种渴求的眼神，季札看在眼里，没说什么，但是心里暗暗地决定：我现在有外交任务在身，不能随便把宝剑给人，但是等我从晋国回来了再经过这里的时候，我一定把宝剑送给他。后来季札出使晋国回来时，特意再拜访徐国。可是徐国的国君这时已经不幸去世了。季札当即决定，把宝剑送给新的国君，也就是老国君的儿子。他的随从劝他说：这么贵重的东西，怎么好随便送人呢？你又没答应过他。季札说，我嘴上是没答应，但是心里已经答应过了。我不能为了一把剑欺骗自己的心。于是郑重地把宝剑送给新国君。可是新国君也是一个讲诚信的人，他说，我父亲没有遗命，我不好随便收下你的东西。于是，季札最后找到老国君的墓，把那把宝剑挂在那里，转身就走了。从此留下一个“季札挂剑”的成语。这说明诚信说到底，其实不是和别人的事，而是你和你自己的心之间的事。很多事情，选择欺骗还是诚实，只有你自己的心知道。

不过，话说回来，既然中国文化如此强调诚信，为什么不管是历史上还是我们现代，都还有那么多欺骗的事情发生呢？为什么《三国演义》里写刘备借荆州一借不还，刘备这一边还被塑造为正面的形象呢？这可能和中国人的另一种诚信观有关系。

梁启超先生在《李鸿章传》里面写过一件事。当时李鸿章还是淮军的领袖，专门镇压太平天国运动。在李鸿章的军队里有一支特别的军队，叫“常胜军”，是用现代化的西洋式武器装备的。领队的也是洋人，是一个叫戈登的英国人。那个时候太平天国大势已去，李鸿章的军队节节胜利，一直打到苏州城下。当时太平军占着苏州，但在李鸿章军队的攻势下已经快顶不住了。这时候苏州城里的太平军领袖也开始考虑投降，就派出代表来见李鸿章。李鸿章答应太平军的代表，说：“只要你们开城投降，就保证不杀他们，而且可以由外国人戈登作中间人担保。”太平军一看有外国人作保，觉得有第三方总是比较可信的，就相信了李鸿章的话，开城投降了。苏州城没怎么费劲就被李鸿章拿下了。谁知李鸿章进城之后一琢磨：不行，留着这帮反贼日后是个祸患，还是杀掉拉倒。结果他违背了诺言，把那些人都杀了。英国人戈登那时被派到外地去了，不知道。等他回到苏州，人早就死了。戈登听说了气得肺都要炸了。“你李鸿章自己不诚信，还要拖我下水。”英国人是把信誉看得比生命还重要的。于是戈登拿着一把手枪，在军营里到处找李鸿章，说要和他决斗，先杀了他，再自杀。李鸿章悄悄躲了起来，戈登在气头上，居然一连搜了三天三夜才作罢。其他军官以为这洋人是不是脑子有问题。过去说到这事，还说是帝国主义对我们的偏见。其实，这和政治没有关系，只是戈登和李鸿章个人的诚信观不同。以李鸿章为代表的一部分中国人认为，诚信固然要讲，但是如果目的是好的，骗骗人也不怎么要紧，大丈夫言不必信、行不必果。再说，和坏人讲什么诚信呢？李鸿章可能认为，反贼是不值得他讲诚信的。但是西方人的想法不一样，他们认为你做一件事不仅要有正当的目的，而且要有正当的手段；不管对象是谁，也不管你自以为你的目的有多么高尚，如果你用了阴险卑鄙的手段，那就是人格污点，没什么好说的。

挂剑而去的季札和杀死降卒的李鸿章，一个是洁身自好的君子，一个是兵不厌诈的政客，两个人代表了中国两种不同的诚信观。究竟谁是谁非，恐怕一时也争论不清楚。不过从长远来看，把欺诈作为手段，总是难以长久的。一个社会要维系下去，最重要的就是信。

除了仁、义、礼、智、信这五常之外，还有四个字也是我们一直提到的。如果我们到湖南的岳麓书院，就能看到书院的墙上写着四个大字，也就是它们的校训：忠孝廉节。那是理学家朱熹的手笔。还有一个人也爱写这四个字，那就是宋末抗元英雄文天祥。

我们先来看这个“忠”字。下面是心字底，表示“忠”是一定要用心的，所以我们说“赤胆忠心”。“中”，表示中正，不偏不倚，正直不懈。所以合起来，“忠”就是一颗正直的心。真正的忠臣绝对不会谄媚。在那里整天叫着要无限忠于谁谁谁的，还有说“君要臣死，臣不得不死”的，其实和“忠”的本义是不合的。其实，“忠”和无条件的个人崇拜本来关系不大。孔子说过：“君使臣以礼，臣事君以忠。”这是一个相互的关系，没有一方要无条件效忠另一方的意思。曾子说“吾日三省吾身”，每天要从三个方面反省自己，第一个方面就是“为人谋而不忠乎”，即为别人办事有没有做到“忠”呢？这个“忠”肯定和个人崇拜没关系。中学课文里有一篇《曹刿论战》，当中说道，鲁国的国君告诉曹刿，他对大大小小的案子一定要调查清楚，尽量做到实事求是。曹刿听了，赞叹了一句：“忠之属也。”如果把“忠”理解成个人崇拜，这里就说不通了，怎么能说国君“忠”呢？一国之君还能忠于谁？其实，要比喻成现代的道德的话，“忠”应该相当于负责、敬业，尽心尽力办好自己职责内应该办的事为忠，而不是谄媚于哪个人。

写下忠孝廉节四个字的文天祥，宁死不屈，留取丹心照汗青，肯定是忠臣。但是，可能有人不知道，其实文天祥在努力组织抵抗的时候，南宋的皇帝已经被元军俘虏，而且也已经投降了。文天祥被抓以后不肯投降，元朝的统治者就想，你既然是忠臣，皇帝的话总要听，就让皇帝去劝他投降。那皇帝其实也只有五岁，还不懂事，亲自到关押文天祥的地方去劝降。文天祥跪在地上，只说了“圣驾请回”四个字，然后随皇帝怎么说都不开口了。元朝的统治者就说了，你连皇帝都不理，这也算忠臣吗？文天祥回答说：“当此之时，社稷为重，君为轻。我是忠于社稷，所以是忠臣。”这就是文天祥对“忠”的理解。

再来说“孝”。孝，上面是个省略了一半的“老”字，或者叫“老字头”，看上去就像一个弓着背、长着长长的头发的老人。下面是个“子”，非常形象。“老”字省略掉的部分其实是他的拐杖，在“孝”字里面，“子”代替了拐杖，扶起老人，这就是“孝”。中国在实行科举考试之前，做官是靠推荐的，

叫“察举制”，有点像现在有的学校搞的“校长推荐制”。当时推荐人才主要看两个方面，在私德上最要紧的是孝顺，做官最要紧的是清廉。所以当时得到推荐的人才就叫“孝廉”。儒家把孝看得很重，把“孝”说成是为人之本。“君子务本，本立而道生。孝悌也者，其为人之本与。”在儒家看来，一个孩子首先接触的是父母兄弟，父母兄弟是最亲近的人，爱就是从最亲近的人做起，扩而大之，推而广之，老吾老以及人之老，幼吾幼以及人之幼，再推而广之到对于动物植物、对生我养我的环境的爱。《大戴礼记·曾子大孝》甚至说：“伐一木，杀一兽，不以其时，非孝也。”由此可见，孝，绝对不仅仅是简单的孝顺父母而已。

我们再来看“廉”。“廉”是形声字，广字头的字都和建筑有关，比如车库的“库”，寺庙的“庙”，小店的“店”，所以“廉”本来也是和建筑有关的。廉是什么意思呢？过去的人住四合院，最正中的一间大屋叫作堂屋，堂屋两侧的侧墙就叫作廉。因为它有棱有角，所以又有锋利的意思，加上金字旁，就是镰刀的“镰”。

从墙的棱角让人联想到人的棱角。一般来说，官场上想混得好，大部分人都不得不圆滑一点。但总有人就是不肯磨平棱角，做官做得方方正正，像是包拯、海瑞这样的人，就叫“廉吏”。当年岳飞曾经对皇帝说过一句话，只要文官不爱钱，武官不惜死，就能天下太平。这话到今天还是很有生命的。

忠孝廉节的最后一个字是“节”。“节”也是形声字，竹字头说明这个字和竹子有关。

过去有一副有名的对联赞美竹子：“未出土时便有节，待到凌云更虚心”。一个人要做到这样确实是很不容易的。一般来说，性格温和的人容易胆怯，有气节的人又容易骄傲，很难两全。比如明朝的大才子徐文长，性格倔强。他家里穷，但是名声在外。有一次新任的县令坐着轿子，带着随从，特意到徐文长那个小小的书屋拜访，徐文长居然闭门不见。县令只好回去了。第二天徐文长给县令捎了个纸条：“传呼拥道使君来，寂寂柴门久不开，不是疏狂甘慢客，恐因车马乱青苔。”意思是说，我这小书屋不接待你这么大的排场，怕你那么多人踩坏我们家的青苔。这个县令也有气量，换了件便服亲自登门拜访，徐文长才接待。要说气节，徐文长绝对是第一流的，但是他的这个脾气实在是坏，很难和人相处，所以他这一生遭遇那么多坎坷，也和他的性格有关系。

其实，气节和虚心能够两全的人也不是没有。又要说蔡孑民先生了，当初学生搞运动，他并不十分支持，但是学生被捕之后，他为了保护学生，可以和当局去据理力争。救不出学生，他的校长情愿不当。他平时总是以慈祥的神情、温和的语气待人，但关键的时候毫不含糊。这样的人，有傲骨而无傲气，所以谁都敬他，谁都爱他，他是真正的“蔼然仁者”。

今天我们谈的是中国人的传统道德：忠孝廉节，仁义礼智信。我们发现，道德不是一个简单的问题，道德判断是要谨慎的。老子说过：“上德不德，是以有德。”意思是说，真正有德的人，不必一天到晚把“德”挂在嘴边。我们讲道德，不等于要做迂腐的道德卫道士，不是为了教训别人，而是为了使自己心安。

我们最后来讨论一开始就提到的“和”字！这是我们所追求的社会境界。刚刚召开过的中共十八大提出今天所要倡导的价值观：“富强、民主、文明、和谐”，“自由、平等、公正、法治”。它的核心是建设一个和谐社会，古人早就明白这个道理，孔子说，“礼之用，和为贵”。礼的作用，归根到底，是为了“和”。

龢龢龢，这就是和谐的“和”字的一种写法。禾苗的“禾”字还在，只是放在了右边。左边的部分比较怪异，不是“口”，这像什么？“龠”这个字分上中下三部分。下面是很多竹管扎在一起，中间有三个孔，再上面有一张嘴在对着孔吹。原来这是一种管乐器，这个字读“yuè”，现在表示管乐器时在本字上面加了一个竹字头，写作“籥”。

我们说“和”字，要从“龠”字开始说起。《说文解字》说这个字就是三孔的竹管，这种乐器不但自己单独发出声音，而且可以调和各种声音。

古人最早的“和”的观念就是从音乐里面悟到的。什么是音乐？音乐无非就是一系列的声音。声音本身没有区别，从物理学的角度讲都是一定频率的音波。组合得好就美妙，就和谐，听起来就舒服。

烹饪也讲调和。所以“龠”字的边上是禾苗的“禾”字。烹调就像奏乐，一道美味佳肴和一曲动人的旋律，都是几个不同的元素的和谐组合，调和得好就美味无穷无尽。所以烹饪也是一种艺术，好的厨师也是艺术家。

但是有些人对“和”有误会，以为和谐就是一个标准，认为“和”就是相同。

其实，古人很注意“和”与“同”之间的区别。《晏子春秋》中就记载了这样一件事：齐景公非常宠爱一个大臣梁丘据，这个梁丘据呢，有点像我们电视剧里演的和珅，非常懂得讨好国君，齐景公说一他绝不说二，把齐景公哄得很开心。有一天齐景公就感慨地对晏子说，“这满朝的大臣呀，只有梁丘据跟我的关系谈得上是‘和’。”晏子回答说：“梁丘据哪里谈得上‘和’！只不过是‘同’而已。”齐景公觉得奇怪了：“他和我关系那么好，我说什么他都同意。这不就是‘和’吗？‘和’与‘同’有什么区别吗？”晏子说：“这当然有区别了。就好比做菜，什么味道多了，就要减少一点，什么味道少了，就要增加一点，始终保持平衡，吃起来味道才好。这里有个度，君臣之间也是一样的道理。国君作出一个什么决策的时候，作臣子的总是要发出一点不同的声音，指出国君考虑欠妥的、疏忽的地方。这样制定出来的决策才会更加合理。梁丘据根本不是这样。您说怎样就是怎样，他从来不投反对票。就好比您往菜里加了一把盐，他跟着加了十把盐，这菜还怎么吃？又好比在一个乐队里，您吹箫他吹得比你更响，您弹琴他弹得比你更重，这还叫乐队吗？”齐景公恍然大悟，连连称赞。这就是历史上著名的“和同之辩”。孔子用一句话很精炼地表达了这个思想：“君子和而不同，小人同而不和。”

“和”太重要了，任何领域都应该追求“和”的境界。不管做什么，“和”都是最佳状态。一个家庭要做到“家和万事兴”，做生意讲“和气生财”，搞政治要求“政通人和”，做事业要“和衷共济”“内和外顺”，与人相处要“心平气和”，过去的外交部，挂着一个匾，上面写着四个字：“协和万邦”。要让世界都和谐！多有气派，多有胸襟！

大家知道，苏东坡是“和”的典范，他曾写信给他的学生张耒，批评王安石讲同不讲和。他说：“王氏之文，未必不善也，而患在好使人同己。……地之美者，同与生物，不同于所生，惟荒瘠斥卤之地，弥望皆黄芽白苇，此则王氏之所同也。”大地为什么美，就是因为“和”，同的结果只能是沙漠芦苇荡而已。

总之，和谐是中国传统文化中的精华，是最宝贵的思想财富。可惜，如今我们很缺少“和谐”的元素，相反，一味强调“斗争”。很多孩子从小就被灌输：你要成功，就要学会竞争；这个世界是很残酷的；你不压倒别人就要被别人欺负；落后就要挨打，对敌人的宽容就是对自己的残忍；等等。这与和谐的理念正相反。

最近，习近平书记在欧洲很多国家讲话时多次提到“和而不同”，看来重新认识传统文化，了解汉字中所蕴含的文化基因，已经是迫在眉睫的事情了。

鲁迅的骨气、傲气及其他*

一

中国有句俗话说，“人不可以有傲气，但不能没有傲骨”。这话很精辟，它区分了“傲气”和“傲骨”。但我们在品评人物时，却往往忽略了它们的差别。毛泽东说，鲁迅的骨头是最硬的，他没有丝毫的奴颜和媚骨，这是殖民地半殖民地人民最宝贵的性格。事实果真是如此吗?

吴中杰先生是我尊敬的前辈，他在《鲁迅风骨》一文中也谈了鲁迅的骨气，文章最后号召大家:“我们纪念鲁迅，就要学习鲁迅精神，高扬鲁迅风骨。”可惜，吴先生在洋洋三四千字的文章中，只举了鲁迅的三个事实，其余都是分析鲁迅的思想。比如“立人”的思想，表示鲁迅对独立的人的重视；狼羊之辩，表现出鲁迅的不媚强、不凌弱。

孔夫子说，我们对一个人，要听其言而观其行。同样，对鲁迅，我们不光要听他是怎样说的，还要看他是怎样做的。

* 2011 年在复旦大学哲学系给新加坡留学生作的讲座。

二

吴中杰先生着重分析的三件事，都是经常被用来说明鲁迅有“傲骨”的佐证。一是女师大事件，学生闹学潮，他敢于站在学生一边与名流学者争，敢于反抗上司章士钊。二是在上海白色恐怖的时候，敢于“怒向刀丛觅小诗”。三是鲁迅的《自嘲》中有两句，“横眉冷对千夫指，俯首甘为孺子牛”。

先说女师大事件。这件事双方都有自己的理由，不可说校方完全是无理压制。西方留洋归国的女校长杨荫榆，并非不懂得民主精神和社会意识。学生要参加社会运动，是受“五四”遗风的影响，而作为校长，她必须考虑到对学生的安全和学校的秩序负责。作为一名从教四十多年的教师，我越来越倾向于校方的确不该鼓动学生上街。上街游行，卷入政治的漩涡，不应当是学生做的事。中国确实缺少有社会意识、敢于为自己群体的利益鼓呼的人，但不该把这个责任加到尚且稚嫩、缺乏判断是非能力、理当专注于学习的学生身上。事实上，当时相当一批可敬的教育家，都是持这种观点的。

即使鲁迅的观点是对的，那也只是双方各执一词的争论，谈不上什么骨气。鲁迅虽然敢于和陈源等抗争，同持不同意见的支持杨荫榆的李四光争论，但也谈不上什么骨气。后来教育总长章士钊免了他的职，他敢去法院控告自己的上司，确实需要勇气，但这是勇于保护自己的利益，也不至于拔到多么伟大、多么有骨气的高度。直至今天，为自己的利益上京告状的人多了去，难道都有必要给他们冠以有骨气的美名吗？

何况，事实上，据今天的研究考证，对政治一向冷漠的鲁迅参与此事，是为了争权夺利，把他们这一帮的人推上校长的位子。此外，还在这过程中博得许广平的好感，最终完成了师生恋，抛弃了结发妻子远走高飞。

再说在上海期间，鲁迅一直打着他所谓的“壕堑战”。他一面拿着国民党政府发的每月三百大洋的高薪补贴，过着舒适的生活；一面不顾日本的侵略威胁，不停变着笔名，阴阳怪气地放冷枪，却从来不做自己拿了钱而应做的学术工作。说这反映他的骨气，似乎也值得商榷。敢于向国民党直接要民主要宪政，直捅国民党的要害软肋，这才是有骨气！就像胡适、徐志摩、罗隆基，最终遭到了国民党的迫害，罗隆基还因此被抓。鲁迅泼妇骂街般的挖苦式地骂几句民众的“国民性”，算什么有骨气！

至于对那两句诗的阐释，更是一个误会。毛泽东曾这样解释说：“鲁迅的两句诗：‘横眉冷对千夫指，俯首甘为孺子牛’，应该成为我们的座右铭。‘千夫’在这里就是说敌人，对于无论什么凶恶的敌人我们决不屈服。‘孺子’，在这里就是说无产阶级人民大众。一切共产党员，一切革命家，一切革命文艺工作者，都应该学习鲁迅的榜样，做无产阶级和人民大众的‘牛’，鞠躬尽瘁，死而后已。”毛泽东的这个解释，只是出于他自己的需要而发挥的，和鲁迅的原意毫无关系。鲁迅诗中的“孺子”，并非指什么人民大众，只是说他自己的儿子罢了。《左传·哀公六年》载：“鲍子曰：‘汝忘君之为孺子牛而折其齿乎？’”说齐景公爱他的孩子，自己装作牛，口里衔着绳子，让孩子骑着，结果孩子跌倒，扯掉了他的牙齿。“孺子牛”的典故即出于此。鲁迅也和齐景公一样，有些溺爱自己的儿子，有人批评他，他故意这么说，还反问：“无情未必真豪杰，怜子如何不丈夫？”同样，所谓“千夫指”也并非有什么凶神恶煞的敌人迫害。《汉书·王嘉传》：“里谚曰：‘千人所指，无病而死。’”鲁迅这样写，不过是自嘲的意思：很多很多人都说我不好，但是我不在乎，我还是“躲进小楼成一统”，回家宠自己的儿子去吧。这种态度只能算是我行我素，也谈不上什么骨气。即使这里的“千夫”是指他的论敌，也不需要“横眉冷对”，心平气和地讨论就是了，何必“横眉”，而这恰恰反映了鲁迅的气度狭窄的本性。

三

鲁迅确实有喜欢与人斗而不留情面的性格，但那未必就是傲骨。相反，在鲁迅一生中，却有多次面对强权畏畏缩缩不敢斗争的事实。那就更谈不上“风骨”了！

在日本留学时，鲁迅加入了光复会。那是一个以推翻清政府为目的的革命组织。著名的会员有徐锡麟、秋瑾等人，后来都被捕牺牲。鲁迅虽然也是会员，组织上派他回国刺杀清政府官员，临行时他以家里有母亲要照顾为由推脱了。后来有人说，鲁迅是不赞成行刺这种方法的。但当时光复会的主要革命手段就是刺杀，鲁迅加入前应该不会不知道，为什么轮到自己头上时，就退却了呢？这难道算有骨气吗？

在北京做公务员时，袁世凯政府是尊孔的。反封建的斗士鲁迅，对尊孔者一般总要嘲骂、斗争。前有夏震武，后有林文庆，都是校长，都是因为尊孔被他闹得天翻地覆。可当他是教育部一个小官员时，大总统下命令公务员要参加祭孔仪式，鲁迅不但服从了，还当了执事，三番五次地穿着古怪的复古服饰演礼、祭拜，为了演习，晚上还住在国子监，这时鲁迅却没有说什么抗议的话了。袁世凯在签署二十一条卖国条约前，为了推卸历史责任，要求全体公务员都签字支持，鲁迅照签不误，并没有撰文抗议，更没有辞职抗议。鲁迅似乎只敢反抗学校校长，面对大总统，就俯首帖耳了。这难道算有骨气吗？

后来袁世凯称帝，曹锟贿选，北洋政府上台……他一直是沉默的，没有辞职，也没有批判反抗，始终捧着自己公务员的饭碗——这个职位待遇确实很高。这难道算有骨气吗？

在上海，鲁迅在租界里，一边拿着国民政府的钱，一边骂国民党。须知，这是在日本人入侵东北之时！政府并不是不可以批评，但当国民政府组织军民对外苦战时，鲁迅却躲在租界里受日本人的保护，大肆批评中国人的国民性，在日本人面前大骂国民政府，大泼抗战军民冷水。这难道算有骨气吗？

比如鲁迅和日本歌女山本初枝通信很多，骂国民政府就是给她写信的一个主要话题。在1933年7月11日致山本初枝的信中，鲁迅说："日本风景幽丽，常常怀念，但看来很难成行。……而且我现在也不能离开中国。……他们造谣，说我已逃到青岛，我更非住在上海不可，并且写文章骂他们，还要出版，试看最后到底是谁灭亡。"在这个时候要国民政府最后灭亡，你是在帮谁说话？这难道就是有骨气的表现吗？

确实，鲁迅曾名列中国自由大同盟，但他对此并不积极。有人传说鲁迅赴杨杏佛的追悼会时，不带家里的钥匙，以此说明鲁迅的不畏强权，不顾生命危险。可惜这只是许广平一人的"回忆"而已，是没有任何证据的。

鲁迅一生从未被捕，也未被殴，更未遇刺。当时连郭沫若还曾遭人殴打，李公朴、闻一多、杨杏佛都遇刺身亡，鲁迅却几乎没碰到什么危险。有人说他被列入了抓捕的黑名单，那也是没有充分根据的，是别人或鲁迅自己所造的舆论。要知道如果国民党真要抓鲁迅，那是易如囊中取物，随时都可以，一百个鲁迅也逃不出他的手心。

而且，鲁迅在上海的日子，过得极其逍遥，出入大酒楼、电影院，带老婆孩子坐小汽车兜风，哪有一点逃亡中的通缉犯的样子。所谓的逃难，也不过是故作姿态罢了。这一切，难道能说明他是有骨气的吗？

四

什么是骨气？人们常常误以为，敢于骂人、敢于批判、言辞犀利的就是有骨气。其实，骨气更多的不是大话，不是戾气，而是一种行为，是一种为了坚持自己的信念而不肯屈服的精神。朱自清不肯领美国的救济面粉，宁愿饿死；闻一多面对特务横行，敢于拍案而起，不惜生命，这才是骨气。胡适、梁实秋、罗隆基等人敢于向蒋介石正面叫板，提出要真正的宪政，要真正的民主，要真正的政治改革，罗还因此而被抓，这才叫有骨气。

有骨气，并不一定有傲气。有傲气，刻薄骂人，睚眦必报并不是骨气！相反，与人为善，持平，温和，谦逊，退让，温文尔雅，也并不一定没有骨气。那些反对学生上街冒险的学者，他们的骨气丝毫不逊色于鲁迅。

蔡元培是一个温柔敦厚的长者，谦和温良，书生本色，使人如沐春风，但他的内心自有一股力量、一种风骨。“五四”学潮爆发时，作为北大校长的蔡元培是不赞成学生游行、卷入政治活动的。但是无论他怎样劝阻，学生还是坚持要上街，他也不再阻拦。运动结束后，一些学生被捕，他便想方设法把学生救出，为此辞去自己的校长一职。蔡元培一生辞职二十四次，在北大就七进七退，他要保护学生，要为学校争取思想自由，要为公民争权利，往往选择辞职以示抗议，最终蔡的要求总能得到部分满足（从这一点上也可以看出北洋军阀也并不是如人们所说的那样专横）。应该承认，经过儒家思想的熏陶，在国家民族危机深重的时代，当时中国的绝大多数知识分子都是有骨气的。三军可以夺帅，匹夫不可以夺志。而鲁迅不是！

五

诚然，有傲骨的人多少总有些傲气。两者虽有区别，但也难以截然分开，像刘文典，在安徽大学敢于顶撞蒋介石，坚持教育的独立性，便是既有傲骨，也有点傲气。像蔡元培、胡适这样为人温和又不失骨气的，很难做到。

骨气和傲气，具体到鲁迅这个人上来说，两者还是可以区分的，并不是他所有的骂架、与人斗气的事例都能说明他有骨气。更多的，我们是把鲁迅的“傲气”“意气”当作“傲骨”来吹捧了。

鲁迅有没有傲气？肯定有，不但有，而且很盛，可以说，他的身上充满了傲气。鲁迅的很多行为，并非如人们所说的是傲骨，只能说充斥着傲气。他看不起的并不仅限于恶人、统治者之类。他几乎是看不起一切人。他看不起对他有多次提携之恩的老上司蔡元培，用很不恭敬地态度给蔡起了个绰号“太史”，说“太史之类，不过傀儡，其实是不在话下的”。甚至连他的老师章太炎也看不起，说：“太炎先生虽先前也以革命家现身，后来却退居于宁静的学者，用自己所手造的和别人所帮造的墙，和时代隔绝了。纪念者自然有人，但也许将为大多数所忘却。”又说他“既离民众，渐入颓唐”。

关于鲁迅傲气的例子，实在是太多，不可遍举。这里仅以鲁迅在厦门的135天为例，以说明鲁迅“傲”到了什么程度！

鲁迅是1926年9月4日抵达厦门，搬进厦大居住的，那时学校还没开学。刚到一个地方，一般总有些新鲜感和兴奋感，何况在热恋时期。可鲁迅却不，从第一天就开始发牢骚，后来的通信中，把厦大上上下下的人都鄙视一通。他说：“此地四无人烟，图书馆中书籍不多，常在一处的人，又都是‘面笑心不笑’，无话可谈，真是无聊之至。”

也不知他才到一个礼拜，怎么看出别人心里怎么想的。说：“在国学院里的，顾颉刚是胡适之的信徒，另外还有两三个人，似乎是顾荐的，和他大同小异，而更浅薄，一到这里，孙伏园便要算可以谈谈的了。我真想不到天下何其浅薄者之多。他们语言无味，夜间还唱留声机，什么梅兰芳之类。”

他总说这里的人没水平，不屑与他们谈话。无论领导、同事、朋友、外来的访客还是学生晚辈，没一个他看得上眼的，不是“浅薄”，就是“无聊”，可以说到了目空一切的地步。这里列举几个他尤其看不起的同事。

首当其冲的就是顾颉刚。鲁迅说他阴险，向学校荐人，安插自己的党羽。说：“这人是陈源之流，我是早知道的，现在一调查，则他所荐引之人，在此竟有七人之多，玉堂与兼士，真可谓胡涂之至。此人颇阴险，先前所谓不管外事，专看书云云的舆论，乃是全都为其所欺。”

尽管没什么根据说顾要排挤鲁迅他们，尽管鲁迅自己也是千方百计要推荐自己的朋友许寿裳、章廷谦等人来厦大谋职，他还是恨顾颉刚入骨，宣称自己与“红鼻”（鲁迅给顾颉刚起的绰号之一，因为顾颉刚有个酒糟鼻）誓不两立，以致从此后无论是公开发表的作品还是私信都要恶毒地嘲骂。《两地书》中说：“先前顾颉刚要荐一个人到国学院，（是给胡适抄写的，冒充清华校研究生）但没有成。现在这人终于来了，住在南普陀寺。为什么住到那里去的呢？因为伏园在那寺里的佛学院有几点钟功课（每月五十元），现在请人代着，他们就想挖取这地方。……研究系学者之浅薄，就因为分心于此等下流事情之故也。”

且不说他的话只是自己一厢情愿的猜测，没什么根据，就算别人真的想要这个位置，又怎么样呢？反正孙伏园已经不做了，别人想做，怎么就“下流”了？而且顾颉刚他们是不是专心于这种事并不清楚，鲁迅自己在这方面倒是十分地上心，有没有因此而“浅薄”呢？《古史辨》是顾颉刚重要的学术著作，其价值有目共睹。他贬低顾的学问，说：“獐头鼠目而赤鼻之‘学者’，……近偶见该《古史辨》，惊悉上面乃有自序一百多版。查汉朝钦犯司马迁，因割掉卵脒而发牢骚，附于偌大之《史记》之后，文尚甚短，今该学者不过鼻子红而已矣，而乃已浩浩洋洋至此，殆真所谓文豪也哉。”从红鼻攻击到口吃，顾的一切生理缺陷都不放过。顾颉刚曾提出，从文字上考证，“禹”本是一条虫的意思。鲁迅抓住这一点不放，大加挖苦，还从顾颉刚的“顾”当中作文章，说“厄”本是鸟的意思，“页”本是虫的意思，于是给顾颉刚起了个绰号叫“鸟头先生”。本来，禹是不是虫，这是学术观点，要支持或批驳都可以。问题是鲁迅显然不是在为真理而平等地和人探讨。其实，鲁迅在和顾产生冲突之前，还为顾颉刚这个观点辩护过呢。当时在南开大学的范文澜批评顾颉刚“一味狐疑”，说禹是虫名，就好像“一个人谁是眼睁睁看明自己从母腹出来，难道也能怀疑父母么”。鲁迅就说：“我也说句笑话罢，吕不韦的行为，就是使一个人‘也能怀疑父母’的证据。”可见，鲁迅之骂顾颉刚，完全是属于争风吃醋的人身攻击，而不是什么学术之争。

对顾颉刚荐来的人，鲁迅自然也不肯跟他们好好相处。在鲁迅眼里，这些同事几乎没有任何优点。比如陈万里是个多才多艺的人，他研究昆曲，能唱能演，对陶瓷、摄影、美术都有很深的造诣。陈万里把自己摄的照片挂出来展览，鲁迅就说“可笑”，“倘使我是主任，就非令撤去不可”。陈万里在学校演示唱昆曲，鲁迅说：“顾颉刚的学问似乎已讲完，听说渐渐讲不出，陈万里只能在会场上唱昆腔，真实受了所谓‘俳优蓄之’的遭遇。”竟然骂陈万里是戏子。黄坚更是被他讥为“明朝的太监”，“浮而不实，生风作浪”，但凡遇到了任何麻烦，只要与黄坚有关，鲁迅就认定是黄坚仗势欺人跟他过不去。好像只要是顾颉刚荐来的人，无一不是可恶至极——尽管人家根本没有任何必要针对他。

鲁迅不但看不起同事，也目无领导。厦大的校长林文庆也称得上一个奇人。他是名医，当过孙中山的保健医师，黄遵宪赞他“上追二千年绝业，洞见症结，手到春回”；又是成功的企业家，是中国民主革命的支持者，各方面都成就斐然。当然，他也是一个赤诚于教育事业的教育家。必须承认，作为校长，他是不遗余力想办好厦大的。他参照欧美大学，建立起了厦大的校内设施，借鉴院系组织、课程设置以及教授的延聘等一整套体制。今天我们看到他拟的学校管理一览表，不得不为他的严谨、现代而感动。可鲁迅一到，便诅咒这个学校是办不好的。当陈嘉庚经营的企业遇到经济危机而破产，厦门大学遇到困难时，林文庆毅然和陈嘉庚分忧，只身南渡，为大学筹募经费，共得 20 万元，使厦大渡过难关。他还捐出自己一年的工资，又将自己的庄园变卖所得悉数拿来资助学校。鲁迅却莫名其妙地讨厌他。林校长请他在每周例会上演说，他故意说“少读中国书，做好事之徒”，和校长的尊孔思想唱对台戏，林文庆也不以为忤，反而附和鲁迅说，陈嘉庚办厦大，就是“好事”的精神。鲁迅反而在背后讥讽他糊涂，不懂得这和尊孔恰恰是矛盾的。鲁迅一会骂他尊孔，一会又说之所以反对校长，是因为他长得像英国人。他说：“因为我所不满意的是校长，所以无可调和。……他对我虽然很恭敬，但我讨厌他，总觉得他不像中国人，像英国人。”也不顾自己的话前后矛盾。鲁迅跳槽去了中大，林文庆两次设宴饯行，一次公宴，一次家宴，表现出落落大度的君子之风。在席间，介绍到一位董事，林说："我们私立学校，不论谁捐了钱就可以做董事。"这本是正常不过的事，完全没有任何针对鲁迅的意思，也没说做董事就怎样了不起，鲁迅却一下子怒气上来，拍两毛钱在桌子上，大声说道："那么我出两毛钱，也可以做董事吗？"这种纯粹的抬杠，也被有人说成是有骨气。后来为了抬高鲁迅，就说林文庆是反动校长，以致1949年后厦大都不肯承认林文庆为学校作出的贡献。

平心而论，当时的厦大，在林校长的努力下，教师的阵容不可谓不强，当时有半个北大都搬到了厦大的说法。鲁迅在厦大期间，和他共事的有：林文庆，林语堂，顾颉刚，陈万里，陈乃乾，罗常培，黄坚，王肇鼎，容肇祖，林景良，潘家洵，张颐，张亮丞，林玉霖，陈定谟，艾锷风，萧恩承，刘树杞，周辨明，郝立权，孙贵定，王珪孙，缪子才，毛瑞章，林仙亭，沈兼士，孙伏园，丁山等等一大批人。这些没有一个不是饱学之士。后来的事实证明，他们在各个领域都有杰出的贡献。怎么在鲁迅眼里，他们都成了不值一提的"浅薄之徒"了呢？还说他们是"不能与之交谈的"，只是头面漂亮，只会油嘴滑舌。何况你刚到厦大才几天，别人又没有得罪你，相反还连连请你吃饭，怎么就说得那么斩钉截铁、骂得这么损，这难道也算是有骨气吗？

对校内的人妒忌，也就罢了，可对来宾，鲁迅也没有放过。当时厦大热情迎接过两个贵客，一个是太虚法师，一个是经济学家马寅初。鲁迅照样看不起，两人都被他挖苦了一番。

太虚法师是当时有名的高僧，以提倡人间佛教著称。他不但对当时佛教整体面貌的改革和振兴作出了很大贡献，培养了不少佛学方面的高才，更难能可贵的是，他积极于社会事业，抗战期间，他就提出"佛教护国"，为抗日救国事业奔走。马寅初更是赫赫有名的人物，在当时就享有盛誉，后来其理论更是影响中国至今。

太虚去的时候，佛化青年会有人提议要童子军捧花，随太虚踪迹而撒。鲁迅嘲笑说，"但此议似未实行，否则和尚化为潘妃，倒也有趣。"马寅初来演说时，鲁迅更是反感，别人去欢迎，鲁迅说："我固然是北大同人之一，也非不知银行可以发财，然而于'铜子换毛钱，毛钱换大洋'的学说，实在没有什么趣味，所以都不加入，一切由它去罢。”他觉得没趣味也罢了，还要公开在媒体上讥刺，1928年1月28日，鲁迅在自己主编的《语丝》周刊4卷7期化名“楮冠”发表《拟豫言——一九二九年出现的琐事》，其中讽刺了马寅初：“有博士讲‘经济学精义’，只用两句，云：‘铜板换角子，角子换大洋。’全世界敬服。”后来马寅初到了，校方请客，请鲁迅作陪。鲁迅不肯去，说是“道不同不相为谋”。还有些恶作剧的意思，在通知单上写了个“知”字，照传统习惯，在帖子上写“知”字，就表示本人会去的意思，如果不去，当另外说明，所以领导都以为他会来的，结果他没来，还说他这个“知”的意思，是“不去可知矣”。

其实，这两个人都是凭自己的学问道德而受到知识界的敬重，并非浪得虚名、沽名钓誉之徒。鲁迅应该也不会不知道，如果鲁迅认真研究过他们的思想，正面反对他们的学说，那也无可厚非，但他的种种牢骚，似乎仅仅是为看不惯而看不惯。只要看到别人受到热捧，他就有一百个不高兴，总要冷言冷语说几句才舒服。

有人说同行是冤家。如果说，对于同行看不惯也就罢了，可鲁迅对学校最底层的工友，照样计较，斥骂不断。到厦门第一天，就说这里的“听差懒极，不会做事也不肯做事，邮差也懒极，星期六下午及星期日都不办事”。为了几个饭钱和厨子计较，说：“你看厨房多么可怕。这里的仆役，似乎都和当权者有些关系，换不掉的，所以无论如何，只能教员吃苦。即如这厨子，是国学院听差中之最懒而最可恶的，兼士费了许多力，才将他弄走，而他的地位却更好了。”这难道也是有骨气的表现吗？都是白纸黑字写着的，可不知为什么，那些鲁研家竟然视而不见？

六

对于当时的人物，鲁迅几乎是目空一切的，能入他眼的很少。而对文化、传统这些，鲁迅也没有什么敬畏感。1918年7月5日，鲁迅致函钱玄同称：“中国国粹，虽然等于放屁，……”

对历史人物孔子，他说起来语气就毫无顾忌。说孔子“跑来跑去，虽然曾经贵为鲁国的警视总监，而又立刻下野，失业了；并且为权臣所轻蔑，为野人所嘲弄，甚至于为暴民所包围，饿扁了肚子”。鲁迅还说：“不错，孔夫子曾经计划过出色的治国的方法，但那都是为了治民众者，即权势者设想的方法，为民众本身的，却一点也没有。”（《且介亭杂文二集 · 在现代中国的孔夫子》）

鲁迅也看不起中国文字，说：“为了这方块的带病的遗产，我们的最大多数人，已经几千年做了文盲来殉难了，……我想：是只好请汉字来作我们的牺牲了。”他主张废除汉字，说：“现在只还有‘书法拉丁化’的一条路。这和大众语文是分不开的。也还是从读书人首先试验起，先绍介过字母，拼法，然后写文章。开手是，像日本文那样，只留一点名词之类的汉字，而助词，感叹词，后来连形容词，动词也都用拉丁拼音写，那么，不但顺眼，对于了解也容易得远了。”（《花边文学 · 汉字和拉丁化》）。他还说过“汉字不灭，中国必亡”这样极端的话。

鲁迅还看不起传统文化，比如中医，他说，“中医不过是一种有意的或无意的骗子”，还曾专门撰文为孙中山宁死不肯吃中药叫好。再如戏剧，他对梅兰芳是相当看不起的，1924 年，鲁迅写了《论照相之类》，认为梅兰芳饰天女、演林黛玉等，眼睛凸、嘴唇太厚，形象不美。他挖苦说：“我们中国的最伟大最永久的艺术是男人扮女人。……因为从两性看来，都近于异性，男人看见‘扮女人’，女人看见‘男人扮’，所以这就永远挂在照相馆的玻璃窗里，挂在国民的心中。”他对京戏也加以贬损，《社戏》中说，“我在倒数上去的二十年中，只看过两回中国戏，前十年是绝不看，因为没有看戏的意思和机会，那两回全在后十年，然而都没有看出什么来就走了。”据郁达夫回忆：“我有一次谈到了茅盾、田汉诸君想改良京剧，他（鲁迅）根本就不赞成，并很幽默地说，以京剧来救国，那就是‘我们救国啊啊啊’了，是行不通的。”

至于不读中国书、只读外国书的著名言论，更是反映出他的狂妄，已经不是傲气可以解释了。

七

鲁迅的傲气，还表现在他的几百万的文字中。他爱给人起绰号，跟他产生较深关系的人，很少有不被他起绰号的，尤其是他看不顺眼的人，可能会被起上两三个刻薄的侮辱性绰号。比如顾颉刚，因为有个酒糟鼻，鲁迅私下提起他时，从不称名字，总是唤作“红鼻”或者“鼻”，有时干脆就画一个鼻子的符号替代；又拿他的姓做文章，叫他“鸟头先生”。出版《两地书》时，改叫他“朱山根”，也是嘲笑他鼻子红。蔡元培因为在清朝时做过翰林，就被起了个“太史”的绰号。又把梁实秋叫作“丧家的资本家的乏走狗”。当时还比较年轻的施蛰存因为推荐书目的问题和他有争论，他就叫施“洋场恶少”。小他二十五岁的青年诗人邵洵美因为娶了清末的百万富豪盛宣怀的孙女盛佩玉为妻，鲁迅就写了“登龙术拾遗”来骂他，说他文坛的地位，全由岳丈家的势力得来，“要登文坛，须阔太太”。其实，邵洵美并非攀龙附凤的穷小子，首先，邵洵美也是盛宣怀的外孙，和盛佩玉是表姐弟，同是有钱人。另外，邵洵美和盛佩玉是相互有感情、恋爱后才结婚的，属于自由恋爱，不是邵洵美趋炎附势。更何况，即使邵洵美真的用妻子的陪嫁做文学资本，又如何呢？当时就有人提出反对意见，比如署名如是的《女婿问题》一文认为，“做一个富家女婿并非罪恶”；署名圣闲的《“女婿”的蔓延》一文说得更透彻：“目下中国文坛似乎有这样一个现象，不必检查一个文人他本身在文坛上的努力的成绩，而唯斤斤于追究那个文人的家庭琐事，如是否有富家妻子或穷妻子之类。”面对这些，鲁迅依旧是老态度，回避正面讨论，而是送了他们一个“富家女婿崇拜家”的“头衔”。邵洵美也得了个“盛家赘婿”的绰号，鲁迅每次提起他都这样称呼。

另外，他行文的口气，也总是带着蔑视。鲁迅的文章、行文语气，总是要流露出一些挑衅、讥讽、刻毒、蔑视，他是不作忠厚语的。面对争论，往往是不屑于与人平等讨论的，而是选择居高临下、以势压人的态度。女师大闹学潮时，有个女读者发表了和鲁迅相反的观点。对此，鲁迅不屑地说，“据我所记得的，是先有‘一个女读者’的一封信，无名小婢，不在话下。”这个无名小卒的卒，还特意加了个女字旁，借助造字来挖苦。完全没有一点讨论问题的态度。鲁迅给章廷谦的一封信中，这种骂人的字句更是露骨：“贱胎们一定有贱脾气，不打是不满足的。……此外，大约有几个人还须特别打上几棍，才好。这两年来，水战火战，日战夜战，敌手都消灭了，实在无聊，所以想再来闹他一下，顺便打几下无端咬我的家伙，倘若闹不死，明年再来用功罢。”骂人骂到这样的地步，连人家的娘胎都是贱的，不闹不舒服，所谓“用功”就是骂人，真是“与人奋斗其乐无穷”的样板！

而且，他习惯以旁敲侧击的嘲讽来代替正面的辩论。托洛茨基派青年陈其昌给鲁迅写信，本着请教问题的态度。鲁迅对来信中的问题置之不理，而是阴恻恻地来了一句，“倘若有人造一个攻击你们的谣，说日本人出钱叫你们办报，你们能够洗刷得很清楚么？”鲁迅何尝不知道，造这个无中生有的“谣”的，正是他自己。当他不屑（也有可能是不能）与人正面交锋时，就造造谣言，或者抓住与主题不相干的某一点来发挥，将对方人格先搞臭再说！

“人品即文品”。鲁迅自己说过这样的话：要写革命文，先做革命人；革命文倒无须亟亟，革命人写出来的，便是革命人。

盛巽昌、朱守芬在合著的《学林散叶》上有一段很有意思的记载：唐文治从王紫翔学，尝自书“毋不敬，毋自欺”于座右，王尝训诫说：“文章一道，人品学问皆在其中。文章博大昌明，其人必光明磊落；文章精深坚卓，其人必敦厚笃实。至于尖刻险峻，其人必恶；圆熟软美，其人必陋。”唐后来亦以师训转授学生。如此看来，鲁迅的尖刻文章与他为人的尖刻是有一定关系的。

八

至此，我们可以得出结论。鲁迅与人争吵，大部分并非属于骨气，而是一种“傲气”或者“意气”。他常常不惜为了一点小事，和好朋友吵翻。林语堂就是一个。他斗争的对象，往往是同为知识分子的社会名流，对当权者，却只有冷嘲热讽，没有真正进行实质性的批判。争的内容，也往往流于人身攻击和低层次的谩骂。鲁迅当年和创造社冲突，创造社小将称他“老头子”，他就回敬称他们“小头子”。论战讨论的无非是态度、气量、年纪、有没有喝咖啡之类。而同时代的胡适，同样遭受了不少青年的攻击谩骂，却从不回骂。他没有这个闲暇，虽也开展论战，但对手是当权的国民党。论战的主题是“人权与约法”，旨在以“人权”揭批国民党的“党权”。这样的正面论战，是向来为鲁迅所不取的。通过这样的对比，我们能更清晰地看到，什么是骨气，什么只是一时的意气或傲气。

傲气不是骨气，傲气在本质上是把自己高高地放在别人之上，是一种不平等的观念的体现。而平等待人，是人与人相处的基本准则，更是一个民主社会的标志。

意气也不是骨气，意气是目空一切，什么人都不行，什么人都没出息，唯有我是永远正确的、最了不起的。

反骨也不等于骨气。说鲁迅有傲骨，那其实更多的属于“反骨”。什么都看不惯，什么都反对，只要不顺我的心，只要对我不利，即使昨天还在称赞他，明天就可以大骂。

有时候，鲁迅的傲气，已经不仅仅是意气，而是发展到了“霸气”和“匪气”的地步了！

九

那么，鲁迅傲气从何而来，我分析，主要来源有五。

一是来自小时候被欺负的经历。鲁迅小时候遭到家庭变故，童年时期受尽社会上势利的人的冷眼，又曾遭人陷害。看多了人情冷暖，于是由此产生一种自卑情结，又演变为缺乏理性的自负。“我有四年多，曾经常常，——几乎是每天，出入于质铺和药店里，年纪可是忘却了，总之是药店的柜台正和我一样高，质铺的是比我高一倍，我从一倍高的柜台外送上衣服或首饰去，在侮蔑里接了钱，再到一样高的柜台上给我久病的父亲去买药。”（《〈呐喊〉自序》）什么是“大概可以看见世人的真面目”，无非是说，从此他认清了世界上的人都是“恶”的，都该蔑视！

二是来自尼采的个人主义、超人哲学。尼采的哲学是一种唯意志论的超人哲学，就是要摧毁旧道德，为超人铺平道路。他的作品虽然有新意，道理似乎说得颇深刻，却也带着闻所未闻的攻击性和令人瞠目的自我吹嘘。他甚至反对男女平等、婚姻自由、女性解放，在他看来，人们对待妇女的方式就是“别忘了你的鞭子”。鲁迅留学日本期间，正逢日本盛行“尼采热”，尼采的思想对他有不少影响。刘半农认为鲁迅的思想是“托尼思想，魏晋文章”，“尼”即尼采，这是得到鲁迅肯定的。

三是来自中国传统文人相轻的恶习，而这种恶习，又产自于专制主义的社会。专制社会中，人们很容易就染上以势压人而不是以理服人的习气，而且这并非帝王将相的专利。如《阿Q正传》中，最底层的阿Q，也会对和他同样底层的小D“专制”，他看不起小D，并鄙视他的一切本事。这在鲁迅身上，也一样。

四是来自魏晋风度的影响。魏晋人物虽有敢于反抗，主张独立自由，张扬个性的积极的一面，但同时也有无视社会秩序，过分强调个人利益，不主张平等的消极的一面。鲁迅对魏晋风度是推崇备至的，他受其陶冶是自然的。

五是来自遗传和家族的影响。鲁迅的爷爷就是一个长着“反骨”、看什么都不顺眼的人，丢官获罪，还要跟上司闹。好不容易被释放，他反而骂设法搭救他的同僚“糊涂”。对家人更是日骂夜骂，闹得鸡犬不宁。鲁迅小时候，对祖父的“不宽容”十分不满，但不知不觉中却继承了祖父的“优良传统”，甚至变本加厉，有过之而无不及。其父性格压抑，粗暴专横，郁郁终生，对少年鲁迅的影响也颇深。

最后，说几句题外话。我少年时代曾十分崇拜鲁迅，常以与鲁迅是同乡而自豪，视鲁迅为精神父亲。直到九十年代中期才开始怀疑，并决心在从教之余，为肃清他的影响而努力。鲁迅对我们的影响实在太大了，到今天很多我十分敬重的人，如陈丹青、王富仁、陈漱豫、钱理群、吴中杰等，还在大力推崇鲁迅。其实他们掌握的有关资料比我多，但仍然视而不见很多属于常识的东西。比如，他对民族自信心的摧残，他对传统文化的蔑视，他对阶级斗争理论的信服，他对当时社会稳定的破坏，他对学校制度的捣乱，他对亲人的迫害，他对日本人的谄媚，对苏俄的吹捧……甚至他对小动物的残酷虐杀，以及他的斤斤计较，他的善骗人、说假话等等等等。如果以上这些学者，能从鲁迅的精神枷锁中挣脱出来，那么对肃清鲁迅的负面影响，将起多大的作用！我相信，为了民族的真正振兴，终有一天人们会认识到这一点的。

后　记

玉峰从教四十八年，现在还站在讲台上，每天上课，出题，批卷子，与学生谈心，乐此不疲。在上课之余，有时也应邀到各处讲学。小学、中学、大学，社会团体，机关，谈教育，谈生活，谈艺术，谈自己的学习心得，谈自己的反思感悟。随着年龄的增加，作讲座的机会便多了起来。可惜，自己为人粗疏，大多讲座都没有留下录音录像，结果当华东师范大学出版社要为我出演讲集时，居然凑不出几篇。

承蒙朱永通先生不弃，执著地催促我，鼓励我尽量从各方面的零星记录中搜集散佚的讲话稿，到曾经做过讲座的学校、机关去讨回碟片或录音带，重新进行整理。如此，居然找回了不少稿件，经过整理梳理编出了这本讲演录。

因为这本书的编撰，我对自己今后的学习工作更加充满了信心。我希望继续为教育做一些力所能及的工作。今后，我会有意识地保存自己生命中的点点滴滴思想，以便加以总结。在写这篇后记时，我想乘此机会向各位朋友透露一个信息。玉峰于今年3月被聘为复旦大学附属中学青浦分校所属五浦汇民办实验学校校长，计划中，这将办成九年一贯制甚至十五年一贯制的国际性学校。玉峰从教至今，从未做过行政领导，而今以七十岁之身开始第一次当校长，这不能不说是命运的安排。我隐隐地感到，这是命运的召唤，命运要我为中国的基础教育再做一点事。我欣然地接受了这个使命，我将以自己的全副精力投入完成这个使命的努力中去。在这个过程中，我想尽可能把自己的每次讲话记录下来，作为我做校长的真实记录，为教学改革留下点供人借鉴批评的材料。若能在五年或十年后出版，那也将是一件有意思的事。

最后，感谢教育界前辈钱梦龙老师为我的这本小书写序。感谢我的研究生田澍兴、吕莹、张卓君等为整理我的稿件付出了很多精力。在此对他们表达深深地谢意。

2015 年 5 月 16 日

图书在版编目（CIP）数据

我只想站得直一点：黄玉峰教育演讲录／黄玉峰著．—上海：华东师范大学出版社，2016.1

ISBN 978-7-5675-4594-6

Ⅰ．①我… Ⅱ．①黄… Ⅲ．①中学语文课—教学研究 Ⅳ．① G633.302

中国版本图书馆 CIP 数据核字（2016）第 016924 号

大夏书系·教育讲演录

我只想站得直一点

——黄玉峰教育演讲录

著　　者　黄玉峰
策划编辑　朱永通
审读编辑　朱　颖
封面设计　淡晓库

出版发行　华东师范大学出版社
社　　址　上海市中山北路 3663 号　邮编　200062
网　　址　www.ecnupress.com.cn
电　　话　021－60821666　行政传真　021－62572105
客服电话　021－62865537
邮购电话　021－62869887　地址　上海市中山北路 3663 号华东师范大学校内先锋路口
网　　店　http://hdsdcbs.tmall.com

印 刷 者　北京季蜂印刷有限公司
开　　本　700×1000　16 开
插　　页　1
印　　张　15.5
字　　数　238 千字
版　　次　2016 年 3 月第一版
印　　次　2016 年 3 月第一次
印　　数　6 100
书　　号　ISBN 978－7－5675－4594－6/G·8977
定　　价　35.00 元

出 版 人　王　焰

（如发现本版图书有印订质量问题，请寄回本社市场部调换或电话 021-62865537 联系）